21世纪人力资源管理系列教材

中南财经政法大学研究生教育教学改革项目成果

组织行为学

Organizational Behavior

李伟 编著

WUHAN UNIVERSITY PRESS
武汉大学出版社

图书在版编目(CIP)数据

组织行为学/李伟编著.—武汉：武汉大学出版社，2022.1
21世纪人力资源管理系列教材
ISBN 978-7-307-22855-9

Ⅰ.组… Ⅱ.李… Ⅲ.组织行为学—高等学校—教材 Ⅳ.C936

中国版本图书馆CIP数据核字(2022)第013517号

责任编辑:范绪泉　　责任校对:汪欣怡　　版式设计:马　佳

出版发行：**武汉大学出版社**　(430072　武昌　珞珈山)
(电子邮箱：cbs22@whu.edu.cn　网址：www.wdp.com.cn)
印刷:武汉中科兴业印务有限公司
开本:720×1000　1/16　印张:15.75　字数:291千字　插页:1
版次:2022年1月第1版　2022年1月第1次印刷
ISBN 978-7-307-22855-9　定价:48.00元

前　　言

组织行为学作为研究各种工作组织中人的行为规律的学科，是伴随管理教育和实践的需要而发展起来的。这些年来，随着我国管理教育的发展和管理实践的需要，组织行为学这门学科得到了越来越多的重视，在人力资源管理核心课程的基础上，教育部也将其列为工商管理类教育的核心必修课程。如何更好地弄清和掌握主体人在各种组织中的行为规律，从而更有效地预测、引导和控制人的行为，提高组织的竞争优势，已成为广大理论研究和管理部门人士都希望学习、研究和解决的重要课题。目前，国内已出版的组织行为学教材主要集中在对国外高校相关教学用书的翻译和面向本科生使用的书籍，而专门针对研究生层面教学和学习使用的组织行为科学教材却较为少见。

基于上述背景，为了满足我国工商管理类研究生教育、学习的需要，受中南财经政法大学基本科研业务费的资助以及研究生院的委托，我们编写了这本面向高等院校研究生群体的组织行为学教学用书。本教材在编写过程中，有以下几个特点：

第一，以心理学为基础，全面系统地阐述了行为科学的基础理论和基本知识。组织行为学作为一门应用性很强的学科，经过多年的发展，已经形成一个涉及心理学、人类学和社会学等多学科的庞大体系。一般而言，人类的行为主要由个体(主观)和环境(客观)两方面因素所决定，主要涉及个体和群体两个层面。为突出研究组织中主体人的行为特点，本书以现代心理学为基础，强调了人格心理学在个体心理及行为方面的重要影响功能，和社会心理学在环境或情境方面影响群体行为以及个体互动上的作用，首次明确了行为科学特有的心理学色彩。因此，本教材从人格心理学和社会心理学两个方面整体系统地介绍了组织行为学学科的专业理论及知识，使读者能够全面准确地掌握行为科学的基本心理学知识点。

第二，面向研究生群体，强调内容的理论性和学术性。已有的组织行为学教材大都来自国外相同教材的翻译或者以高校本科生为学习对象，非常注重实践应用。本书因考虑到研究生教学和学习的要求及特点，更多地凸显行为科学的基本理论知识，学术性较强，相关内容均是现代心理学的经典理论。所以，本教材非常适合强调学术思维和学术能力培养的研究生，对其掌握和拓宽工商管理类专业知识具有重要的价值。

第三，作为高等学校研究生教育的教学用书，突出介绍组织行为学领域新的研究理论及热点问题。组织行为学学科的迅速发展，涌现了大量的新理论及热点内容，本书尽可能地在一定的篇幅内，用简洁、精练的方式，对这些理论及问题予以介绍，便于读者及时了解组织行为学领域的最新发展与热点内容。

第四，以个体和群体的心理及行为规律为研究对象，有效解决组织实践中管理者所面临的各类具体问题。尽管本书相比同类其他教材，具有丰富的理论和学术性，但是，各个心理学理论大多来源于实践研究，也最终用于指导实践中出现的有关人员管理的各类具体问题。因此，本教材对于引导和启发实际问题思考，提高企业实践中管理者解释、预测和控制员工的工作行为，具有很大的帮助。

作为一本面向高等院校研究生，研究企业组织中主体人的心理和行为规律的教材，本书主要分为三个部分。第一部分为导论；第二部分为人格，包括前5章；第三部分为社会影响和互动，包括后3章。

导论分为组织行为学概述和组织行为学的研究方法二节，涉及组织行为学的概念、组织行为学的目标、组织行为学的体系、组织行为学研究的目标与假设、组织行为学研究方法的分类、组织行为学研究的过程、模型与量表和测量的信度与效度等内容。

第一章“人格的概念”分为人格的含义和人格的测量二节，涉及人格的定义、人格分析的三种水平、人格测量的信度与效度、人格测量的方式等内容。

第二章“特性领域”分为特质与状态、特质的稳定性与一致性和特质理论三节，涉及特质的内涵、状态的含义、特质的跨时间稳定性、特质的跨情境一致性、奥尔波特的理论、卡特尔的理论、艾森克的理论、大五理论和其他特质理论等内容。

第三章“心理动力领域”分为精神分析理论、动机、动机理论和价值观四节，涉及早期精神分析理论，新精神分析运动，需要与动机，需要、动机与行为，自我提升动机，亨利·莫瑞的理论，大三动机理论，马斯洛的理论，罗杰斯的理论，价值观的概念和价值观的分类等内容。

第四章“认知与经验领域”分为人格的认知领域、情绪与人格和自我三节，涉及知觉、解释、目标、广义的认知动机作用模型、情绪的类型与取向、情绪的内容与基调、自我概念与图式、自尊和自我同一性等内容。

第五章“态度与行为”分为态度的概念、态度理论和行为影响态度三节，涉及态度的定义、态度的要素、态度与行为的一致性、认知失调理论、自我知觉理论、说服模型、角色扮演、从语言到信念、登门槛现象和自我展示等内容。

第六章“群体影响(上)”分为群体与群体行为、从众行为、社会助长和社会抑制行为三节，涉及群体的概念、群体的结构、群体行为的含义、从众的定义、从众行为的影响因素、抵制从众的压力、社会助长和社会抑制的概念、社会助长和社会抑制实验研究、对社会助长与社会抑制的解释等内容。

第七章“群体影响(下)”分为社会懈怠行为、去个体化与旁观者漠视、群体极化与群体思维和少数派影响四节，涉及社会懈怠行为的概念、减少社会懈怠行为的方法、去个体化的概念、旁观者漠视、群体极化、群体思维、一致性、自信和从多数人中叛离等内容。

第八章“其他群体行为”分为偏见与人际吸引、攻击与利他行为、群体冲突与群体沟通三节，涉及偏见、人际吸引、攻击行为、利他行为、群体冲突和群体沟通等内容。

本书由中南财经政法大学工商管理学院李伟教授设计结构并编著。除导论外，全书共8章，依行文顺序，具体分工如下：导论由李伟撰写，第一章由李伟、任丽撰写，第二章由任丽、刘婧撰写，第三章由李伟、刘婧撰写，第四章由刘婧、任丽撰写，第五章由李伟、吴慧菁撰写，第六章由李伟、修海玥撰写，第七章由修海玥、吴慧菁撰写，第八章由吴慧菁、修海玥撰写。全书由李伟统稿。

本教材以人格心理学和社会心理学为基础，既注重学术上研究人类行为方面的基本理论知识，又关注实践中分析人类行为特点的技术方法，科学有效地实现了行为科学在解释、预测和控制主体人行为方面的具体目标。因而，本教材不仅适用于高等院校、科研院所等教学组织的工商管理类研究生教育与学习，而且，也适合于实践中广大员工尤其管理者，提高思考、分析主体人行为的技能方法，以及所有希望提升自己管理能力的人士阅读。感谢武汉大学出版社的热情支持和大力帮助，他们为本书的出版付出了很多心血。

由于作者的理论水平和实践经验的局限性，以及时间精力的有限，本书难免存在种种不足和不妥之处，敬请各位读者不吝指正，我们将不断改进，使其日臻完善。

李　伟

2021年冬于武汉南湖

目　　录

导　论

学习目标

通过本章的学习，掌握行为和组织行为的定义、组织行为学的研究对象和目标；了解组织行为学的研究方法。

第一节　组织行为学概述

一、组织行为学的概念

（一）组织的定义

组织是人们进行群体活动的主要形式，是人的社会性的重要表现。人们在工作和生活中经常和各种各样的组织发生关系，如企业、政府机构、学校、医院、军队和群众团体等。组织是对完成特定使命的人的系统性安排。组织之所以存在，是因为它能满足人们在日常生活和社会活动中的种种需要，这些需要日趋复杂化、多样化，仅仅通过孤立的个人活动无法自我满足，于是出现了人们的群体活动。在群体活动中，为了协调不同人的行为，会按照一定的关系建立特定的规则。这种活动正式化、稳定化的结果就导致了组织的出现。一般来说，任何一个组织的存在都必须具备以下几个条件：

1. 组织是由人组成的集合体。组织是在拥有一定物质资源的基础上由人构成的，因此组织既有物质结构，又有社会结构。组织活动的资源配置是通过人来完成的，正是人群形成了组织，没有人群就没有组织。

2. 组织具有一定的目标。任何组织都有其基本的使命和目标。比如，企业是为了生产产品、提供服务、满足顾客需要，高等学校是为了培养人才，医院是为病人提供健康服务，等等。组织的使命和目标恰恰说明了组织存在的理由。

3. 组织通过专业化分工和协作来实现目标。组织为了实现自己的目标，必须开展实际的业务活动，如医院对病人的治疗、学校对学生的教学培养、企业的生产服务活动，等等。组织是直接通过作业活动来实现组织目标的，而作业活动的展开又离不开相应的人力资源(员工)、物质资源(原材料和机器设备等)、财力资源(资金)和信息资源(各种数据和情报)等的运用作为条件，否则作业活动就成了“无米之炊”。为了保证作业活动基本过程的顺利、有效进行，需要在活动中开展专业化分工，最终在组织内部形成一定的分工体系，它是提高工作效率的根本途径。形成分工关系的个人、群体和部门是组织的一部分，他们的协调互动、密切配合才能保证组织整体目标的实现，这就使协作成为必需。分工和协作使得组织活动形成互相联系的层次网络结构，与此相适应，组织的成员也根据各自的权力、责任制度形成正式的层级体系，这就是组织的内部结构。

(二)行为与组织行为

行为是机体种种外显动作和活动的总和。动物和人都具有行为，对于社会人来说，人的各种肢体动作，人的各种喜怒哀乐，人与人之间的沟通交流，部门中人与人之间的竞争与合作，组织中部门与部门之间的交流沟通、矛盾和冲突，组织中的各种仪式活动等，都是组织行为学中要研究的行为。行为是可以观察的、可以解释的、可以预测的和可以控制的。一方面，人可以根据自己的感觉器官和仪器设备观测到他人的行为和表现，另一方面，行为还可以被解释、预测和控制。因此，可以认为，人的行为是个体特征变量和环境变量二者的函数，用公式可以表示为：

$$B=f(P\times E)$$

其中，B 为人的行为，P 为人的个体特征变量(如气质、性格、能力和性别等)，E 为环境变量(如在一个群体中，是否有别人在场、个体的行动目标是否受到阻碍等)，f 为函数关系。也就是说，我们可以根据个体的特征和环境的特点来解释人的行为表现，而当我们已经掌握了人的行为、个体特征和环境特点之间的函数关系时，就可以进一步根据一个人的个体特征和未来的环境特点来预测和控制人的行为。

但是，组织行为学着重要研究的是组织行为，组织的有效运作也离不开对组织行为及其规律的研究。组织行为是指人们作为组织成员时所表现出来的，体现在个体、群体和组织三个水平上的行为。这里需要指出两点：第一，组织行为强调的是人作为组织成员表现出来的行为，如人在工作中决策、与同事和客户的沟通交流等；而人们在家庭生活和朋友交往中表现出的行为一般不属于组织行为的范围，尽管组织行为的理论及一些原理也能用于分析这些情景下人的行为。第二，组织行为体现在三个不同的水平上，即个体的行为、群体的行为和组织的行为。需要说明的是，本教材基于完整学科体系考虑，主要研究的是个体和群体的心理和行为。

（三）组织行为学的定义

组织行为学(organizational behavior)是行为科学的一个分支，主要是研究一个组织中人的心理及其行为反应规律，从而提高组织中管理人员解释、预测和控制人行为的能力，以实现组织目标的科学。根据上述定义，组织行为学包含三层含义：

(1)组织行为学的研究对象是人的心理及其行为反应规律。组织行为学既研究人的心理活动的规律性，又研究人的行为活动的规律性，是把这两者作为一个统一体来研究的。人的行为与心理密不可分，心理活动是行为的内在依据，行为是心理活动的外在表现，因此必须把两者作为一个统一体进行研究。

(2)组织行为学的研究范围是一定组织中人的心理及其行为反应规律。这就说明组织行为学并不是研究一切人类的心理和行为规律，而是只研究一定组织范围内人的心理和行为反应规律，范围包括企业、学校、机关、军队和医院等各类组织。组织中人的心理和行为规律，包括个体心理与行为、群体心理与行为以及整个组织的心理与行为规律。对于组织中个体、群体行为的研究构成组织行为学的微观理论；把组织作为基本的分析单元而进行研究构成组织行为学的宏观理论。如上所述，本书主要涉及组织行为学的微观理论。

(3)组织行为学研究的目的，是在掌握一定组织中人的心理和行为反应规律的基础上，提高解释、预测和控制人的行为的能力，以达到组织既定的目标。组织行为学研究一定组织中人的心理及其行为反应规律，不是为研究而研究，而是为了通过掌握规律来提高解释、预测和控制人行为的能力，特别是要采取相应的措施，变消极行为为积极行为，以实现组织预期的目标，取得最佳的工作绩效。

二、组织行为学的目标

组织行为学是一个强调应用性和实践性的学科。在组织管理实践中，一个组织中发生的行为都与其成员有着各种各样的关系。对组织行为的研究会使你想到，作为一名管理者，应该怎样做才能提高一个组织的管理效率，并且满足其成员的各种需要。显然，在组织中发生或出现的行为对组织绩效至关重要。尽管并不是所有的组织行为都会产生明显后果，但是，组织中的所有行为对组织如何良好运作，以实现自身目标和社会目标，均存在着一定程度的影响。所以，组织行为学要研究组织中人的心理及其行为反应规律，并运用规律对组织中出现的行为进行解释、预测和控制。

(一)解释

组织行为学的一个目标是解释组织中所发生的事情。在组织行为方面，我们特别感兴趣的是，为什么人们的任务绩效、工作满意度和离职倾向等存在着差异。一方面，人在组织中的很多行为可能有多种原因。例如，以员工离职问题为例，有的员工离开组织是因为对工作不满意，而有的员工可能是因为不喜欢所从事的工作，当然，也有一些员工从其自身行为倾向来说，本身就是具有高流动倾向的员工。显然，如果能认识到什么是主要的因素，就非常有利于管理者采取措施避免和减少这些行为的发生；另一方面，对组织中某些现象的解释会随时间或环境的不同而发生变化。同样以员工离职问题为例，在就业高峰期和失业高峰期，人们离开组织的原因差别可能非常大。因此，密切注意当前的劳动力市场变化情况，也可以帮助管理者找到员工离职原因的某些线索。所有这些，也都会进一步有利于管理者对类似这样的员工以及面临同样的环境时，将来组织中发生的行为进行预测和控制。

(二)预测

无论是在组织内部还是组织外部，我们日常工作与生活中都可能或多或少地去预测他人的行为。在一个组织中，如果我们有能力预先知道什么时候某个同事会大动肝火，什么时候领导会对我的工作成果表示赞许，什么时候自己下属员工会主动向我报告他工作中遇到的问题与困难，我们的工作就会变得更加协调、顺利。如果在管理实践中能正确预测什么样的员工会更多地实施组织公民行为，什么样的员工对组织的忠诚度高，什么样的员工组织承诺和工作投入度高，什么样的领导者的领导效能更高，在什么样的团队中成员们会表现出更强的团队凝聚力，组织的管理效率将变得很高。

组织行为的规律性使我们能对这类行为的进一步出现和发展做出某些预测。如果我们看到员工导向的领导者和对工作满意度高的下属之间有一定的联系，就可以比较准确地预见到，我们组织中关注下属成员的主管领导的团队，其成员工作满意度和工作投入度会更高一些。组织行为学的研究者和实践者，力图通过对组织行为全面和系统的研究来提高预测的准确性，以降低组织中行为的不确定性，增强组织中管理者的工作绩效。当然，如果我们能够有效预测到某些行为的发生，我们就可以进一步想办法去引导或阻止它，这实际上是对组织行为的一个控制问题。

(三)控制

组织行为学的第三个目标是对组织中发生的行为进行控制。过去，人们对这一领域的研究主要是描述性的，即只是试图说明组织中发生事情的原因(解释)以及将来可能出现的行为(预测)，其目的在于提高管理者们的观察分析技能。不过，当描述的组织行为现象越来越多，解释和预测组织行为的准确性与日俱增时，采用某种形式引导或阻止(控制)这些组织行为就成为可能。一般来说，将组织行为学中的知识和技能运用到对组织行为的控制，对于实行控制的管理者和被控制的接受者都有重要和实际的意义，也将有助于个体目标、群体目标和组织目标的实现。具体而言，组织行为学实践中，引导的是一些积极组织行为，如组织公民行为、建设性冲突、工作投入和群体凝聚力等；避免和减少的往往是一些消极组织行为，如破坏性冲突、群体思维、群体转移和工作倦怠等。

三、组织行为学的体系

组织行为学研究的是组织行为。由于组织活动的复杂性，人们对组织行为的分析和研究也就有不同的角度和层次：在第一个层次，我们关注组织中为追求组织目标实现而工作的个人；在第二个层次，我们可以把重点放在组织成员在群体中的相互影响或互动上；在第三个层次，我们可以把组织视为一个整体来分析其行为。

(一)个体

在组织的各类资源中，人是最重要的资源，人的积极性、主动性和创造性发挥如何，直接影响着人在组织活动中的行为效果，而人的行为效果又直接影响着群体和组织活动的效率。因此，个体的心理与行为是组织行为学研究的重点之一。对个体的研究主要包括个体心理和行为的一般规律，如特质、动机、知觉、目标、价值观以及情绪问题等。对个体的研究主要运用人格心理学的研究成果，阐明个体的心理特点或过程及其反应倾向。对个体研究的目的在于，揭示不同个体在心理特征方面的差异，以及表现出来的行为与工作效率之间的关系，为管理者知人善任，科学地培养人、使用人提供依据；认识和掌握主体人共同的心理和行为规律，提高对员工行为的预测、控制和引导能力；掌握个体动机激发与行为选择、强化的规律，充分调动人的工作积极性，等等。

(二)群体

第二个层次分析组织中群体的心理及其行为特点，这些群体包括各种小组、部门、委员会等。对群体的研究主要是运用社会心理学的研究成果，来探索群体中的社会影响以及成员之间互动活动的内在规律，以通过提高群体效能的途径，最终实现组织目标，如分析群体成员在工作中如何实现既要有分工，又要有协调与合作，以产生一加一大于二的功效。组织行为学对群体的研究主要包括静态意义上的群体规模与结构，以及动态意义上的群体动力，如群体的社会协同倾向、社会助长和致弱倾向、群体沟通和冲突、群体决策、人际吸引、利他和助人等。对群体研究的主要目的在于通过掌握群体内成员的有效数量、结构组成，以及群体心理和行为的规律，提高群体的有效性和产出，为推动群体目标完成和最终实现组织目标而发挥作用。

(三)组织

组织行为直接关系到组织自身的生存与发展，同时，组织又是个体和群体实现其某种目标的工具，组织状况直接影响着个体和群体的行为效率，因此，对组织行为的研究具有重要的意义。一般而言，对整个组织的研究包括组织结构设计、工作设计、领导艺术、组织政治、组织文化、组织变革与发展等。组织层面行为研究的主要目的在于，分析组织结构、领导方式、组织文化等对组织整体效率的影响，以最终提高组织绩效或产出水平。

本教材因篇幅所限，主要研究的是个体层面和群体层面的行为。

第二节　组织行为学的研究方法

一、组织行为学研究的目标与假设

组织行为学是研究组织内部人的心理及其行为反应规律的学科。一个学科的理论是对某些规律的描述，是一系列系统化的、相互关联的概念和假设，用来给出解释和预测现象，理论的目的在于解释和预测，理论越完善，解释就越有力，预测也就越准确(Emory，1980)。组织行为学研究的目的就是要建立和应用这样一些理论。Schermerhorn 等(2005)提出关于好的组织行为学理论的评价标准：(1)有助于理解和预测，便于施加影响；(2)在应用方面有清晰的边界；(3)努力指向重要的、高度优先的问题；(4)从特定情景出发，产生一般化的结果；(5)可以用清晰定义的概念和操作手段来检验；(6)理论内部一致、连贯，并与其衍生的研究一致；(7)用易于理解的语言表达。简单地说，好的理论就是要具备三力——解释力、预测力和执行力(陈国权，2006)。为实现上述目标，我们认为，组织行为学的研究是建立在下列三个假设的基础上的：

(一)行为的可概括性

虽然每个人的人格特点和所处的环境并不完全相同，但是人的行为是可以做出一般性概括的。例如，企业内员工的个性各不相同，各人也都有与他人不同的工作职位、经历和经验，但是，当企业遇到某种情况，如削减工资或降低福利时，大多数员工会做出相同或相近的行为反应，而这些行为是可以一般化概括的。

（二）行为的因果性

人的行为具有多样性，学者们通常希望研究行为的因果关系，并从复杂的因果关系过程中分析组织中成员表达相应行为的原因。例如，当员工们碰到企业裁员时，一些个体会陷入持续的焦虑之中，而另一些个体则会在感受到短暂的紧张不安后，马上恢复到之前原有的状态，甚至会体验到积极的情感。不同的人在面临裁员这样共同的情境时表现会有所差异，显然是原因的，如不同的个性因素等。

（三）行为的可预测性

学者们通过对主体人行为的观察和分析，发现个体的行为不是变化无常的，而是具有一定的规律性。例如，流动倾向较高的员工常常不安心工作，相比其他类型的个体而言，他们更容易离职或跳槽，甚至不计成本。基于此，我们有理由认为，当企业中有高离职倾向的员工时，他们在面对不满意的工作环境时，更可能会跳槽。

二、组织行为学研究方法的分类

要建立和应用某种理论，就必须采用一定的研究方法。在现代组织行为学的研究中，学者们除依据经验和逻辑思辨进行研究以外，常常采用类似自然科学的研究方法来构建理论。这种研究强调通过系统的实验和调查方法收集数据，并采用实证的分析方法来界定和解决问题，建立理论。1949 年在美国芝加哥大学举行的跨学科会议上，科学家们通过了关于行为科学研究方面的若干决定（杨锡山，等，1986）："理论的肯定和证明，必须靠公众都能观察了解到的客观事实，不能单凭学者个人的经验；尽量用数理化的公式来说明假设，以便精密地测试和修正；尽量使各种论述精确，以便能用严密的试验予以肯定或否定；使用自然科学所采用的'厘米、克、秒'制作为度量工具。这些决定一直为行为科学家所重视，对组织行为学研究方法的发展起了重要的影响作用。"我们认为，在组织行为学的研究中，只有将依据经验和逻辑思辨的方法以及类似自然科学的定量研究方法有机地结合起来，才能产生高水平的研究成果。

下面从不同角度对组织行为学的研究方法进行分类。

（一）按研究的目标分类

1. 基础理论研究

这类研究的目的是为了建立和发展组织行为方面的基本概念、知识、理论和思想体系，侧重于从一般理论上阐明某种心理或行为现象，而不十分关心研究成果是否能立即应用于实践和如何应用于实践。这种研究有些是受到研究者个人的兴趣驱动，有些则是受到组织行为方面基本的、系统的和深远的问题所驱动。例如，麦格雷戈提出关于人性假设的理论、马斯洛提出人的需要层次理论等。

2. 基础应用研究

这类研究的目的是为了解决某类组织中广泛存在的问题，提出合适的问题解决框架。这种研究主要受到带有一定现实和普遍性问题的驱动，强调研究结果的潜在应用价值，研究者侧重于对观察结果的验证，以及如何把这种新发现的研究成果用以改进现状，这类研究对组织的实际工作较为有价值。例如，哈佛大学商学院约翰·科特(John Kotter)教授长期研究组织变革的成败经验，并对企业提出促进变革的建议，就属于这类研究。

3. 具体应用研究

这类研究的目的是针对某个特定现实问题，提出具体的解释和解决方案。这种研究完全是受到真实问题的驱动，强调的是解决问题和产生效益，研究包括计划、收集资料、提出方案、采取行动和反馈等实践环节。例如，某企业聘请一位专家到公司，帮助其分析和解决企业在组织结构设计方面存在的具体问题。

(二)按研究的深度分类

1. 描述性研究

这类研究的目的在于说明客观事物的状况特点和出现频率。一般只反映组织行为的现实，不涉及事物之间的联系，即只回答“是什么”，不回答“为什么”的问题，也不讨论具体的干预措施。例如，组织中经常采用的员工工作满意度和忠诚度调查、组织支持感调查，以及心理挫折表现研究等均属此类。

2. 关系性研究

这类研究的目的是为了了解各种因素(变量)之间的相互关系。通过这种研究可以得到因素(变量)之间不同类型的关系(如相关关系、因果关系等)，主要回答“为什么”，属于较为深层的研究。例如，大学的研究人员进行的关于员工个性和胜任力对其工作绩效影响的研究，团队领导类型对团队工作绩效影响的研究，团队结构与团队凝聚力之间关系的研究，等等。

3. 预测性研究

这类研究的目的是根据过去和现在客观情况中所反映出来的规律，对今后所要发生的现象进行较为有效的预测，简单来说就是根据过去的事实来推测未来。这种研究要回答的是“将是什么”，属于深层次的研究。一般而言，预测性研究是建立在对各因素(变量)过去和现在情况进行描述(描述性研究)，以及寻找各因素(变量)之间内在关系规律(关系性研究)的基础上的。有的预测性研究还会模拟不同因素(变量)改变情况下的结果，进行管理措施的优化选择，并提出具体的干预措施。预测性研究对有效管理组织行为是非常重要的。例如，管理者根据企业过去和现在内外的有关因素情况，对其下属员工将来的态度、工作绩效、组织目标的完成情况等做出预测。

(三)按研究的可控性分类

1. 文献研究

文献研究主要是通过查阅和分析已经发表的文献资料，经过综合和归纳得出结论。研究者完全依据现有文献资料进行研究，对研究及其变量都无法控制。这种研究可以是通过定性的方式对文献进行分析和总结，得出一些综合性的评价结论；也可以是对原有文献资料的进一步研究，是对已有研究结果做进一步的分析。这种研究的明显问题是缺乏定量和实证的分析，研究的准确和科学性不足。

2. 案例研究

案例研究是研究人员通过查阅各种原始记录，或通过访问、发放调查问卷和实地观察所收集到的有关某个个体、群体或组织整体的各种情况，用文字如实记载形成案例，并对案例中发生的情况做出分析、解释或得出结论。案例研究针对性强，对解决组织中的某些具体问题很有帮助，但由于案例对实际情况是描述性的，其中可能包含很多变量，解决问题的方法也可能多种多样，有时很难证明结论或答案正确与否。

3. 现场研究

现场研究就是在现实环境中对实际情况的研究，与实验室的实验相比具有更强的真实性。现场研究可以把猜测降低到最低限度，被试者的反应会更加自然，更少受猜测引起的各种倾向性的影响。现场研究的另一个优点是，有时可以观察到实验室里得不到的情景和变量。现场研究的主要缺点是缺乏对环境的控制，大量的偶然事件和条件出现在现场研究中，使变量之间的作用模糊不清，很难判定自变量和因变量之间的因果关系。

4. 实验研究

实验研究是一种按照周密的实验设计，在实验室里实施研究的方法。相对于案例分析和现场研究而言，这种方法可以控制实验条件，减少外部因素的作用，并在实验过程中主动排除各种偶然变化的因素，对各种变化的因素能较准确地了解和确认，这样就能较好地控制自变量和因变量的条件，并能用一致的方式测量，使两种变量之间的因果关系得到更明确的反映。这种方法的不足之处是，首先，被试者知道自己是实验对象，往往有行为上的不自然性，如对实验的“迎合”心理或“逆反”心理都会使实验数据失去意义；第二，被试者会按照自己觉得应该的方式行动，会因为怀疑而不接受实验措施；第三，由于实验设计的操作方法不可能尽善尽美，一些意外因素的影响会使实验结果失真，或混淆实际存在的相互关系。

三、组织行为学研究的过程

美国学者西拉季（Andrew D. Szilagyi）和华莱士（Marc J. Wallace）把组织行为学的研究过程分为五个环节或步骤。

（一）弄清要研究的问题

如果研究者在没有弄清事情原委的情况下就仓促开展研究或下结论，研究效果就会较差，甚至会得出错误的结论或产生误导。当然，组织中人的行为问题通常涉及个人的人格、以往经历、组织本身的复杂结构等，对问题的确定依赖于研究者的经验和知识结构。一般而言，一个好的研究选题应该满足以下条件：（1）该选题在理论上是重要的。或者说，该研究成果会对某些领域理论的发展起到重要推动作用。（2）该选题具有现实价值。或者说，社会需要这方面的研究成果来解决实际问题。（3）对该选题的研究是可以实现的。或者说，研究者本人的研究方向、能力以及拥有的资源可以使该项研究成功完成。因此，一个研究者在进行组织行为学研究方面的选题时，必须对上述三个方面有所了解和分析。

（二）查阅与研究主题有关的已有理论和信息资料

一个组织行为学的研究者在确定了相关研究主题以后，下面要做的是查阅已有的与选题有关的文献，这些文献包括相关理论和信息资料，研究者必须对这些文献资料做一定程度的梳理和分析，从中找出与选题研究有关的内容。以此为基础，研究者需要做进一步的思考和分析，为自己的研究确定具体概念和内容。在研究过程中，这些概念和内容会用不同名称的变量（variable）来表示，而且可以被测量、计算和分析。

（三）形成假设

假设是一种实验性的阐述和解决问题的方式，其作用在于在研究者对问题的实质有了一定程度的了解，并且已经知道应该采用什么样的理论和哪些信息来解决问题以后，用以指导问题的解决。当然，这种实验性的阐述和解决问题的方式是需要检验的，具体的检验过程是通过相关的研究设计来完成的。

（四）要选择正确的设计和方法来开展研究工作

这个环节也称为研究设计和分析阶段，主要任务就是按照一定的资料收集方法进行相关数据资料的收集工作，并对所收集的数据资料进行科学规范的信息处理，以检验前期做的研究假设。一般而言，数据资料收集方法主要包括：

观察法、访谈法、实验法、问卷调查法、心理测验法和个案法等。研究分析主要是对收集到的数据资料进行系统的审核、整理、统计和分析，这里既有对数据资料的清理、转换和录入计算机中等工作，也有用各种统计方法对资料进行分析的工作。需要特别指出的是，由现代组织行为学研究的特定方式、方法以及所收集资料的性质所决定，这种对数据资料加工和处理的方式及手段主要采用的是定量的统计分析。

(五)解释研究结果并总结

在这一步骤中，我们要对研究结论进行全面具体的分析和解释，并撰写相关的研究报告。研究报告是一种以文字和图表将整个研究工作所得到的结果系统地、集中地和规范地反映出来的形式，它是组织行为学研究成果的集中体现。撰写研究报告也可以说是对整个研究工作进行系统和全面的总结。从研究的目的、方式，资料的收集、分析方法，到研究得出的结论、结论的分析和解释，都要在报告中进行总结和反映。同时，还要将研究的成果以不同的形式应用到社会实践中去，真正发挥组织行为学研究成果在组织管理领域中的巨大作用。

四、模型与量表

(一)模型

人的行为，无论是个体行为、群体行为还是组织行为，都是非常复杂的现象，为把这一复杂的事物清楚地表达出来，必须在不引起人们模糊不清的情况下将其简化。组织行为学在研究人的行为时，往往通过建立模型的方法来达到这一目的。

1. 模型的概念

模型就是对某种现实事物的抽象，是对事物的简化表示。模型与理论不同，虽然这两者都是对现实事物的抽象，但理论是抽象出事物的本质特征并加以概括，具有普遍的指导意义；而模型则不一定抽象出本质特征，是根据研究的需要只抽取事物的某些特征，目的是为了便于更清楚地了解事物的真实情况。

2. 模型的结构

根据国内学者的研究，任何模型包括行为科学模型在内都是由三个部分组成的，即目标、变量和关系。

(1)目标。编制和使用模型，首先要有明确的目标，也就是说，这个模型是干什么用的。例如，是要预测员工的离职率，还是要选拔优秀人员；是要解释员工的工作动机，还是要考察管理者的领导素质；是要解释生产率为什么下降，还是要试图解决企业的产品质量问题等。只有明确了模型的目标，才能进一步确定影响这种目标的各种关键变量，进而把各变量加以归纳、综合并确定各变量之间的关系。

(2)变量。变量是事物在幅度、强度和程度上变化的特征。关于人的行为变量通常在两个维度上变化：一是定性的，即人的不同工作行为的性质各不相同，如操作工的行为不同于检修工的行为，生产部门管理人员的行为不同于销售部门管理人员的行为；二是定量的，即不同性质的行为有不同的计量单位，例如生产绩效可以用产量、出错率、产品不合格率、操作的精确度以及单位时间内完成的工作数量作定量的测量，人的行为可以用缺勤率、任职时间的长短或态度量表来做定量测量。

一般而言，行为变量的定性和定量维度都很重要，对于人的工作行为，首先要作定性分析，然后再做定量分析。变量的定性比较容易，而定量研究则比较复杂。因此，在组织行为学的研究中，确定了影响行为的重要变量之后，要选择适当的标准测量工具测定这些变量，从而确定相关变量之间的相互关系。在组织行为学研究中要测定四种类型的变量，即自变量、因变量、中介变量和调节变量。

①自变量。也被称为预测因素，它是影响因变量的变量。经常见到的自变量如员工的智力、气质、性格、工作投入，领导者的领导作风、领导特质，以及组织的奖励制度、绩效考核制度，等等。

②因变量。也被称为效标，它是受自变量影响的变量，在组织行为学中就是所要测量的行为反应。经常见到的因变量如员工工作绩效、任务绩效、离职率、工作满意度，领导者的领导效能，以及组织的团队绩效，等等；

③中介变量。也被称为中间变量，它是自变量影响因变量的中介机制，也就是说，自变量是通过影响这个变量来影响因变量的。比如，领导价值观是自变量，它影响因变量成员绩效，它是怎样影响的呢？一些实证研究表明，领导价值观是通过影响领导风格，进而影响成员绩效的，在这里，领导风格就成为领导价值观和成员绩效两个变量之间的中间变量，具体见图 D-1。

④调节变量。也被称为干扰变量，它会影响两个变量之间的关系和强度，也就是说，调节变量会增强或减小自变量对因变量的影响，调节变量的存在会使自变量与因变量之间的关系更加复杂。还是上面的例子，领导价值观是自变量，它是通过影响领导风格，进而影响成员绩效的，那有没有影响领导风格与成员绩效之间关系的因素呢？实证研究表明，领导情景常常影响领导风格与成员绩效之间的关系和强度，也就是说，在某种情境下，一种领导风格(如员工导向的领导风格)可能会对成员的绩效产生正面的影响；而在另一种情境下，

这种领导风格可能会对成员绩效产生负面的影响。在这里，领导情景就成为领导风格和成员绩效两个变量之间的调节变量，具体见图 D-1。

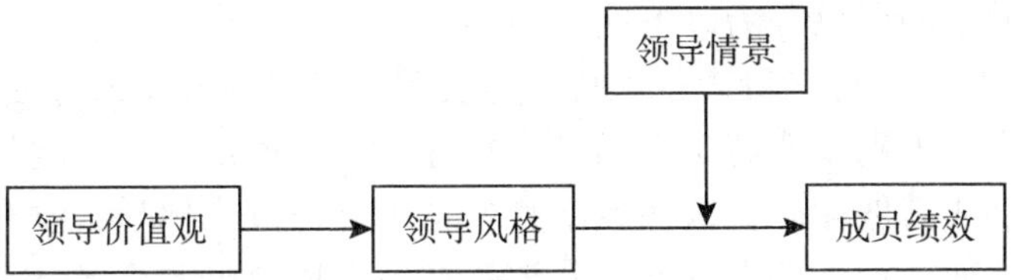

图 D-1

(3)关系。在确定了目标及影响目标的各种变量之后，还需要进一步研究各个变量之间的关系。总体上看，变量之间的关系可以分为两个变量之间的关系和多个变量之间的关系。在很多情况下，多个变量之间的关系又可以分解成若干个两变量间的关系，或者说，多变量之间的关系可以用若干个两变量间的关系来描述。因此，对两变量之间关系的分析探讨，是组织行为学研究中最基本、最重要的内容。

①相关关系。变量间的相关关系指当其中一个变量发生变化时，另一个变量也随之发生变化，反过来也一样。对于等级以上层次的变量来说，相关关系可以分为正的关系和负的关系两个方向。所谓正的相关关系，指的是当一个变量的取值增加时，另一个变量的取值也随之增加，反之亦然，或者说，两个变量的取值变化具有同方向性；所谓负的相关关系，指的是当一个变量的取值增加时，另一个变量的取值反而减少，或者说，两个变量的取值变化具有反方向性。变量间的相关关系除方向外，还有一个强度问题，具体指的是它们之间相关关系程度的强弱或大小。变量之间相关关系程度的统计表示是相关系数。

②因果关系。变量间的因果关系指当其中一个变量变化时，会引起或导致另一个变量也随之发生变化，但反过来，当后一个变量变化时，却不会引起前一个变量的变化。事实上，因果关系在某种意义上可以说比相关关系更进了一步，如果两个变量之间存在因果关系，那么它们之间必定存在相关关系；反之，如果两个变量之间存在相关关系，它们之间未必就存在因果关系。一般而言，因果关系的存在必须同时满足三个条件：两个变量之间存在着不对称的相关关系；两个变量在发生的顺序上有先后之别；两个变量之间的关系不是同源于第三个变量的影响。

(二)量表

任何行为的研究，除了做定性的研究外，都要进行定量的测量，这就是要测量自变量与因变量之间的关系，对行为变量的测量一般采用的都是行为变量测量量表。量表是用于测量变量及其之间相互关系的系统工具。根据行为变量研究的任务不同，量表测量有关变量的对象也各不相同。一般来说，量表根据其测量对象的不同可以分为以下四种类型：

(1)称名量表。称名量表也可称为定类量表，这种量表要求必须有两个或更多互不包容的类别或范畴来对测量对象分类，并根据规定给测量对象的每一类别赋予数字或其他标志，这些数字和标志仅是符号或称呼，没有任何数量大小和含义。比如，把人按男女性别分类就是一个最简单的称名量表。在组织行为学中常用的称名量表之一是职业量表，如把本厂职工划分为木工、电工、机械维修工等。使用称名量表时有一个条件，即只能把每个人或每一事物归入一类。此外，在职业量表中有时类别的划分不可能包括所有职业，在这种情况下可列出“其他”一类，把不适合所列类别的职业归入这一类。

(2)等级量表。等级量表也可称为定序量表，这种量表用以表示某种变量的等级、顺序特点，只要求在几个备选项目中按某种标准排出等级和顺序，不表明各被选项目之间差别的多少。例如，可按工作绩效标准把由 5 人组成的生产班组排成等级顺序：第一、第二、第三、第四和第五。但是，等级量表无法反映出该班组工人之间的差距大小，可能名列第一者与名列第二者之间工作绩效的差距很小，而名列第四者与名列第五者之间工作绩效的差距很大。所以，等级量表上没有各项目之间差距的资料和数据。

(3)等距量表。等距量表是以间距相等的计分点对变量进行测量的，也就是说，在量表的任何点上，任何数字的差别从理论上看都代表一个基本变量的均等差别。这种量表没有绝对的零点，只能作加减的运算，不能作乘除的运算。等距量表一般采用五点量表或七点量表，有时也可采用九点量表等。

(4)等比量表。等比量表也称为比率量表，这种量表既有相等的间距，也有绝对的零点。这就是说，它具有等距离量表的全部特征，只是增加了绝对的零点。

第一章　人格的概念

学习目标

通过本章的学习，需要掌握人格的定义、人格的特征、影响人格的因素；了解人格分析的三种水平；了解人格的研究领域以及人格的测量。

第一节　人格的含义

一、人格的定义

(一)什么是人格

一些人安静而被动，另一些人热情且进取，当我们使用安静、被动、热情、进取、雄心、外向、真诚、紧张、好交际这些词来描述一个人时，我们实际上是按照人格特点对人进行了分类。人格一词来源于拉丁文面具(Persona)。面具就是演戏时应剧情需要所画的脸谱，它表现剧中人物的角色和身份。例如，我国京剧有大花脸、小花脸等各种脸谱，表现各种性格和角色。把面具定义为人格，实际上包含着两层意思：一是指个人在生活舞台上表演出的各种行为，表现于外给人印象的特点或公开的自我；二是指个人蕴藏于内、外部未露的特点，即被遮蔽起来的真实自我。

给复杂的人格下定义是比较困难的。一般认为，人格(personality)是个体内部的心理特质和机制的集合，具有组织性和相对持久性，它们影响到个体对心灵内部的、物理的和社会环境的适应以及与它们的相互作用。

1. 人格是心理特质的集合

心理特质(psychological traits)是用来描述人们彼此间差异的各种特征。我们说一个人是害羞的，是指他与开朗的人有所不同。同时，特质也界定了人们之间的相似性。例如，害羞的人都有一些相似之处，如在社交情境中，特别是在有观众注意的情境中，他们会紧张不安地表现出焦虑。特质描述的是一个人的平均倾向。

心理特质对于人格心理学家的研究具有重要性。第一，特质可以帮助我们描述人，从而有利于理解人与人之间的差异。第二，特质可以帮助我们解释人的行为。这是因为人们行为的部分原因可能是由于其人格特质作用的结果。第三，特质可以帮助我们预测个体将来的行为。例如，人会对什么样的职业感到满意，谁更能承受压力，谁能更好地与他人相处等。因此，人格能有效地描述、解释和预测个体间的差异。任何优秀的科学理论都能使研究者对其所研究的领域进行描述、解释和预测，就像某种经济理论可以很好地描述、解释和预测股票市场的波动一样，在人类的行为和经验领域，人格特质可以描述、解释和预测人们之间所表现出来的行为差异。

不过，这并不意味着个体所有的特质在任何时候都会表现出来。事实上，在某个特定时间，只有少数几种特质可能会被激活。以勇敢为例，这种特质仅在特殊的情境下才被激活，如当个人生命安全受到严重威胁之时。我们常说，一些人比另一些人更勇敢，那只有在合适的情境出现时，我们才知道哪些人更勇敢。

2. 机制

心理机制(psychological mechanisms)与特质类似，但机制一词更多指人格的表现过程。例如，绝大多数的心理机制包括信息加工活动。一个外向的人可能会去寻求和发现与他人互动的机会，也就是说，外向的人时刻注意着特定类型的社会信息，并对其做出反应。

大多数的心理机制具有三种基本成分：输入，决策规则和输出。心理机制可以使人们对来自环境的某些信息(输入)更加敏感，使他们趋向某种选择(决策规则)，并引导他们做出某些类型的行为(输出)。例如，一个外向的人会寻求与他人在一起的机会，思索在每一种情境中与他人接触和交流的可能性，并为了促使他人与自己互动而表现出特定的行为。我们的人格中有许多这样的心理机制，它们是包含输入、决策规则和输出这些关键成分的一套信息加工程序。

3. 个体内部

个体内部(within the individual)意指人格存在于个体之内，且在不同时间、不同情境中具有一定的连续性。通常，我们觉得现在的自己与上周、上个月以及去年的自己没什么不同，在将来的岁月里，这些人格也将继续为我们所有。虽然人格会受到我们所处环境，特别是生活中重要他人的影响，但是，即使环境发生了改变，我们的人格并不会产生变化。因此，人格定义强调人格的重要根源在个体内部，并且具有跨时间的稳定性，以及在某种程度上跨情境的一致性。例如，我们说某人此刻很生气，并非是在描述他的某个特质。因为一个人可能现在生气，但明天不一定生气；可能在一种情境中生气，但在其他的情境中不一定生气。因而这里说的生气更可能是一种状态而不是特质。但是，若说某人易生气或通常是易怒的，则是在描述一种心理特质。与其他人相比，易怒的人经常生气，且在不同的情境中一次又一次表现出这种倾向(如在工作中好争执；在娱乐性活动或运动中表现出敌意和攻击性；经常与家人争吵)。

人格并非在所有情况下都会表现出跨情境的一致性。某些情境的力量可能非常大，足以抑制某种人格特质的表达。例如，健谈者在听报告、看电影或在电梯里时可能会保持安静，尽管你肯定会碰到个别在这样的情境中不能、也不愿保持沉默的人。

4. 组织性

对个体来说，有组织(organized)意指心理特质和机制并不仅仅是各种成分的简单与随机的整合。人格是有组织的，因为这些特质和机制以一种协调的方式彼此联系。设想一个仅有两种需求的简单情境——对食物的需求和对亲密的需求。假如你已经很长时间没吃东西，正忍受饥饿，那么你对食物的需求就可能超过对亲密的需求；相反，如果你已经吃过东西，那么对食物的需求可能会暂时处于次要地位，你便会去寻求亲密的需求。人格是有组织的，它包含着决策规则，这些决策规则依据具体情境来确定具体激活哪一种需求。

5. 相互作用

人格的这一层含义主要表现在个体—环境相互作用(person-environment interaction)过程之中，它包括知觉、选择、唤起和操控等环节。知觉是指我们如何去“看”或去解释某种环境。当两个人面对同样的客观事件时，他们注意的内容和对事件的解释可能非常不同，这种差异就是人格的一种功能。例如，两个人看同一张墨迹图，一个人知觉到的可能是两个食人者正在火上烤人；而另一个人知觉到的可能是一个微笑的小丑在招手问好。再比如，一个陌生人在大街上对他人微笑时，其中一个人可能觉得这是假笑；而另一个人却视其为友好的表示。

选择描述了我们如何选择我们所处的环境。例如，如何选择朋友、爱好、大学课程和职业，至少在一定程度上反映了我们的人格，特别是我们如何支配自由时间更是一种人格特质的反映。一个人可能参与跳伞活动，而另一个人可能更喜欢安静地打理花园。我们选择什么样的生活，这是人格的功能之一。

唤起是指我们促使他人产生反应，这种行为通常是无意的。在一定程度上，我们创造了自身所在的社会环境。例如，高活动水平的儿童可能会引起父母对其活动的限制，尽管这并不是儿童所期望的。再如一个身材魁梧的人并不想对他人安全构成威胁，但他仍可能引起他人的焦虑与紧张感。

操控是指个体有意地去影响他人。例如，易焦虑或产生恐惧的人会试图影响他所在的群体成员，以避免看恐怖电影或进行冒险活动；高尽责性的个体坚持每个人都应该遵守规则；一个非常爱整洁和有条理的男性，会坚持要求妻子收好自己的东西并每天清理家务。操控他人的行为、思想和情感，也是人格的基本功能。

6. 适应

适应(adaptation)即实现目标，以及应对、调整和处理生活中面临的挑战和问题，以适应所处的环境。人类行为具有自然的目标导向和目的性，如过分担心的神经质行为，实际上是对当前或未来不安环境的一种有效适应。因为过分担心的人，除自身会对有威胁的环境保持警惕外，也经常会得到他人的支持和鼓励。这种对环境的适应，既包括物理环境、社会环境，也包括心理环境。

(二)人格的特征

1. 独特性

人格是一个人所具有的倾向性和心理特征，它既表现为个人的需要、动机、信念和价值观等，又体现了人与人之间在能力、气质和性格等方面所存在的个体差异。众所周知，世界上不可能存在两个完全相同的个体，所谓“人心不同，各如其面”。由于所处社会环境、社会经历以及遗传因素的不同，每个人都会形成与他人不同的个性倾向性和心理特征，人与人之间都存在着个体差异。因此，每个人的人格是独特的。

2. 稳定性

人格是影响个体行为的、相对稳定的一系列个人的心理特点，只有这些特点经常地、稳定地表现在一个个体身上时，才能称之为这个人的人格。一个人偶尔表现出来的紧张、不安并不能说明这是他的人格特点。人格一旦形成，就具有相对的稳定性，但是并不是绝对的，有时会随着个体所处环境的改变而变化。

3. 整体性

人格并非是由单个的心理特征或倾向性特征所构成，而是相互联系的一个整体。人是作为整体来知觉和建构世界的。一个人的各种心理现象和心理过程，都是有机地联系在一起表现在一个人身上的，某一个个性心理特征或倾向性特征只有存在于人格的整体或系统中，才具有确定的意义和作用。

4. 社会性

人是社会中的一个个体，不能离开社会而存在，人格是社会化的产物，是在一定的社会关系下，经过社会实践和社会学习逐步形成的，是社会关系的体现。当然，人格的社会性并不排斥人格的先天遗传因素，但是一旦个人离开了社会，人格也便失去了存在的基础。

（三）影响人格的因素

人首先是作为自然界中的一个生物个体存在的，但是又是一个存在于社会中的社会个体。因此，人一出生，各种先天因素和后天因素便开始作用于该个体，对其人格的形成产生各种影响。归结起来，人格是遗传和环境共同作用的结果。

1. 遗传因素

影响人格的一个重要因素是遗传。人类通过遗传基因传递遗传信息，决定神经系统和内分泌系统，从而形成人格。根据对出生婴儿的观察，有的好动，是兴奋型的，而有的则安静，是抑制型的，这样的神经类型的特点就是遗传形成的。另一些研究也发现几乎一半的特质变量，如外向性、冲动性、灵活性等都是由遗传因素决定的，如母亲的某些心理病理症状（恐惧、焦虑或抑郁）与儿童的胆小、退缩的性格特征有关。遗传可以说是人格形成的自然前提，也是人格形成的载体。但是遗传因素的重要性随人格特征的不同而有差异，如气质和智力之类的特征，受遗传影响大，而价值观、信念等心理特征，受遗传影响小。

2. 生理因素

生理因素是人格形成和发展的必要条件。身体器官的构造和机能，身体的外表都直接或间接地影响着人格的形成和定型。

（1）脑与人格

一个人的人格和行为，无论多么复杂，都是大脑工作的产物。个人的大脑是人格的主要物质基础，脑的局部受伤会导致人格和行为的改变。巴普洛夫认为，神经系统的类型特点是人格的生物学基础，人格特征与大脑皮质细胞群配置特点以及细胞层结构的个体特点有关。艾森克（Eysenck）认为，外倾者与内倾者，其神经系统是不相同的，神经质的人与正常人的神经系统也不相同，比如外倾者大脑皮层的觉醒水平（或激发水准）较低，因而比内倾者的抑制速度慢。

（2）生化物质与人格

人体内的生物化学物质的变化，会影响一个人的行为模式或人格特征。例如，甲状腺分泌甲状腺素亢进，会导致神经系统兴奋性增高，表现为易紧张、失眠、烦躁、多言、情绪不稳定，而甲状腺素分泌缺乏则导致智力减退、记忆力下降、联想和言语活动减少、嗜睡、性欲减退。有研究表明，精神分裂症是由神经介质多巴胺分泌过量所致，而过低的多巴胺分泌量则会引起帕金森综合症。这些都表明生化物质会影响人格。

(3)身体外貌与人格

对于身体外貌与人格特征的联系，古今中外的学者都做过研究。例如，中国春秋战国时期的《内经》对身体外形与人格特征的联系做过描述，它把人分为金、木、水、火、土五种类型。20 世纪上半叶，德国精神病学家奇默尔(Kretschmer)和美国心理学家谢尔顿等(Sheldon)，也把人格特征与体型联系起来。虽然这些分析都缺乏科学依据，但是，肤色、脸型、身高、体重等身体外貌的特点，具有社会适应的意义，有的符合文化的社会价值，有的则不符合并经常受到人们的评价，因此也会影响一个人的人格。例如，符合社会期望的身体外貌可能使人形成自信、自尊的特点，而有生理缺陷的人往往被人们讥笑或怜悯，容易产生自卑感。但是生理缺陷也会激发人去追求卓越，以补偿身体的缺陷。因此，身体外貌与人格特征的联系主要是依个人如何看待自己的身体特点而定的。

3. 环境因素

影响人格的另一个重要因素是个人所处的环境，社会环境、家庭背景、个人经历，特别是早年的生活经历都对人格的形成产生一定的影响。

(1)胎内环境的影响

每一个婴儿都是遗传与环境的产物，从受孕那一刻起，环境因素就对人格的形成构成影响。不同母体的子宫环境是不一样的，有的母亲很健康，有的则营养不良或受药物影响。母亲健康上的差异会深刻影响子宫的环境，从而影响新生儿的某些特征。例如，母亲血清中的锌含量严重偏低会导致婴儿患各种先天性畸形。这样的特征虽然出生时便存在，却不是由遗传决定的。

(2)家庭环境的影响

出生后，个体最早接触的是家庭环境。家庭的各种因素，例如家庭结构的类型(单亲家庭、寄养家庭)、家庭的气氛、父母的教养方式、家庭子女的多少等都会对儿童人格形成起着重要的作用。

不少研究表明，体贴、温暖的家庭环境能促进儿童成熟、独立、友好、自控和自主等特征的发展。父母的教养方式对儿童人格的影响不可低估。研究发现，过度焦虑的孩子常有过度保护、对子女反应十分幼稚化的母亲。只要不惹麻烦，父母便漠不关心的孩子，其成就动机和自我价值感都较低。受父母溺爱的孩子，常缺乏爱心、耐性和挫折容忍力。经常受体罚，孩子会变得难以管教，而且会发生更多的攻击行为。

(3)学校环境的影响

学校教育对人格的形成也有深远的影响作用。例如，学校德育使学生形成一定的思想品德，树立正确的人生观和价值观。智育使学生掌握系统的科学文化知识与技能，促进智力的发展。课堂教育是学校教育的主要环节。在传授知识过程中，训练学生习惯于系统地、有明确目的地学习，克服学习中的困难，可以培养坚定、顽强等性格特征。体育不仅使学生掌握运动技能，也能培养意志力和勇敢精神。美育使学生掌握审美知识，形成一定的审美能力，通过对美的理解和欣赏，正确区分美与丑、真与假、高尚与低级、文明与野蛮，形成审美情操。劳动教育使学生形成正确的劳动观点和劳动态度，建立良好的劳动习惯。

(4)社会文化的影响

人类创造了自己的文化，又把自己置身于一定类型的文化环境中。民族文化是一个民族经过世世代代而积累起来的，民族文化塑造了一个人的民族性格。民族性格是指一个民族或一个国家的国民常见的独特的性格，并且是异于其他民族或者其他国民的。例如，说德国人冷静、法国人热情、日本人勤奋等，就是在指民族性格。我国的儒家文化传统形成了中国人的顺从、勤俭、保守、谦让等性格。

总而言之，人格是在遗传和环境的双重作用下形成和发展起来的，遗传因素决定了人格发展的可能性，构建了个体人格的基调，而环境因素则决定了人格发展的现实性，影响了外显行为。

二、人格分析的三种水平

克拉克洪和莫瑞(Kluckhohn & Murray)在一本关于文化与人格的书中较好地总结了人格分析的三个层面，他们认为，每个人在某种程度上：(1)与其他所有人相似(人类本性层面)；(2)与某些人相似(个体和群体差异层面)；(3)与任何人都不相似(个体独特性层面)。第一个层面指普遍性，第二个层面指特殊性，第三个层面指唯一性。

(一)人类本性

按照字面意义来理解，人类本性即“人性”，是指人类最接近自然、真实的面，亦即几乎每个人都具备的、人类作为一个物种所拥有的典型的人格特质和机制。例如在心理层面，所有的人都拥有与他人共同生活和归属社会群体的愿望，这些期望是人类本性的一部分。由于人类具有共同的祖先，因此无论属于哪个国家、民族或种族，人类在许多生理和心理特性上都具有普遍性，这种普遍性是进化的结果。达尔文在《人类与动物的情感表达》一书中指出，人类的表情是从动物那里进化而来的，诸如愉快、悲伤、恐惧、愤怒一类的表情，在整个人类中都具有普遍性。从这种意义上讲，在许多方面，每个人都与任何其他人相似。通过了解这些方面，我们可以理解人类本性的一般规律。

（二）个体和群体差异

一些人喜爱社交，喜欢参加聚会，另一些人则喜欢安静、独处和看书；一些人为了寻求刺激而去跳伞、驾驶摩托车或飙车，另一些人却尽量回避刺激；一些人具有高自尊，过着高自我价值和能力评价的生活，另一些人则经常感到孤独和被自我怀疑困扰，这些都是个体差异（individual differences）的内容，是个人与他人既相似又不同的方面。

群体差异（differences between groups）也可以用来考察人格。同一群体中的人可能具有某些共同的人格特征，它们使该群体的人有别于其他群体。人格心理学家研究的群体差异包括不同文化、不同年龄、不同政党以及不同的社会经济背景等。还有一个重要差异就是男性和女性之间的差异，人类的许多特质和机制在两性之间是相同的，但仍然存在性别差异。例如，大量的证据表明，在所有的文化中，男性通常比女性表现出更多的身体攻击性，男性对社会中的多数暴力负有责任。

（三）个体独特性

任何两个个体都不会具有完全相同的人格。即使生活在同样的家庭和文化背景下，由同一父母抚养的同卵双生子，他们也不可能具有完全相同的人格。每个人都具有一些他人所没有的个人特质。人格心理学的目标之一是考察个体的独特性，并通过多种方法来了解个体丰富而独特的生活方式。该领域的争论之一在于将个体看作总体中具有一般特征的个案（一般规律）还是将个体视为单一的、独特的个案（特殊规律）。一般规律研究通常包括对个体或群体进行统计学上的比较，需要对大量被试样本开展研究；特殊规律研究通常关注单一被试，试图观察个体在生活中表现出来的一般规律。特殊规律研究往往采用个案研究或个体的心理传记研究等方法。此外，也有研究者提供了特殊规律研究的另一种途径，即分析人们生活中的一系列事件，并尝试通过理解个体生活史中的关键事件来进行研究。

第二节　人格的测量

一、人格测量的信度与效度

对于人格变量的测量在许多情况下不同于对物理变量的测量，我们可以用一把尺子测量某一物体的长度，但人格变量的测量则没有那么简单。在多数情况下，对人个性的测量要根据某些问题做出主观的判断或评定，或者说要对一些问卷和测验题目给予回答。这种主观的判断或评定是否可靠、是否有效应加以检验，这就是测量的信度和效度问题。

(一)测量的信度

信度是指测量的稳定性和可靠性，即对人的人格先后数次测量的一致性程度。大部分的信度指标都是用相关系数表示的，称为信度系数，信度系数越大，说明测量越可靠；信度系数越小，说明测量越不可靠。不可靠的测量是不能用的。一般来说，测量信度具有下述几种方法。

(1)再测信度。这种方法是在不同的时间内对同一组人的个性进行测量和评定，然后计算两次测量或评定的相关系数。使用这种方法时，两次测量所采用的方法、所使用的工具是完全一样的。为了使前一次测量的记忆不至于影响后一次测量，两次测量要间隔一段时间。一般来说，相关系数达到 0.7 以上，才能认为这种测量是稳定的和可靠的。

(2)复本信度。这种方法是设计和编制两套项目类似的问卷，用两套问卷对同一组被测者进行测量，然后计算它们的相关系数。使用这种方法时，要求所使用的复本必须是真正的复本，即二者在形式和内容等方面都应该完全一致，然而在实践中，这种要求往往是一件十分困难的事情。

(3)一致性信度。采用这种方法对某种人格测量，其各个项目应该基本上测量同样的东西，这就是说，各个题项之间是内部一致的，这就是一致性信度。与再测信度和复本信度不一样，一致性信度的测定只需要测量一次，而不需要对同一组被测者进行两次测量，使用时较为方便。在实践中，有两种方法可以取得一致性信度系数。一种是“折半法”，即将被测对象在一次测量中所得的结果，按测量项目的单双号分为两组，计算这两组分数之间的相关系数，即折半信度。通常，研究者为了采用折半信度来检验测量的一致性，需要在他的量表中增加一倍的测量题项。这些项目与前半部分的项目在内容上是重复的，只是表现形式不同而已。另一种方法是以方差分析为基础，其结果反映出两个项目或多个项目之间相关平均值的估计，最普遍的是用克隆巴赫(Cronbach)系数，其实质上得出的是所有折半相关的平均数。

(二)测量的效度

效度是指人格测量的有效性和准确性，即测量工具能够准确测出所要测量变量的程度。也可以说，效度指的是测量标准或所用的指标能够如实反映某一概念真正含义的程度。效度是对所要测量的某种个性特征的真实性或正确性的反映，越是准确地把握了测量变量，这种测量的效度也就越高。当一项测量所测的正是它所希望测量的对象时，我们就说这一测量具有效度。如果说信度是测量本身内部的比较，那么效度则是测量与某种外部标准的比较。一般来说，测量效度具有下述几种方法。

(1)内容效度。这种方法是指测量项目在多大程度上反映了所要测定的人格特征，也就是，测量内容或测量指标与测量目标之间的适合性和逻辑相符性。如我们用一组项目测量职工的操作技能，则内容效度反映的是这组项目在多大程度上系统地代表了操作技能。评价一种测量是否具有内容效度，首先必须知道所测量的概念是如何定义的，其次需要知道这种测量所收集的信息是否和该概念密切相关。内容效度主要是通过专家的经验判断来评定，例如，对于车床操作技能的测量，可以请一些熟悉车床操作的人来评定，先让他们仔细研究车床操作的具体要求，然后请他们判断测量的项目与所要求的操作技能之间的关系的密切程度。

(2)效标关联效度。所谓效标就是为测量规定的标准。效标关联效度是通过测量的分数与一个或几个独立的效标之间的比较来确定的，这两方面相关的程度越高，表明该测量的效度越好。效标关联效度有两种类型，即同时效度和预测效度。同时效度是测量的结果与现有的效标(如个人的工作绩效)之间的比较，如果两者的相关程度很高，则表明同时效度很好。预测效度是指测量结果能够预测人们将来行为的程度，在组织行为学中往往需要对某类工作人员进行评定，并希望测量结果能预计到被测试者将来的工作成绩和表现。因此，在进行实际测量之前，要先确定或检验该测量的预测效度，其做法往往是在正式进行测量之前先进行小样本的测试。预测效度实际上是测量结果与一定时间以后人们行为表现之间的相关程度，这种相关程度越高，表示测量的预测效度也越好。

(3)构思效度。构思效度是指某种测量能测出该项测量赖以建立的理论构思的有效程度，确定构思效度的目的在于检验测量是否真正测出了研究的理论构思。确定构思效度一般遵循下述程序：首先，从某种理论出发提出关于某种人格特征的基本假设；其次，根据假设编制测量量表或问卷；最后，根据测量结果，由果溯因，通过各种统计方法(如相关分析、因素分析等)检验测量结果是否符合研究的理论构思。所以，构思效度的评定往往需要较复杂的统计方法。

二、人格测量的方式

(一)自陈式问卷

自陈式问卷是一种自我报告式问卷，即对拟测量的人格特征编制许多测量题目，要求被试做出符合自己实际情况的回答，主试则根据其作答情况来评估其人格特征。这是目前最广泛、最通用的人格评估工具，也是人格的一种客观测验，测试对象常常被要求回答关于思想、情感和行为方面的一系列问题，例如，问被试诸如“你经常在午夜感到害怕吗”“你晚上经常失眠吗”等。

1. 自陈式问卷的种类

(1)内容效度人格问卷。这是采用逻辑法编制的问卷，早期的人格测验大部分采用这种方法。它是由专家根据某种人格理论，确定所要测量的特质，用逻辑分析的方法编写和选择一些看起来能测验这些特质的题目。这种问卷的缺点是：其一，从表面上看能测量某一特质的题目，实际上可能并不能测量这一特质，即测验的表面效度并不能保证测验的真正效度；其二，由于测验题目与所测特质联系过于明显，被试一眼就能看出所测的是什么，因而容易作假。

(2)因素分析人格问卷。这是用因素分析方法编制的人格问卷。其做法是，先对标准化样本施测大量的题目，题目和被试的选择可以没有任何理论根据。然后通过对被试在各个测量题目上的得分进行因素分析或其他相关分析，将有相关的题目归到一起形成若干组内相关高的具有同质性的题目组，每一个组形成一个因素。构成一个组的题目一经确定，就可通过分析题目的具体内容给每一组题目命名，由此便可得到若干个同质量表来测量对应于这个因素的若干个人格特征。

(3)经验效标人格问卷。用实践标准法编制问卷可以没有任何理论基础，它是根据特定被试表现的实际特征来选择测验的题目。研究者首先选出几组被试，已知各组间在某一人格特点上不同。然后以一系列的测验题对各组被试施测，选出那些能区分各组被试的题目。各组差异所根据的标准可能是他们的职业、教育程度或其他人格特征。组数多少及各组包含的内容与研究者的目的有关。因为这种量表的编制与理论无关，完全是从实践中来的，题目反应的内容只需“行得通”即可，而无需“说得通”。

2. 自陈式问卷的格式

(1)是否式。提供一个陈述句或问句，并列出“是”和“否”两种选项，要求被试选择其中的一个选项。例如：

你喜欢热闹的事情吗？　　是(　)　否(　)

你总是喜欢一个人去看电影吗？　　是(　)　否(　)

(2)二择一式。提供两个意思相反的陈述句(A、B)，要求被试选择其中符合自己实际情况的一个。例如：

A. 我喜欢批评那些有权威和有地位的人。(　)

B. 在长辈或上级面前，我会感到胆怯。(　)

(3)是否折中式。提供一个陈述句或问句，并列出“是”“否”和“不一定”(或“介于是与否之间”)三种选项，要求被试选择其中的一个选项。例如：

我善于控制自己的表情：A. 是　　B. 不是　　C. 介于 A 与 B 之间

你总是喜欢待在安静的房间吗？A. 是　　B. 否　　C. 不一定

(4)文字等级式。提供一个问句，同时列出几个(通常是5个)程度不等的选项供被试选择。例如：

你对自己的工作满意吗？

非常满意(　)　　比较满意(　)　　无所谓(　)

不大满意(　)　　极不满意(　)

(5)数字等级式。实际上是文字等级式的变式，只不过是将文字式选项改为数字式选项。例如：

与现在相比，你觉得自己五年以后的幸福程度是

非常不幸——————非常幸福
1　2　3　4　5

(二)明尼苏达多项人格问卷(MMPI)

明尼苏达多项人格问卷是20世纪30年代由美国明尼苏达大学心理学家哈萨威和精神病学家迈金利编制，最初版本于1943年出版，主要目的是根据精神病学的经验效标对个体进行诊断。MMPI有10个临床量表，每个量表都能够区分一种具体的临床群体(如精神分裂症患者)和正常比较组。通过计算并将测量结果制成曲线，我们就可以看到变态与正态之间的差别，并确定各种人格障碍的问题性质。通过使用这些量表，我们还可以发现由药物滥用、饮食失调、压抑、愤怒、玩世不恭、低自尊、能力不足等因素而产生的问题，为临床治疗或人员选拔提供依据。另外，MMPI还有4个效度量表，用来测量被试可疑的反应模式，诸如明显的不诚实、粗心、防御和逃避。测验者解释MMPI时，首先检查效度量表以确认测验是否有效，然后再看临床量表分数。分数的模式组成了"MMPI得分剖析图"(如图1-1所示)，分析哪些量表得分最高，说明了哪些差异。用"MMPI得分剖析图"可以对特殊群体进行比较，如重罪犯或赌徒。

除了看剖析图解释外，研究者还可以将数据输入计算机，让计算机分析解释并做出报告。以下是一段从计算机里得出来的人格描述，受测者为女性，21岁。

她似乎尽量缩小或干脆否认自身的不足。她承认自己办事犹豫不决，或许她对这种特征毫不介意。在机能正常者身上，明显的防御(不承认缺点)可能表示自信心和完善的自我概念。但是，在这个心理障碍的受测者身上，防御可能表示她不愿意接受治疗。

她可能外向，活动稍多，这种人有冲动性；她可能很健谈，热心社交，但判断力差，处事不老练，不知体贴别人，感到孤独。所以，她可能消耗

大量精力，努力接近别人，满足自己的社交欲望，但是她感觉自己难以担当与他人相处中应负的责任。这种行为模式在青少年及大学生中十分常见。它不会造成严重的不适，只是时而表现出冲动性，从而带来一些麻烦。

总之，该受测者否认焦虑，极力想表现自信，和蔼可亲和自我认可。

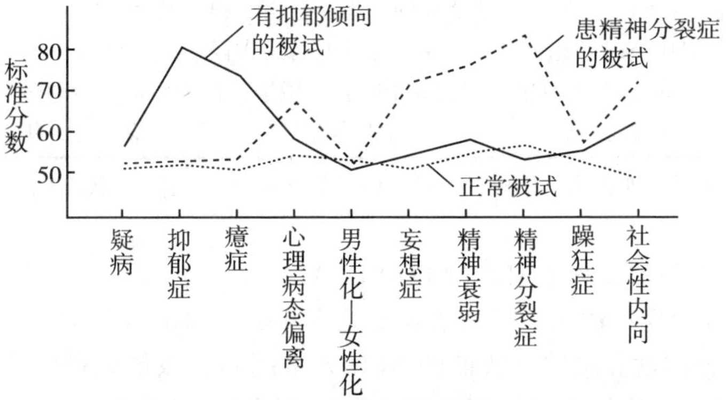

图 1-1　MMPI 测量结果剖析图(Coon，2002)

(注：在一个分量表中得分超过 60 分者可被认为存在人格障碍，超过 76 分者即可能成为严重患者。通常情况下，得分低于 40 分者也可被认为存在人格障碍或其他问题)

资料来源：陈少华．新编人格心理学．广州：暨南大学出版社，2004.

在 20 世纪 80 年代中期，为了更好地适应时代的变化，MMPI 进行了一次修订，这就是 MMPI-2，主要是进行了语言和内容的更新，并根据新的数据制定了常模，同时还新增了 15 个内容量表，包括焦虑、反社会行为、恐惧、A 型人格、强迫症、低自尊、抑郁、社会适应不良、关心健康、家庭问题、想法古怪、工作干扰、愤怒、对医生和治疗的负性态度和犬儒主义 15 个方面。目前，MMPI-2 全量表由 565 个句子组成，表述方式如：每种食物的味道都一样；我的脑子有点问题；我喜欢动物；只要有可能，我总是避免去人多的地方；我经常做白日梦；等等。此外，针对每一个相关的主题，如焦虑或家庭问题，每个量表测量了一个单一而又统一的概念，表 1-1 是 MMP2 中 10 个临床量表及基本症状。

表 1-1　**MMPI-2 的 10 个临床量表及患者基本症状**

(1)疑病症(Hs)：患者对自己的身体健康过度担忧。
(2)抑郁症(D)：患者极度悲观，感觉自己没有价值，没有希望。
(3)癔病(Hy)：患者出现身体不适，但找不出任何生理原因。

续表

(4)精神状态(Pd)：患者情感淡漠，无视社会规范和首先准则。
(5)男子气—女子气(M)：传统意义上的高"男性化"为攻击性强，高"女性化"为敏感性强。
(6)妄想狂(Pa)：患者疑心极强，有被害妄想。
(7)精神衰弱(Pt)：患者有无法摆脱的忧虑、恐惧症和强迫性行为。
(8)精神分裂症(Sc)：患者情绪失控，想法及行为古怪、不正常。
(9)轻躁狂(Ma)：患者情绪亢奋，处于躁狂心境中，行为异常，活动过量。
(10)社会内向(Si)：患者有严重的社会性退缩倾向，害羞，靠不住，不关心他人。

(资料来源：理查德·格里芬，等. 心理学与生活. 北京：人民邮电出版社，2003)

(三)人格的五因素问卷(NEO-PI-R)

20 世纪 80 年代初，科斯塔和麦克雷开始编制用以测量三大人格维度——神经质、外倾性和经验开放性的 NEO 人格问卷，该量表最终于 1985 年发表。最初的 NEO 人格量表包括测量神经质、外倾性、开放性的 6 个层面的分量表，但不包括新增加的宜人性和责任性的任何层面的测量。1992 年，科斯塔和麦克雷发表了 240 个题项的 NEO 人格量表修订版(NEO-PI-R)，可以依据每个因素的 6 个具体层面对每一个大五维度进行不同程度的测量。NEO-PI-R 共包括 30 个独立层面，表 1-2 显示了界定每一因素的 6 个层面以及与之高相关的特质形容词。

表 1-2　**Costa 和 McCrae(1992)的 NEO-PI-R 层面**

量表	大五维度	层面(相关的特质形容词)
E	外倾性对内倾性	乐群(善交际的) 自信(坚强的) 活跃(精力旺盛的) 寻求兴奋(爱冒险的) 正向情绪(热心的) 热情(开朗的)
A	宜人性对敌对性	信任(宽大的) 坦率(不请求的) 利他(温暖的) 顺从(不顽固的) 谦逊(不炫耀的) 温柔(有同情心的)

续表

量表	大五维度	层面(相关的特质形容词)
C	责任性对散漫性	能力(有效率的) 条理性(有组织的) 责任心(不粗心的) 上进心(精益求精的) 自律(不懒惰) 沉着(不冲动的)
N	神经质对情绪稳定性	焦虑(紧张的) 愤怒敌意(易激怒的) 抑郁(不满足的) 自我意识(害羞的) 冲动(情绪化的) 脆弱(不自信的)
O	经验开放性对封闭性	观点(好奇的) 幻想(想象力丰富的) 审美(艺术的) 行动(兴趣广泛的) 情感(易兴奋的) 价值(非传统的)

资料来源：Costa P T, Mccrae R R. Revised NEO Personality Inventory (NEO PI-R) and NEO Five-Factor Inventory (NEO-FFI). Springer New York, 1992.

NEO-PI-R 题目采用第一人称表述，每一个题项都与人格的五大维度相关联。被试按照从“很不同意”到“很同意”5 个级别的标准来评估自己对每一个表述的认同程度。这一测试法的另一种形式提供的是内容相似的第三人称表述，旨在由被试的同伴、配偶或其他专业人员给出更为客观的评价。以下是各维度的项目举例：(1)神经质，如“我很少感到恐惧或焦虑”；(2)外倾性，如“与人闲聊时，我得不到多少乐趣”；(3)开放性，如“我不喜欢将时间浪费在幻想之上”；(4)宜人性，如“我总是把人往最好处想”；(5)认真性，如“我总是为自己能做出正确的判断而感到自豪”。表 1-3 列出了每个维度的高分、低分和中等分数的描述。

表 1-3　　**NEO-PI-R 各维度的高、中、低分描述**

五大维度	高分描述	中等分数描述	低分描述
神经质	感觉灵敏，感情脆弱，很容易体验到令人心烦意乱的感觉	总体上讲，你很安静，有能力应付压力，但有时体验到负疚、愤怒或悲伤的感觉	无忧无虑，能吃苦耐劳。即使面对压力，一般也能保持轻松
外倾性	外向、开朗、活泼、情绪高昂，大多数时间里愿意与人打交道	在行为和热情两方面保持得不温不火。愿与人相处，但同时也注意个人隐私	内向、含蓄、庄重，喜欢孤独或只与几个密友交往
开放性	喜欢经历新鲜事物，兴趣广泛，想象力丰富	讲求实际，但也愿意尝试新方法。在新与旧之间寻找一种平衡	脚踏实地，讲究实际，因袭传统，固守自己的处世原则
宜人性	极富同情心，性情温厚，渴望合作，避免冲突	总体上讲，富于同情心，信任他人，性情随和，但有时会固执己见。不乏竞争意识	斤斤计较，怀疑心重，骄傲自大，争强好胜。直截了当地表达自己的愤怒
责任性	责任心极强，做事有条不紊。总是高标准，严要求，并努力实现自己的目标	为人可靠，做事较有条理。目标清晰，但有时也会将工作弃置一旁	生性闲散，做事缺乏条理。有时还马虎大意。不愿制订计划

资料来源：Costa P T，Mccrae R R. Revised NEO Personality Inventory（NEO PI-R）and NEO Five-Factor Inventory（NEO-FFI）. Springer New York，1992.

（四）投射测验

投射是指一个人将自己的思想、态度、愿望、情绪等人格特征投射到外界事物上，通过对外界事物的反应，表达出自己内心的真实感受，亦即个人的人格结构在感知、组织及解释情境刺激影响的过程和结果。与人格的自陈式问卷不同的是，投射测验对反应的范围不作预先的规定，被试可以自由作答。在投射测验中，给被试一系列的模糊刺激，如抽象模式，可以作多种解释的未完成图片、绘画等，分别要求被试进行叙述、完成图片或讲述画中的故事。面对同一个投射刺激，不同的人看到的东西是不一样的，而每个人所能知觉到的东西恰好可以反映其人格的内部情况。

1. 罗夏墨迹测验

在交错的光影以及变幻的云朵中，人们通常可以想象出各种各样的人与物。对于心理学家而言，这些幻象并不仅仅是一种幻觉。从某种意义上说，它反映了一个人的经历和期望，可以预测一个人的人格。鉴于此，瑞士一名精神病学家赫尔曼·罗夏(Hermann Rorschach)发明了一套模糊的图形。最初制作这些图形时，先在一张纸的中央滴一摊墨汁，然后将纸对折并用力压下，使墨汁四下流开，形成沿折线两边对称但形状不定的图形(如表 1-4。)罗夏让 300 名精神病患者和 100 名非精神病患者解释他们所看到的墨迹，对他们的反应进行分析比较，并于 1921 年在《心理诊断法》一书中发表了他的研究成果。他在试验数千种墨迹图片后，最后选定其中 10 张作为测验材料，逐步确定记分方法与解释原则。

表 1-4　**罗夏墨迹测验图示例**

反应	墨迹	根本解释
这是一只蝴蝶。这些是翅膀、触须和脚。		按这种方式观察整个墨迹，被认为是反映了被试有组织能力和把一些材料相互联系起来的能力。
这是一只鸡腿的一部分。		只看到了这团墨迹的一部分，这通常被解释为只对具体的东西有兴趣。
这可能是一张脸。		看到这团墨迹不平常或者极小的一部分暗示这人爱搬弄学问。
看起来有点像一个轴转的顶部。		把图形与背景按这种方法倒过来的人经常爱抬杠，消极并且很顽固。

资料来源：Burger M，陈会昌．人格心理学．北京：中国轻工业出版社，2000.

罗夏墨迹测验是历史最悠久和应用最广泛的一种投射实验。该测验在罗夏在世时并没有多少人使用，但后来却成为一种诊断手段而被广泛应用。例如，有人用它来评估从第二次世界大战退役回来的美国士兵的精神状态。到 20 世纪 50 年代，罗夏墨迹测验饱受抨击，批评者指出，这种测验在分析患者的解释时缺乏统计学上的依据，对结果的分析常常带有主观性，信度和效度都很低。不管评论家持怎样的观点，罗夏测验与其他一些测试仍然在临床指导方面起着重要作用。

2. 主题统觉测验

另一种被广泛使用的投射测验叫主题统觉测验(thematic apperception test，TAT)，它由心理学家亨利・默里(Henry Murray)及其助手克里斯蒂安娜・摩根于 1938 年设计。主题统觉测验最初由 20 幅素描黑白图片组成，每幅都画有一个不同的场景或生活情境，如一个青年在沉思、一个提着箱子的男子、一个女人和一个男人。如图 1-2 是一个女子和一个正在做鬼脸的老妪。与罗夏墨迹一样，这些图片包含着模棱两可的意义，测试时向被试呈现这些图片，然后要求被试根据每张图片分别讲述一个故事，包括图片中的人在干什么、想什么、故事是怎么开始的、又是怎么结尾的。每个故事大约花 5 分钟的时间，被试可以充分发挥自己的想象力。施测者评价故事的结构和内容，评价被试描述的个体行为，并试图发现被试关心的问题、动机及其人格特点。例如，施测者可以根据被试是否关心人们有没有按照他们的意愿快乐地生活，以及故事是否以严肃、有条理的方式来讲述评价一个人的公正性。下面是两位女性被试为图 1-2 所编的故事：

图 1-2 主题统觉测试图片示例

故事一：这位女子看重自己的美貌。她小时候就曾因漂亮而受到夸奖，青年时又博得许多男子的倾心。她私下担心自己终归要年老色衰。但是她美丽的外表却掩盖其内心的隐衷，甚至本人有时也忽略了这种情感。她生活着，孩子们开始离家自立。她担心将来，一边照镜子，一边想象自己成了老太婆，也许是一个最坏、最丑恶的人。将来在她的眼里是可怕的、难熬的。

故事二：这张图片使我想起了一个男青年，他是个舞蹈演员，我知道这是画的女子，但那位男青年极像画上的人。他很美，和姑娘一样，体态非常标致。我自己，还有画上的这位妇女都不如他。他结婚了，有点轻视妇女，但心地善良，很难得。后面的老妇，我想这只是代表"妇女"，一位似乎不如男人漂亮的女人。

（资料来源：理查德·格里芬，等. 心理学与生活. 北京：人民邮电出版社，2003）

从上述例子中可以看到，TAT 的特殊作用之一就是能够投射出人际关系中的某些情感问题及其人格方面的问题。根据莫瑞的假设：(1) 人们在解释一种模糊的情境时，常常倾向于使这种解释与自己过去的经历和目前的愿望相一致；(2) 面对图片讲述故事时，被试同样要根据过去的经历，并在编造故事中表达他们的情感和需要，这种表达通常是无意识的。为了挖掘被试潜意识的冲突和动机，心理学家通过记分的方法来分析故事，如被试描述故事中主人公生气、被忽视、冷漠嫉妒或恐惧的次数。具体说来，莫瑞从以下 6 个角度对故事进行解释和分析：

(1) 主人公。在被试所编造的故事中，主人公的形象可以反映被试自己的特征。如故事的主人公是个领袖，可能反映被试有统治欲望；主人公是罪犯，则被试可能有自卑感。有时故事中不止一个主人公，而是一系列主人公：两个"合成的主人公""主要主人公"和"次要主人公"等。

(2) 主人公的动机倾向与情感。故事中主人公的所作所为及其情绪体验，如屈辱、成功、冲突、激动、失意等，可能正是被试自己的心境。主人公身上所表现出来的每一种需要和每一种情绪的强度，都可以作等级评定，强度的指标是：强烈、持续性、重复次数和重要性。

(3) 主人公的环境压力，尤其是周围人的压力。在故事中，主人公周围的人对主人公发生的行为，如拒绝、伤害、表扬、谄媚等，可能说明被试自己周围环境的压力。

(4)主人公的结局。将主人公的力量与环境的力量进行对比，故事中主人公抗争或妥协的结果如何？是成功还是失败？其间经历多少挫折？主人公是快乐的还是沮丧的？等等。

(5)主题。主题实际上是前四种因素的组合，主人公的愿望与环境压力的相互作用与故事结局一起构成一个故事的主题。施测者要从中分析出被试最严重、最普遍的难题是来自环境压力还是来自自身的需要。

(6)兴趣与情操。被试在编造故事时，对主题的选择和角色的表现是积极的还是消极的。例如，在主人公的表现上，有的被试表现为正面人物(正的方向)，有的被试表现为反面人物(负的方向)。

一些研究表明，TAT 测试图片所显示的是真实的生活经历，以及不同文化背景对个体世界观所产生的巨大影响。以 20 世纪 80 年代为例，当一组饱经战争磨难的中美洲移民接受测试的时候，他们面对这些图片所讲述的是自己所经历的折磨和死亡；而北美洲被试的描述则大多无关痛痒。TAT 还揭示出在成人与孩子之间的关系问题以及对待成功的态度问题上，不同的文化有着微妙的差距。在其中的一幅图画中，一个男孩正默默注视着一把小提琴。北美洲的被试所想到的是如何被父母督促着练习小提琴，而中美洲的被试则想象着一个小孩渴望得到别人的帮助，因为他太想学会拉小提琴了。

3. 其他投射测验

投射测验在人格评估中的优势是非常明显的，然而在使用过程中却相当麻烦。例如，在实施 TAT 的过程中，一些人讲出的故事长篇大论，信息庞杂，而另一些人又无话可说，什么信息也没有。为了使投射测验易于理解和接受，墨迹测验和主题统觉测验出现后的几十年又产生了许多新的投射测验法，其中包括：

(1)布莱基法。这是一套关于一只小狗的图片，要求小孩为每一张图片编造一个故事。

(2)词汇联想法。在一些测试中，要求被试在听到或读到一个词时将脑海中闪现的第一个词说出来；在另一些测试中，被试用给定的词造一个句子。

(3)语句完成法。这类测验有两种方式，一种是限制选择式，即在一句未完成的语句后面列有数个短句，要求被试从中选择一个自认为最合适的短句完成句子；另一种是自由完成式，要求被试将未完成的句子补充完整，对被试不加任何其他限制，如“我希望我的母亲……”“我感到最烦的一件事是……”等。

(4)图画测试法。要求被试画一座房子、一棵树，还有一个人，对所绘制的图画用心理动力学进行分析。例如，一棵死树暗示情感空洞，树叶很多表示有活力，尖尖的树暗示攻击性。有时，心理学家要求被试画一个人或者一家人，画人测验有许多用途，其中包括测量儿童的智力。但是，它通常被当作评定心理特征的一种指标。心理分析师常把被试画的人看作是自我的表征物，儿童的绘画是他们内在想法和情感的窗口，这种观念有很强的吸引力。现在已有评估这些潜在问题的评分体系。根据罗伯特·伯恩斯的观点，在动态的屋—树—人图中，房屋代表我们的生命实体，树象征着生命的能量、能量水平和能量的方向，人则象征着导演，也代表着自我形象。在绘图中，作画的先后顺序有不同含义。最先画的部分对作画者是最重要的：①先画树。表明对作者而言，生命能量和成长最重要，作画者首先考虑的是生存问题。那些在脑子里盘旋着"是生还是死"问题的人，往往会先画树；②先画房屋，可能表明作画者对自己的身体或家庭非常关注；③先画人，表明对自己的关注。如果不是画自己，表明对所画人物的特别情感。

对整幅动态屋—树—人图的分析可以从以下几方面入手：①看整体印象。画的主要故事是什么？画面的感觉是冷冰冰的还是温暖的？用的色彩如何？②看房屋。房屋是暖色调的还是冷色调的，是开放的还是封闭的，是稳定的还是摇摇欲坠的，是豪华的还是俭朴的？③看人。这个人正在做什么事？在屋内还是在屋外？画中人的主要情绪是什么？强调什么部位？有什么部位缺漏？有几个人物？相互之间有没有互动关系？④看树。这棵树的生命力如何？树冠、树枝、树叶、树干、树根分别有什么特点？是否有果实？是否有小动物？⑤看屋、树、人三者之间的距离。三者的空间位置和相互距离怎样？三者所占的面积哪一个最大、哪一个最小？人与树、屋之间有互动吗？⑥看有无附加物。是否有太阳、月亮、星星、云朵、花朵等？它们的位置和面积如何？是否有动物？是性情凶猛的动物还是性情温良的动物？

动态屋—树—人图画的优势在于可以观察出三者之间的互动，所以三者之间的关系应该是重点考察内容。

(五)人格测量的其他方法

尽管自陈式人格问卷是应用最广泛的人格评估手段，而投射测验也是最有可能深刻揭示人格特征与心理问题的测验方法，但是，在人格测量与评估实践中，要全面、整体地了解、评价一个人的人格，往往需要多种方法的联合使用。除自陈式人格问卷外，人格评估的方法还包括访谈、行为观察、等级评定、情境测验等多种方法。只有在评估实践中综合应用这些方法，才能做到扬长避短。例如，心理学家有时会根据初步访谈的结果来确定被试，进而使用问卷的方法调查被试的某种态度或人格特点，之后再通过观察了解被试的真实行为，还可以通过投射测验探究被试的内部感受。

1. 访谈

这是最常用的人格评估方法，可能也是效率最低的一种方法。目前，在职业招聘、入学考试面试以及各种形式的人才选拔活动中，访谈的方法经常被广泛采用。通过访谈，人们可以获得个体身上多方面的信息。不过，哪怕是有经验的访谈者，他们对同一个人也可能会得出相当不同的评估。不仅如此，访谈所得出的描述和解释，并不能代替其他人格测量结果。严格意义上讲，访谈不是测量，访谈的结果经常不能定量化。它更像是一门艺术，有些人就比其他人容易建立起和谐的关系，有的人在访谈中更有洞察力。它更多地属于访谈者的人格功能范围，是不容易传授的。

在面对面的访谈中，咨询师可以观察到来访者的面部表情、手势、姿势和语调。例如，一个人嘴上说自己“非常镇静”，但你却看到他的手在无法控制地颤抖。这些由身体语言所提供的线索能够更完整地表达来访者所传递的信息，因此是非常重要的信息源。计算机访谈的一个最主要的缺点就是会漏掉上述这些重要信息。另外，技术性访谈的目的不仅是为了收集信息。例如，一个咨询专家可能会问抑郁症患者：“你是否曾认真想过自杀？当时是一种什么样的情形？”之后会接着问道：“你现在对这件事怎么想？你现在的感受与那时有什么不同？”这些问题起着疏导和治疗的作用，这一点也是计算机无法做到的。

2. 行为观察

在公共汽车站、火车站或飞机场，许多等候者喜欢用观察其他人的行为来打发时光。在人格研究中，对行为的直接观察比那些等候者的“兴趣观察”有着更强的目的性，它常常通过轶事记录、时间取样、事件取样、自我观察的内容分析等技术收集反映人格真相的资料。例如，一位心理学家可能会安排一个问题儿童与其他正常儿童一起做游戏，同时观察这个儿童在自然情况下是否退缩，是否表现出敌意或攻击性。通过仔细观察，这位心理学家将确定这个儿童的人格特征，并说明其心理问题的性质。

(1) 直接观察。在心理治疗过程中，治疗师虽然不能整天观察患者，但他可以通过观察一个人的行为样本来获得其目标行为的频率。例如，如果想知道一个女孩要花多长时间与同伴交往，可以在若干个课间休息时间观察她在操场上的行为。有时治疗师还人为地制造一些场景进行观察。例如，治疗师在病房里为患者开个联欢会，或为非常害羞的患者举办舞会。治疗师偶尔还会让患者进行角色扮演。例如，一位治疗师要帮助一名男子变得更果断，他可能会设计这样一个场景，在排队时，治疗组中的另一个人在这位男子前面插队。然后，治疗师让这个患者表演一下在这种情况下他会怎么做。在这个例子中，患者在角色扮演中的表现可能与他在日常生活中遇到类似情境时的表现差不多。

(2) 自我观察。仅仅去询问患者是否经常出现某一行为，对确定行为发生率并没有什么太大的帮助，因为患者往往会曲解“经常出现某一行为”的含义。了解行为发生的背景环境非常重要。有没有让患者特别可能吸烟的场合？吸烟与一天中的某一时间、与某些活动或与某些特定情绪是否有关？有了这样的确切信息，治疗师就可以开展一些包括下列形式的治疗：例如，不要去鸡尾酒会，因为在那里人人都吸烟；当患者感到工作压力过大时，换一种活动方式。

(3)行为评估。另一种标准化的观察方法是行为评估。行为评估是根据各种行为发生的频率记录进行分析的方法，观察者不需要对特定行为进行等级评定而是记录单位时间内特定行为发生的次数。例如，研究者可在精神病医院长住一段时间，以便观察和记录患者的攻击性行为、自我照顾行为、言语行为或其他异常行为的频率。行为评估的方法不限于对外显行为的研究，还可用于探查一个人的思考过程。例如，在一项研究中，研究者要求些有严重数学焦虑的学生在解题时大声讲出他们的思考过程，之后通过专家分析找出产生焦虑的原因。

3. 评定量表

在观察中，出现判断错误是很难避免的，因此，研究者通常使用一个等级评定量表来解决这一问题。这种量表包括一组用以描述个体特征或特质的语词或句子，要求评定者在一个多重类别的连续体上对被评者的行为和特质做出判断。严格说来，评定量表并不是一种测验，它是以观察为基础，由他人对某个人的某种行为或特质做出评价，而不是由被试本人对测验项目作出反应。

在等级评定量表中，研究者首先列出需要观察的人格特质或各种行为，然后使用量表来对其行为进行评定，如图 1-3 所示。通过对每个项目的等级评定，可以避免在观察中遗漏对某些特质的记录或过分夸大某种特质的程度。这种评定量表也是观察记录的一种标准化程序。

评定量表的种类：(1)数字评定量表。在数字评定量表中，评定者根据被评定的某种属性(如领导力、人际交往有效性等)在被试身上的表现，给出判断并分派数字值。所有这些评定都要求在一个连续体上的不同位置分派不同的数值，以代表不同属性的程度。(2)图表评定量表。要求评定者在一个描述某种行为或特质的维度上，选择一个合适的位置来反映被评定者具有这种行为或特质的程度。(3)标准评定量表。评定者将被试与标准进行比较，从而获得某种特质的估计。(4)强迫选择评定量表。在此类量表中，每道题目有两个在社会赞许性上等值的句子，要求评定者标出与评定者最相似和最不相似的句子。

评定量表应用需要注意的事项：(1)人格特征的定义必须清楚。对于所要评定的人格特征，评定者需要清楚而一致地理解，为使其意义明确，可举实例加以说明。(2)人格特征的等级必须明确规定。等级的区分应与特征的定义同

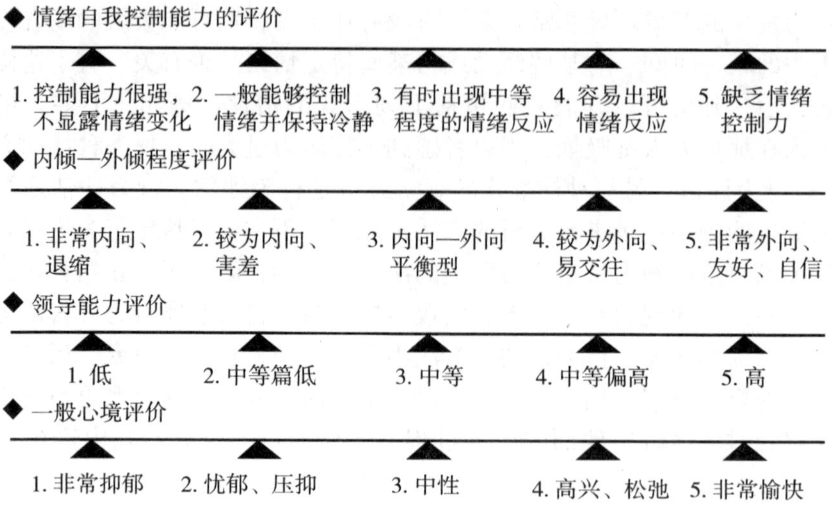

图 1-3　等级评定量表示例

资料来源：陈少华．新编人格心理学．广州：暨南大学出版社，2004.

样明确，但要注意等级的划分不宜过细。研究表明，只有受过严格训练的人才能区别 11 个等级，大多数人对于 7 级以上就不能进行有效的辨别了。在通常的等级划分中，以 5 级最为常见。(3) 量表可用计分法或等级排列法。计分法可使被试按其自身成绩而获得分数或占一个等级。每一等级有一分数，如用五分法时，左右各得-2，-1，+1，+2，以 0 为均数；或由左而右，由+1 至+5，其均数为+3。(4) 信度的确定。往往是以同一个评分者对若干被试两次评分(中间间隔一段时间)结果的相关系数作为信度系数。(5) 效度不易确定。评定量表很难找出有用的效度准则，在实际应用中评定量表的效度取决于评定者对各项特征含义的理解，以及评定的正确与否。

4. 情境测试

如果想要了解一个人在特定情境中的行为，最好的方法就是将他置身于该情境之中。情境测验是在一种对真实生活环境的模拟情境中，对被试行为表现进行观察的人格评估方法。我们将观察到一个人在挫折情境、诱惑情境、压力情境或其他情境中所暴露出来的人格特点。由于有意设计和控制了情境，因此可以认为情境测验是一种特殊的实验观察。以下是一些典型的情境测验：被试必须通过四道印制的迷宫，每道只花 15 秒的时间，能够让铅笔轨迹碰到迷宫的边缘。如果成功，说明这个人有决断力；被试按正常方法大声地读一篇故事，然后倒过来读，所费时间的差距越大，被试比较僵硬和不灵活的可能性就越大；一组被试参加一个对某个有争议话题的态度测试，每个人都私下里被告知他的观点与大多数人的观点不同（这不一定是事实）。过了一会儿，被试再接受测试，一个人对其态度改变的程度被用来检测他对于求同压力或适应性压力的抵抗能力；被试坐在椅子上等待一件计划好的事情发生，可这件事情却被推迟了，但是他又不知道，这椅子便成了一个“小动作设备”，那些动得多的人，被认为是很紧张或者很容易受挫折的人。

（1）品格教育测验。品格教育测验采用的是学龄儿童日常生活或学习中所熟悉的、自然的情境，用来测量诸如诚实、自我控制以及利他主义等品格或行为特点。例如，在平常考试的情境中，可以多安排试题而作答方式要求简单。“考试”完毕后将试卷收回，复印一份。然后在下次上课时，将未批改的试卷连同标准答案一起发给学生，让学生自己批改并打上分数。最后再将试卷收回，与复印的试卷对照，就可以看出学生是否有修改答案以提高分数的不诚实行为。

（2）情境压力测验。无领导团体情境是这种测验的典型情境。该情境测验用以鉴别领导能力、想象力、小组合作等特征。测验是在一组互不相识的人群中进行的，主试提出一项在有限的器材条件下需要参加者通力合作，并要求在规定时间内完成的任务。其中，并没有确定谁是小组领导人，而且规定不能按期完成任务每人都要受罚。由于不安排领导，因此这种情境下可以测量三方面的内容：个人特点（自信心、挑战性、主动性、主动寻求他人同意和赞赏），观察达成目标的工作效率（达成的协议是什么、谁最能综合大家的意见、谁领导小组来完成任务）以及社交能力。在此情境下，有人主动承担起领导者的责任，并获得小组成员的支持而顺利完成任务，此人即具有领导者的特质。现在，人们根据这类测验的原理，设计出了许多类似的情境测验，如处理一堆公文的“文件筐”测验、“商业模拟游戏”测验以及“司法模拟”测验等，用来甄选从事某种特殊职业的人员，如军事领导、社会工作人员、推销员、经理等。

小　　结

人格（personality）是个体内部的心理特质和机制的集合，具有组织性和相对持久性，他们影响到个体对心灵内部的、物理的和社会环境的适应以及与它们的相互作用。人格具有独特性、稳定性、整体性和社会性。人格是在遗传和环境的双重作用下形成和发展起来的，遗传因素决定了人格发展的可能性，构建了个体人格的基调，而环境因素则决定了人格发展的现实性，影响了一些外显行为。

人格分析有三种水平。一是与其他所有人相似，即人类本性层面；二是与某些人相似，即个体和群体差异层面；三是与任何人都不相似，即个体独特性层面。第一个层面指普遍性，第二个层面指特殊性，第三个层面指唯一性。

人格测量目前是我们了解和评估人格最可靠、最有效的途径之一。主要的人格测量方式有：自陈式问卷、明尼苏达多项人格问卷、人格的五因素问卷、投射测验以及访谈、行为观察、评定量表与情境测试。

第二章 特性领域

学习目标

通过本章的学习，理解特质和状态的定义，掌握特质与状态的区别与联系，了解特质的两大特点；能够阐述四种不同的人格特质理论，了解其他人格特质理论。

第一节 特质与状态

一、特质的内涵

用特质(trait)一词来描述个体差异始于早期对人进行分类的尝试，而对特质的系统阐述则最早见于奥尔波特的《人格：一种心理学的解释》。根据奥尔波特的界定，特质是指个体内在的系统和倾向，这种系统或倾向使个体以独特的方式知觉情境，并对各种不相同情境做出相同的反应。此后，奥尔波特进一步将特质定义为一种“心理结构”，它是个体的“神经特性”，“能使许多刺激在机能上等值，能发动并主导等值(意义上一致)形式的适应行为与表达行为”。“使许多刺激在机能上等值”意即对不同的情境做出相同的反应，例如，一个武断的人在不同情境中总要表现为武断；“发动并主导”意即一种特质既作为一种动机又作为一种行为方式来反应，例如一个有武断特质的人总会表现这种特质。在一般情况下，特质是代表用于区分人或物的特征或品质，尤其是表现一种或多或少相一致的行为模式。个体拥有的这种特征或品质很可能在相关的情境中表现出来，典型的如害羞、诚实、整洁、糊涂等。

奥尔波特推测，特质有其神经生理结构。尽管我们看不见它，但是可以通过观察行为的一贯表现而推断其存在。特质除对刺激产生行为外，还主动激发和引导行为，从而使个体的行动带有指向性。特质使许多刺激在机能上等值，而且使反应也有了一致性。在刺激和反应机能的变化上，特质是动力，是行为的原因。图 2-1 表示特质的一般操作方式。一个具有害羞特质的人，可以从他缺乏同伴的友谊，回避社会聚会，喜爱读书、集邮等单独活动以及讨厌参加讨论会等行为反应中推断出来。

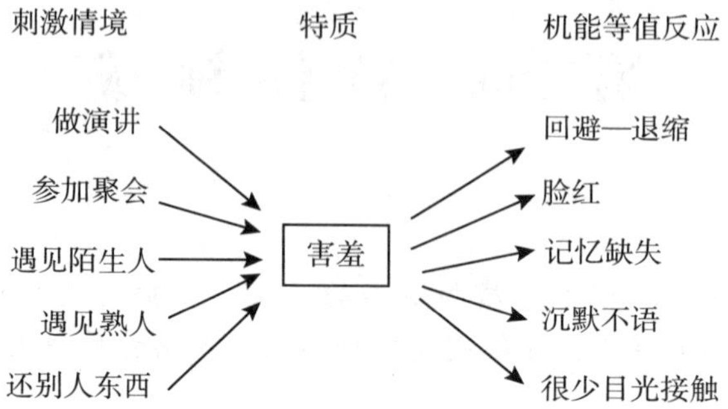

图 2-1　不同刺激情境中害羞特质所产生的机能等值反应

资料来源：陈少华．新编人格心理学．广州：暨南大学出版社，2004.

总之，个体以特质来“迎接”外部世界，以特质来组织知识经验。奥尔波特认为，特质不仅与少数的特殊刺激或反应相联系，而且也与多数刺激和反应相联系，因此特质在行为上可以产生广泛的一致性，从而使行为本身具有持久性和跨情境性的特点。我们或许可以这样认为，人格之所以具有稳定性与独特性，在很大程度上应归功于特质这种以某种特定方式行动的相对稳定的、持久的倾向。其中，稳定性是相对于时间而言的，一致性是相对于情境而言的。管心理学家对如何界定和测定特质一直存在分歧，对于基本特质的数量也仍在争论之中，但是目前他们在以下两方面已基本达成共识：其一，特质是指个体行为上的规律性或广泛的一致性。特质在机能上代表了个体差异的基本类别。因此，当我们将某人描述为大方的人时，就是在描述他的最常见的人格特征，并以此将这个人与那些具有害羞人格特征的人区别开来。其二，作为人格基本单元的特质以及用以描述个体差异的特质词具有广泛的用途。个体差异千奇百怪，特质的出现使对这些差异进行分门别类成为可能。基于此，特质心理学家的任务就是要发现人格的基本特质，设计出测量它们的方法，探索特质的形成过程，确定特质概念能否对不同情境下出现的个体差异给予合理的解释。

二、状态的含义

(一) 状态的定义

20 世纪 60 年代，情境论与特质论之争引发了人们对行为预测问题的思考。个体的行为是由所处的情境决定的，还是由个体所具备的人格类型和特质决定的？于是，带有情境色彩的“状态”一词进入心理学家的研究视角。

代表人物奥尔波特(Allport)认为，状态(state)即当前的行为表现、暂时的心态或情绪，比如羞愧、紧张急促、欣喜、发狂等。虽然个体具有稳定的人格特质，因而能保持行为的相对稳定性，但是个体所处的环境存在刺激因素可能导致某种特定的心理状况和行为。正如奥尔波特所言，“个体的活动倾向，除了可变的部分”正是个体受社会、生理和环境等各方面因素的暂时影响而表现出来的短期心理状况，即“状态”。

(二)状态与特质

1. 状态与特质的区分

将状态与特质进行区分是进行个体人格研究的前提。早在20世纪80年代，学者们就开始对状态与特质之间如何划分的问题进行激烈争论。Allen和Potkay(1981)指出，某个体所具备的一项特质可能是另外一个个体的一种短期状态。比如，乐观是个体A长期保持的一项特质，而对于个体B来说只是在理想情境中表现出的短期状态。

但如何准确划分特质与状态，目前学界没有一致的观点，但大多数学者认可将时间和连续体设想作为这两者的判断依据。

(1)时间

以时间作为判断依据是从特质的跨时间的稳定性特点着手。人格理论认为，如果一种人格倾向在时间上具有持续性和稳定性(最少6个月)，并能对个体的后续行为产生影响，这种倾向就可以视为性格或者类特质。比如，积极情绪状态是短期的，会随着时间推移而上下波动，而积极情感特质是指在积极情感水平上长期保持稳定的个体差异；“特质乐观”是指在乐观水平上长期保持稳定的个体差异，而“状态乐观”是指会随着情境和背景因素变化而发生改变的乐观性。

就是说，状态是存在于“此时此刻、现在或今天”的短期感受和心理状况；而特质是指“上个月、去年或通常来说”稳定的、长期保持的倾向和个体差异。由此可知，只有在一定的时间跨度上进行测量，才有可能明确区分特质与状态。但是，区分特质与状态的确切时间标准(天、周、月)尚不清楚，还缺少相关理论支持。幸运的是，已有相关研究为确定状态和特质的时间区分标准提供了初步依据。Wright(1997)提出以6个月作为区分状态和特质的时间界限，而这一时间区分的合理性在组织研究中已经得到了进一步的支持。但到目前为止，关于是否应该以6个月为时间界限划分特质与状态，组织研究者还没有达成广泛一致，还需要更多的证据支持和深入探讨。

(2)连续体设想

人格理论认为，特质具有很强的稳定性和不易改变性，而状态易受情境影响，因而具有短暂性、不稳定性和易变性。组织研究者为了进一步明确组织中积极能力的特征和形态，依据它们的稳定程度和可塑程度，对其进行了更加细致的划分和命名。Luthans 和 Youssef(2007)提出了连续体设想，即在一维两极的假想连续体两端分别是“状态”与“特质”，而中间部分则依次是“类状态”与“类特质”(参见图 2-2)。

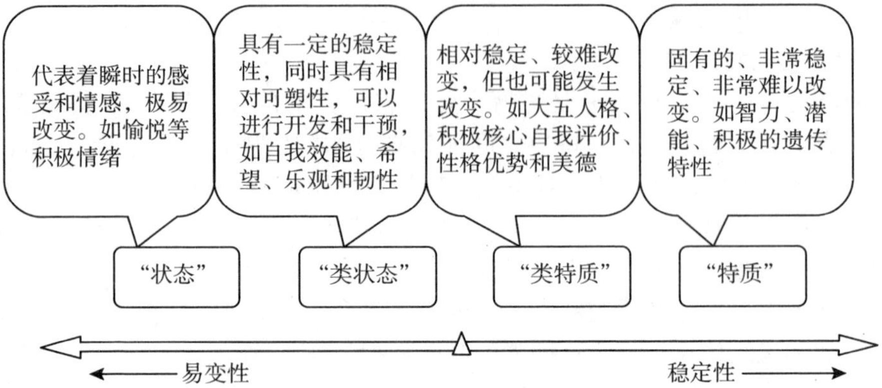

图 2-2 “状态”与“特质”连续体示意图

资料来源：Luthans F, Avolio B J, Avey J B, et al. Psychological capital: Measurement and relationship with performance and satisfaction. Personnel Psychology, 60, 541-572. Personnel Psychology, 2007, 60(3): 541-572.

不同于人格理论对特质与状态的绝对划分，Luthans 和 Youssef 创造性地在两者之间加入了“类特质”与“类状态”两个特性。“类状态”心理能力在短期内能保持一定的稳定性，不会随情境即时改变，与“纯状态”(如积极情绪)不同(Luthans，等，2007)；同样的，“类特质"心理能力的稳定程度低于自我评价等特质；而“类状态”心理能力与“类特质”心理能力相比具有更强的可塑性，因而是可以改变和开发的(George，1991；Luthans，等，2007)。由此可见，“类特质”与”类状态”是两种相对的特性。与绝对化概念“特质”与“状态”不同。值得注意的是，图 2-2 所示的四种形态在连续体上并没有明确的划分界限，而是在相对比较的基础上形成的设想，是一种主观的划分。因此，在对一个变量的划分进行归类时，必须在深入分析和相对比较的基础上进行。

虽然 Luthans 等人提出的连续体假设并没有给出划分特质与状态的精确界限，但是“类特质”与“类状态”概念的提出是对人格理论中绝对化概念的进一步发展，这与多数人格心理学家倾向于把人格特质视为相对可塑、能够改变或基本稳定的观点不谋而合。这种连续体划分体系显然有助于避免概念绝对化给研究工作带来的困惑。

2. 状态与特质的联系

"特质"可能来自先天遗传，也可能经过长时间的发展而得以形成，并在人的一生中保持不变(Luthans，Youssef，2007)，具有跨时间和跨情境的稳定性；而"状态"是个体在特定情境下表现出来的短期心理状况，因此"状态"的内容势必受到个体人格特质的约束和影响。换句话说，"状态"依附在"特质"的基础上，不能脱离"特质"的具体内容而独立存在。比如，虽然信心可以被看作类状态心理能力，可以进行干预和开发；但是它同时也具有相对稳定的类特质特征，个体具有的类特质"信心"水平会影响个体的类状态"信心"水平(Luthans，Youssef，2007)。

个体行为包括稳定和可变的部分，这一点已经得到大多数人格和组织研究者的认同(AIl-port，1961)。之所以在某些情况下，个体行为不能保持绝对的一致性，是由于外部情境因素的刺激和作用，使得个体表现出短暂的、非常规的心理状态。环境因素对工作场所员工的心境与情绪的波动具有关键作用。因此，员工在工作场所中的"状态"是与情境紧密联系的，会随着工作情境的变化而发生改变。总而言之，心理特质和环境共同决定心理状态(罗霞，陈维政，2009)。与"特质"相比，"状态"的不同主要表现在其短暂性、不稳定性和易变性上。

第二节　特质的稳定性与一致性

人格的特质理论提供了许多关于人性基本成分的观点。不同的理论在特质由什么构成、存在多少种特质以及什么才是发现基本特质的最好方法上不尽相同，但特质的跨时间的稳定性与跨情境的一致性是特质理论共享的两个重要假设。这两个假设超越任何一种人格特质理论或分类，因此形成了特质心理学的基础。

一、特质的跨时间稳定性

所有特质理论均假设人格具有一定程度的跨时间的稳定性。如果在一段时期内观察到某个人高度外向，特质心理学家倾向于认为他(她)在明天、下一周、1 年后甚至是 20 年后仍然是外向的。许多人格特质表现出相当程度的跨时间连续性。智力、情绪反应性、冲动性、羞怯和攻击性等特质表现出高度的重测相关，甚至两次测验之间间隔数年或数十年亦如此。被认为具有生物学基础的人格特质，如外向性、感觉寻求、活动水平和羞怯，也表现出显著的跨时间的稳定性。然而，态度、兴趣和观念的跨时间一致性较低。在整个成年期间，人们确实会在重要的行为方式上发生改变，比如对政治的参与、对社会问题的态度、参加社会变革运动等。

一种特质可能具有跨时间的稳定性，但是实际行为中表现该特质的方式可能充满了变化。以低随和性为例，一个高度不随和的儿童容易发脾气、屏息、挥拳、肆无忌惮地发火；而成人后，不随和的表现可能是很难相处，因此可能会很难维持人际关系而丢掉工作。

对于等级顺序(rank order)而言，如果在特定特质上所有人都随年龄增长而表现出相同比例的增强或者减弱，那么他们彼此间仍然保持相同的等级顺序。这种随年龄而产生的一般变化，可以将特质测量中每一个参与者的得分加上或者减去一个常数。例如，犯罪倾向通常随年龄增长而减弱。因此，一个20岁时反社会的人，随着其年龄的增加，对社会的危害性逐渐变小。随着年龄的增加，人们的冲动性一般会表现出减弱的趋势，但是年轻时最具冲动性的个体在后来仍是最具冲动性的人。

(一)婴儿期气质的稳定性

到目前为止，最常受到研究的婴儿与儿童的人格特征是气质类型。尽管对此术语的含义有所争议，但大多数研究者将气质(temperature)界定为具有遗传基础的、在生命早期出现的个体差异，它常常包括与情绪和唤起有关的行为。

有研究者研究了一组不同年龄的婴儿，从3个月大开始，他考察了6种气质因素，由婴儿的照料者来完成测量：

1. 活动水平：婴儿全部的活动，包括胳膊与腿的运动。

2. 微笑与大笑：婴儿微笑或大笑的频率如何?

3. 恐惧：婴儿接近新异刺激时的恐惧和勉强。

4. 受限制后的挫折感：在婴儿的进食要求被拒、被迫穿衣服、行动受限制或者不能接近想要的东西时表现的挫折感。

5. 受抚慰的能力：在得到抚慰以后，婴儿压力减少或平静下来的程度。

6. 注意的持续性：在没有突然变化时，婴儿持续注意物体的程度。

研究发现，在某一阶段的活动水平、微笑或大笑以及其他人格特质上得高分的婴儿，在后来的时间里也倾向于在这些特质上得高分；活动水平、微笑与大笑比其他人格特质表现出更高的稳定性；与婴儿早期(3至6个月)相比，人格特质在婴儿末期(9至12个月)变得越来越稳定。

与所有的研究一样，这个研究也有缺陷。最主要的一点在于，婴儿的照料者对自己的孩子已经形成了某种固有的观念，因此可能是照料者的观念而不是婴儿的实际行为表现出跨时间的稳定性。毕竟，这些相关是以照料者的评定为基础。但是，这些发现揭示了四个重要方面。第一，稳定的个体差异似乎在生命的早期就出现了，并且能够通过观察者来测量。第二，对于大部分气质变量来说，出生后的第一年就表现出中等水平的跨时间稳定性。第三，短时间间隔内的气质的稳定性高于长时间间隔内的稳定性，在成年人中也发现了这一结果。第四，气质的稳定性水平随婴儿的成熟有提高的趋势。

(二)儿童期的稳定性

布拉克等(Block & Robbins)人运用纵向研究测量了加利福尼亚州伯克利-奥克兰地区的100多个3岁儿童，并在被试儿童4岁、5岁、7岁、11岁时对他们进行重复测量，追踪样本直到成人期。研究发现，活动水平在儿童期表现出中等程度的稳定性，3岁时活跃的孩子在4岁、7岁时有可能还是活跃的，那些3岁时不太活跃的孩子到了4岁、7岁时仍然不太活跃；早期的测量可以预测后期的人格，但预测力会随着最初的测试与被预测行为之间的时间间隔增加而减弱。这样的一般性结论同样适用于其他人格特质。

由研究可知，人格的个体差异发生在生命早期，某些特质很有可能在婴儿期就表现出了差异，而另一些特质差异则出现在儿童期，如攻击性等。这些个体差异具有跨时间的中等程度的稳定性，因此在某种特质上得分较高者，在该特质上的得分会一直较高。最后，稳定性系数随着测试之间时间间隔的增加而逐渐下降。

(三)成年期等级顺序的稳定性

考斯塔与麦克雷(Costa & McCrae)按照五因素模型的特质对人格测量进行分类，每个样本的第一次与最后一次人格评估之间的时间间隔短至3年、长达30年，最后得出一个强有力的一般性结论：在人格的自我报告测量上，虽然这些研究由不同的研究者实施，时间间隔也不同，但神经质、外向性、开放性、随和性与尽责性都显示了中等到很高的稳定性水平。其他研究者也发现，人格特质，不管是“大五”特质还是其他特质，在成人期都表现出从中等至高水平的等级顺序稳定性。

此外，研究者还发现，人格一致性随年龄的增加以阶梯式的方式增强，并在五十几岁时到达顶峰。换言之，人在五十几岁时，个体的人格特征会变得固定，相对其他人而言不再改变。

二、特质的跨情境一致性

特质心理学家的另一个假设是特质会表现出跨情境的一致性。虽然特质的跨时间稳定性有很多证据，但关于特质在情境之间的一致性问题上，却存在着更激烈的争论。传统上，特质心理学家相信，人们的人格表现出了跨情境的一致性。例如，如果一个年轻人“真的很友好”，那么他(她)会在工作中友好，在学校里友好，在娱乐活动中也友好。这个人对陌生人、不同年龄的人以及权威人物都会很友好。

当然，尽管一个人真的很友好，他(她)还是会在有些情境中表现出不友好。也许有些特殊的情境会影响大多数人的友好表现。例如，在聚会中人们更有可能与陌生人交谈，而不是在图书馆里。如果人们的行为主要是由情境控制，那么用特质具有跨情境一致性的观点就很难解释行为。

跨情境一致性的问题在人格心理学中有着漫长而曲折的历史。哈茨霍恩和梅(Hartshorne & May)研究了一大群夏令营中的小学生，研究主要关注他们的诚实特质。他们在许多情境中观察诚实或不诚实行为。例如，哈茨霍恩和梅观察哪些孩子在夏令营的户外游戏中作弊，哪些孩子在学校考试时作弊，发现这两种情境中诚实性的相关相当低。具体而言，知道在夏令营的一个晚上，玩踢罐子游戏时一个孩子作弊，并不能告诉我们这个孩子在参加学校考试时是否抄袭邻座同学的试卷。哈茨霍恩和梅的研究结果表明，在助人和自我控制特质上，也有类似地较低的跨情境相关。

米歇尔(Walter Mischel)在回顾了不同情境中人格分数低相关的研究，认为人格心理学家应该将焦点转移到情境上来。如果不同情境之间的行为不同，那么应该是指情境差异决定行为，而不是内在的人格特质，这种观点被称为情境论。

第三节 特质理论

早期的一些人格研究学者们认为，对于个体的了解必须将个体的行为模型分解成一系列可以观察到的特质，并认为，这些特质组织到一起便形成了个体的人格。特质理论学者否认了环境因素的影响，使特质理论普遍遭到广泛的批评，但是我们不可否认人格特质和行为之间的关系。

一、奥尔波特的理论

戈登·奥尔波特(Gordon Allort)认为，特质是一种神经心理结构，这种神经心理结构能对刺激产生行为，还能主动引导行为，它使许多刺激能在机能上等值起来，使反应具有一致性。如具有谦虚特质的人，在不同的情境中会做出类似的反应：和领导一起工作——留意、小心、顺从；访友——文雅、克制、依从；遇见陌生人——笨拙、尴尬害羞；同伴给予赞扬——不露面，不愿意为人注意等。

(一)关于特质的分类

在特质领域，奥尔波特的最大贡献在于其开创性的研究。他不仅对人格特质的本质及其特征进行了深入的阐述，而且在特质分类、特质研究方法以及成熟的人格等方面都进行了细致的分析，并提出了独特的见解。最初，奥尔波特将所有特质分为共同特质和个人特质，前者是指某种社会文化形态下大多数人或一个群体所共有的、相同的特质。例如，在传统儒家文化的影响下，中华民族形成了一种勤劳、朴实、善良以及相对保守的共同特质。个人特质则是指某一个体身上表现出来的稳定、独特的倾向，奥尔波特又将其称之为个人倾向。后来，他又将个人特质按其在人格中的普遍程度划分为三类，它们分别是：

1. 首要特质

首要特质即个体最典型、最有概括性的特质。这是个体身上非常普遍的一种特质，一个人只要具备这种特质，他的每一个动作都可以追寻出它的影响。首要特质影响一个人如何组织生活，例如对于一个社会服务工作者来说，首要特质可能是助人利他。

2. 中心特质

中心特质即个体独有的几种重要的特质。这是个人最有特点的特质，而且经常表现在行为中，很容易识别。奥尔波特认为，用 5~10 种中心特质即可大致概括出一个人的整体面貌。如清高、率直、聪慧、孤僻、敏感等属于林黛玉的中心特质。

3. 次要特质

次要特质即在一些特殊情况下表现出的不太重要的特质，较少为人所知。它对于描述一个人显得更不重要、更不特殊。尽管它有助于预测个人在特定情境中的行为表现，但是在决定人格的过程中所起的作用要相对小些。例如，一个人对于食物和衣着的偏好就是他的次要特质。

(二)关于特质的研究方法

如果我们想要了解一个陌生人，奥尔波特建议首先要确定这个人身上的重要特质，然后确定它在每种特质维度中的相应位置。尽管中心特质的数量在个体之间有很大差异，但是奥尔波特假定，某种单一特质有时会主宰一个人的人格，少数个体可以用首要特质来描述。他还指出，在那些行为受某种单一特质支配的历史人物身上，行为已变成了他们的代名词。奥尔波特的兴趣是探索使一个人成为独立个体的这三种特质的独特组合，他支持使用特殊规律研究法来检验这些特质。该方法不是将所有被试都归并到研究者事前设计好的分类中去，它关心的是如何对能够较好阐明个体人格独特的特质组合加以区分。

奥尔波特在一个名叫詹妮·马斯特森的老年妇女的研究报告中，详细阐述了特殊规律研究法，认为了解一个人人格特质最好的办法是利用他本人的资料，如日记、自传、书信或谈话记录等。在《来自詹妮的书信》一书中，奥尔波特考察了詹妮在 12 年间所写的 300 多封书信，并用这种方法鉴定出詹妮的 8 种中心特质。虽然耗时很长，但是和他从一些预先选择的维度中所获得的测验分数相比，特殊规律研究法更有助于了解詹妮的人格肖像。

（三）关于成熟的人格

奥尔波特认为，成熟的人格有一个发展过程，仅在成年期才可能实现。健康的或成熟的人在性质上不同于病态的或者不成熟者。因此，他极力主张成熟的人格原则上不能由动物、儿童、过去、神经症的研究引申出来。奥尔波特为判断一个人的人格是否健康成熟提供了 6 项标准。

1. 自我扩展能力

健康成熟的人会参加超越他们自己的各种不同的活动，他们不仅关心自己的福利而且也关心他人的福利。

2. 与他人热情交往的能力

奥尔波特把热情分为爱和同情。他认为，健康成熟的人能够与他人保持亲密关系，而不侵犯他人的隐私和权利，也不抱怨、指责和讽刺他人。这种人富有同情心，他们能容忍自己与他人在价值和信仰上的差异。

3. 自我接纳能力和安全感

健康成熟的人能接受自己，有安全感，高的挫折容忍力。所谓挫折容忍力是指个人受到挫折时免于行为失常的能力。他们不冲动行事，不把自己的过错归咎于他人，他们有积极的自我意象，能经得起一切不幸的遭遇。

4. 实际的现实知觉

实际的现实知觉是指健康成熟的人能真实地看待各种事物，而不歪曲事物。他们能有效地运用生活上所必需的知识技能，进行忘我的工作。这种人是以问题为中心，而不是以自我为中心的。

5. 自我客观化

自我客观化是指健康成熟的人能够客观地了解他们自己，能洞察自己的能力与不足，与这种洞察力相关的是幽默感。他们能看出生活中的荒唐但不为其吓倒，他们能够以自己的过错取乐而不以伪装来欺骗。

6. 统一的人生哲学

奥尔波特认为，健康成熟的人生是“遵照和沿着某个或几个经过选择的目标前进。每个人都有一些为之而生活得很特殊的东西，都有一种主要的意向”。他们有相当清晰的自我意象和一套指导其行动的标准。

二、卡特尔的理论

卡特尔(Raymond Bernard Cattell)的人格概念大多是由其研究结果发展出来的，所采用的方法称为多变量分析(multivariate analysis)法。这种方法就是在许多不同的测验情境中去测量一个人或一群人的行为。测量的结果常有变异，因为大多数是纸笔测验的分数，但也有行为评定量表、问卷和心理测量；然后，再用因素分析法(factor analysis)加以处理。除应用因素分析法外，他对人格研究的另一特点是强调采用自然科学的方法。他认为，对人格问题的探讨正像对其他心理学问题(如知觉或学习)的分析一样，应当采用极为严格的研究途径。

(一)人格的结构

卡特尔是相当重视人格结构的，他认为人格的基本结构元素是特质。所谓特质是指人在不同时间和情境中，都保持的某种行为形式和一致性。这种人格结构可通过个体表现在外的行为而推知。人格特质的种类很多，可以区分为如下几类：

1. 独有特质和共同特质

与奥尔波特的观点一样，卡特尔认为，人类存在着所有社会成员所共同具有的特质以及个人所独具的特质。前者为共同特质，后者为独有特质。卡特尔认为虽然社会所有成员都具有某些共同特质，但共同特质在每个人身上的强度是各不相同的，而且这些特质的强度在同一个人身上也随时间不同而各异。

2. 表面特质和根源特质

表面特质是指一群看上去是关联的特征或行为。例如一个人在街上跟人打招呼、微笑、向对方致意，看上去有一种友善的特质。表面特质不是一种解释的概念，而是一种观察的概念。同属于一种表面特质的特征或行为，之间的关系很复杂。这些特征或行为虽然彼此有关联，但不一定会一起变化，也非源于共同的原因。

根源特质是指行为之间形成一种关联，会一起变动，从而成为单一的、独立的人格维度。它是内蕴的行为原因，因而具有解释含义。根源特质是人格结构的最重要部分，控制着个人所有的惯常行为。例如，我们发现一个学生在语文、数学、化学等学科的学习表现上有某种关联，但这种表面特质可以归结为两种独立的根源特质——智力和受教育的年限。因此，表面特质是根源特质的表现，根源特质是表面特质的原因；每一种表面特质都来自一种或几种根源特质，而一种根源特质则可影响多种表面特质。每一个人所具有的根源特质是相同的，但是它们在各人身上的程度则是不同的，根源特质是构成人格的基本要素。卡特尔还编制了 16 种人格因素测验的自陈式问卷测试人的个性，这 16 种根源特质的名称及其解释如表 2-1 所示。

表 2-1　**卡特尔的 16 种根源特质**

因素	特质名称	得分含义	
		低分者特征	高分者特征
A	乐群性	孤独、冷淡、缄默	外向、热情、容易相处
B	聪慧性	迟钝、智力较差、学识浅薄	聪明、智力较好、富有才识
C	稳定性	情绪不稳定、容易激动、烦恼	情绪稳定、平静、能面对现实
E	恃强性	谦逊、顺从、随和、慎重	好强、固执、自负、武断
F	兴奋性	严肃、谨慎、寡言	轻松、兴奋、健谈
G	有恒性	权宜敷衍、优柔寡断	有恒责任、做事尽责
H	敢为性	畏怯退缩	冒险敢为
I	敏感性	理智、注重实际	敏感、感情用事
L	怀疑性	信赖、随和、轻信	怀疑、刚愎、固执
M	幻想性	现实、合乎成规	幻想、自我陶醉
N	世故性	坦白直率、天真、朴实	精明能干、世故、机灵
O	忧虑性	安详、沉着、自信	好担心、自责、忧虑
Q_1	激进型	保守、服从传统	有实践精神、自由、激进
Q_2	独立性	依赖、随和	自立、足智多谋
Q_3	自律性	矛盾冲突、不顾大体	知己知彼、自律严谨
Q_4	紧张性	松弛宁静、心平气和	紧张困扰、激动挣扎

资料来源：于广涛. 组织行为学. 北京：清华大学出版社，2009.

3. 体质性特质和环境养成特质

体质性特质也称本体性特质，是主要由生物因素决定的特质；环境养成特质则是主要由环境因素决定的特质。体质性特质虽然主要受生物因素的影响，但却未必是天生的，因为后天的生理病变同样可以导致人格的改变。环境养成特质主要受社会或物理环境的影响，所以是习得的特质。

4. 能力特质、气质特质与动力特质

能力特质是个体在应对复杂的问题情境时表现出来的技能，决定其实现目标的可能性。最重要的一种能力特质是智力。卡特尔把智力区分为两种：流体智力和晶体智力。流体智力主要是先天的，是能适应不同的环境并与先前经验无关的一般智力形式；而晶体智力是一种一般的因素，大部分属于从学校中学到的那种能力，代表了过去对流体智力应用的结果及学校教育的数量和深度，它一般在诸如词汇和计算能力测量的那些测验中呈现出来。

气质特质是个体普遍的反应倾向或行为风格，决定着所有的情感和行为反应，它是由遗传决定的，属于体质性根源特质，通常不受特定情境因素的影响。

动力特质是个体行为的驱动力，它推动着个体朝着目标迈进。卡特尔进一步把动力特质分为三种：能、外能和辅助。(1)能，可以将其视为本能的同义词。能是指先天的一种心理生理倾向，是个体对某些事物作强烈的反应，并产生特殊的情感，从而引发一系列行为来更好地实现目标。(2)外能，是习得的动机特质，主要受环境和外界因素影响。外能包括两种概括水平不同的特质：情操和态度。情操是通过学习获得的重要的动力特质结构，它使个体注意某种或某类事物，以固定的感受对待该事物并以一定的方式做出反应；态度则是对具体人、事、物的兴趣、情感和行为。可以说，情操是人格中更为持久、更深层的潜在动力结构，虽然与特定的事物范畴相连，但仍具有相当普遍的影响力。态度更有特异性，是在特定情境下对特定的事物以特定的方式进行反应的一种倾向。(3)辅助，是一种关系，是指动力特质之间层层相属、附属补助的关系。具体而言，某些态度的出现是由相应的情境引起的，而情境的出现又是由能引起的。

5. 团体特质

正如同每个人都具有某种独一无二的人格一样，团体特质是指某一个团队中所具有的某种特质结构。家庭、学校、职业、宗教及民族等团体都具有某种团体特质。团体特质的重要性在于它会直接影响团体成员，特别是个人自己家庭中的团体特质很可能是塑造个人人格的最主要的影响因素。

(二)人格发展观

与大多数人格理论家一样，卡特尔也主张遗传与环境均为人格的决定因素，同时他还探讨了人格特质形成的年龄趋势。

1. 遗传与环境作用

卡特尔认为，在人格的形成过程中学习起着重要的作用。他将学习分为三类：经典条件作用、操作条件作用和整合学习。其中，卡特尔特别强调整合学习，他认为整合学习是在学习一套有层次、有组织的反应或反应的组合，能给整个人格以最大的满足，而非仅满足许多欲望而暂时结束某一欲望——为了整个人更大、更长远的满足而控制行动。由于整合学习是影响整个人格结构的学习，因此也被称为人格学习或结构学习。

除学习对人格发展的影响外，遗传也会对人格发展产生重大的影响。卡特尔十分重视遗传的重要性，并创造出一种统计方法，叫做多重抽样变异分析法，来分析人格测量得到的数据，以确定遗传和环境的影响在每一种特质中的比例。通过比较分开抚养或共同抚养的同卵双生子、异卵双生子、兄弟姐妹及无亲缘关系的儿童在特质上表现出的相似或差异，他发现，遗传对智力特质的影响占80%~90%，对神经质的影响也相当大，占50%左右。而整个人格约有2/3取决于环境，1/3取决于遗传。

卡特尔强调人格发展中遗传和环境的交互影响。一个人的天赋特性会影响他人对他的反应，影响他本身的学习方式，也限制环境力量对其人格的塑造。卡特尔发现，遗传造成的差异与环境造成的差异之间呈负相关。可见，社会对先天素质不同的人施加压力以使他们的特质趋向社会上的大多数人。例如，天生支配性强的人，社会鼓励他不要支配人，而对天生较服从的人，社会则鼓励他表现得自我肯定一点。

2. 人格特质形成的年龄趋势

卡特尔研究过人格特质的年龄趋势。他认为，自我和超我是在2~5岁发生的，并赞同弗洛伊德的观点，认为这一时期有许多冲突，是人格发展的危机时期，这一时期的经验对人格的形成特别重要。

6~13岁，儿童开始无忧无虑地发展其自我，并把爱扩展到对父母及其他人身上。到了青春期，身体结构发生迅速变化，情绪的不稳定性增强，感觉对社会难以把握，对性产生兴趣，还产生了利他主义和对社会作贡献的念头。

25~55岁是成熟阶段，也是基本人格很少改变的时期。虽然这一阶段生理机能有所下降，但由于经验的积累，创造力很可能增加，情绪稳定性也增加了，这时期也是调节适应的时期。到了老年则会出现记忆力减退、保守、多话等典型心理症状。

三、艾森克的理论

艾森克(Hans Jurgen Eysenk)主张人格心理学和实验心理学应紧密结合，而不应当各做各的，并且认为我们虽有许多“人格理论”，但却没有支持这些理论的具体事实。要克服这种可悲的现象，首先应辨明人格的主要维度，然后设计出测量方法，最后用实验的定量程序把它们结合起来，这样才可能建立一个完善的人格理论。

(一)人格层次模型

艾森克把人格定义为一个人的性格、气质、智力、体格稳定的持久的组织，它决定一个人对环境的独特适应方式。性格是稳定持久的意动行为(意志)系统；气质(temperament)是稳定持久的情感行为(情绪)系统；智力(intelligence)是稳定持久的认知行为(智力)系统；体格是稳定持久的身体外貌和神经内分泌腺的禀赋系统。

艾森克的定义强调特质(稳定持久的特点)，当这些特质群聚在一起时便组成类型。他主张人格结构受少数类型支配，这些基本的人格维度(personality dimension)对行为有巨大的影响力。艾森克的人格理论主要是属于层次性质的，它包括类型、特质、习惯反应和特殊反应四级水平(见图 2-3)，被称为人格层次模型(hierarchical model of personality)。

特殊反应(specific response，简称 SR)是个体对一次实验中的反应或是日常生活经验的反应，这种反应见到过一次，可能是个体的特征，也可能不是个体的特征。

习惯反应(habitual response，简称 HR)是在相同环境中导致再次发生的特定反应。

特质是通过观察一些不同习惯反应而共同联系的基础上得出的。

类型则是通过观察一些不同特质而共同联系的基础上得出的。

类型最抽象，其次是特质，再其次是习惯。例如，外倾是一种类型，是基于对观察到的社交性、活泼性、武断性、感觉寻求等特质的内部联系而抽象出来的。每一种特质又是从各种习惯反应(如喜爱聚会、活泼健谈、办事武断等)中抽象出来；而每一种习惯反应又是从各种特殊情境中所观察到的特殊反应抽象出来的。

(二)人格维度

1. 三个人格维度的行为表现

艾森克认为，各种人格类型不是相互排斥、非此即彼的；相反，人格类型包含基本的人格维度，即外倾内倾、神经质稳定性和精神质超我机能。每个人在这些维度上都有不同程度的表现，而极少有单纯类型的人。例如，某人可能表现得非常外倾，有些神经质和极少的精神质；而另一个人则表现出极少外倾，有些神经质和精神质。大多数人的人格特征都在人格维度的平均值范围内，处于16%至84%之间，很少有人落于两个极端：0%或10%，因而单纯的人格类型是很难找到的。人们在三个人格维度上的表现程度可以通过艾森克人格问卷来测定。见表 2-2。

(1)外倾—内倾(extraversion-introversion)：是人类性格的基本类型。外倾的人不易受到周围环境的影响，难以形成条件反射，其有情绪冲动和难以控制、爱交际、喜社交、渴求刺激、冒险、粗心大意和爱发脾气等特点。内倾的人易受周围环境影响，容易形成条件反射，情绪稳定，好静，不爱社交，冷淡，不喜欢刺激，深思熟虑，喜欢有秩序的生活和工作，极少发脾气等。

(2)神经质—稳定性(neuroticism-stability)：这一维度表明从异常到正常的连续特征。艾森克指出，情绪不稳定的人表现为高焦虑，喜怒无常，容易激动。情绪稳定的人，情绪反应轻微而缓慢，并容易恢复平静。这种人不易焦

虑，稳重温和，容易自我克制

(3)精神质—超我机能(psychoticism-superego functioning)：这一维度也表明从异常到正常的连续特征。高分精神质者具有倔强固执、凶残强横和铁石心肠等特点，这种人有强烈愚弄和干扰他人的需求。低分精神质者具有温柔心肠的特点。艾森克认为，所有精神质者的共性是思维和行为各方面都非常迟缓。

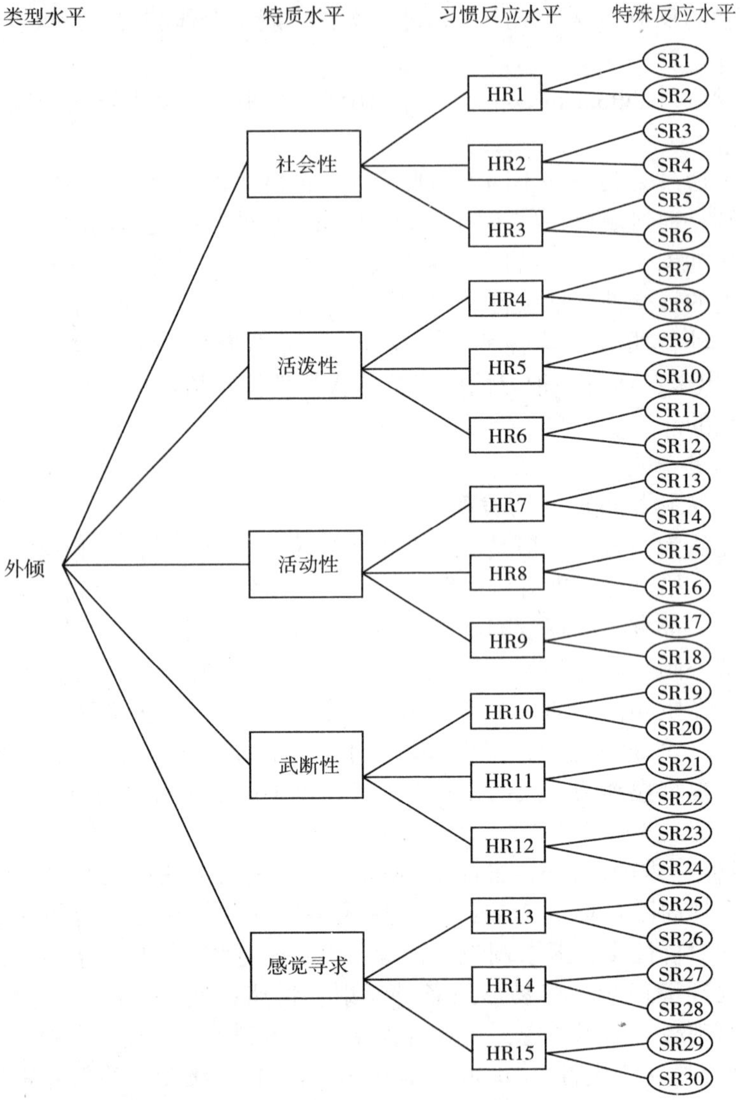

图 2-3 人格的层次模型

资料来源：黄希庭．人格心理学．杭州：浙江教育出版社，2004.

表 2-2 **艾森克的人格三因素模型**

维度	具体表现
外倾(外向) —— 内倾(内向)	1. 外向的人不容易受周围环境影响，难以形成条件反射，在个性上具有情绪冲动和难以控制、好交际、善社交、渴望刺激、冒险、粗心大意和爱发脾气等特点。外向的人从外表上看上去似乎是不大可靠的人； 2. 内向的人容易受周围环境影，非常容易形成条件反射，在人格上具有情绪稳定、好静、不爱社交、冷淡、不喜欢刺激、深思熟虑、喜欢有秩序的生活和工作、极少发脾气等特点。内向的人从外表上看似乎是一个略带悲观色彩而可靠的人。
神经质 (情绪性)	1. 情绪不稳定的人，喜怒无常，容易激动； 2. 情绪稳定的人，情绪反应缓慢而且轻微，这种人稳重、温和，并且容易自我克制，不易焦虑。
精神质	1. 在精神质项目上得高分的个体，具有倔强、固执、粗暴强横和铁石心肠的特点； 2. 低分者表现出温柔心肠的特点。

资料来源：李伟. 组织行为学[M]. 武汉：武汉大学出版社，2017.

艾森克又根据外向—内向和神经质两个相互垂直的维度，将人的人格划分为 4 种组合类型：稳定外向型、稳定内向型、不稳定外向型和不稳定内向型。稳定外向型表现为活泼、悠闲、开朗、富于反应，相当于多血质；稳定内向型表现为温和、镇定、安宁、善于克制自己，相当于黏液质；不稳定外向型表现为冲动、好斗、易激动等，相当于胆汁质；不稳定内向型表现为严峻、慈爱、文静、易焦虑，相当于抑郁质(详见图 2-4)。

四、大五理论

“大五”因素模型(five-factor model)是最近 20 年来，在人格领域逐渐兴起的一种新的理论，是当代人格心理学中影响很大的特质理论。近十年来，这一理论的研究得到了令人瞩目的进展，其稳定性在自我报告和他人评定、词汇研究和问卷测量、各种样本以及不同文化背景和不同分析方法的大量研究中得到验证。大五模型及其具体的层级特质应用广泛，无论什么年龄、性别、民族、种族、宗教、社会经济背景的人，都可以运用大五人格特质来描述自己的人格特点。

大五人格模型将 5 种一般人格特质置于人格特质的顶层，即外倾性(外向性)、神经质、随和性(宜人性)、责任意识和经验开放性，每项人格特质都是由各种具体的特质构成。如表 2-3 所示。

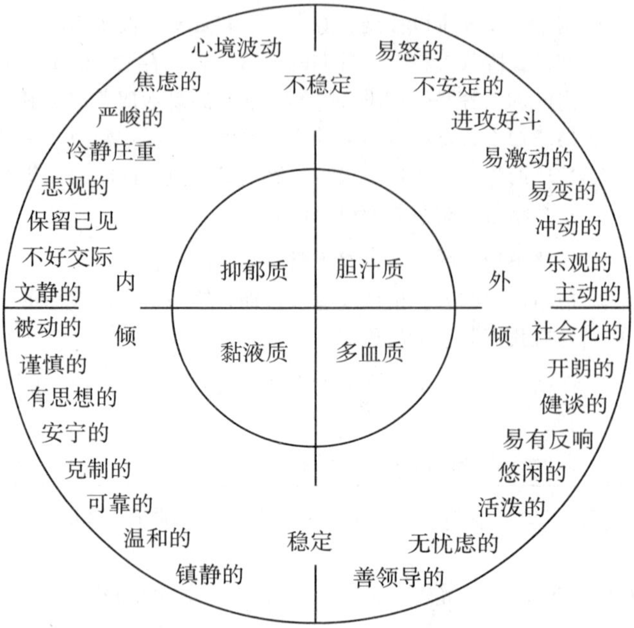

图 2-4　与艾森克两个人格维度相关的气质

资料来源：陈仲庚．人格心理学[M]．沈阳：辽宁人民出版社，1986.

表 2-3　**人格的层级结构**

大五人格维度	外倾性	神经质	随和性	责任意识	经验开放性
与大五人格相关的具体特质	积极情绪 好交际的 热情	焦虑 自我意识 脆弱	守信 正直 温柔	有能力 有条理 自我约束	想象力 行动 想法

资料来源：Adapted from R R McCrae and Costa P T. Discriminant Validity of NEO-PIR Facet Scales. Educational and Psychological Measurement 52：229-237. Copyright © 1992. Reprinted by Sage Publications, Inc..

1. 外倾性(extraversion)，反映的是个体对外部世界的积极投入程度。外倾性典型的个体喜欢交际、善于言谈、武断自信；外倾性不典型的个体则比较矜持、安静和羞怯。在工作中，外倾性典型的人更易处于积极的情绪状态，更容易对工作、组织和周围人满意，也更容易与周围的同事进行合作，在需要频繁人际交往的工作岗位上，外倾性的个体表现更为出色，如销售或客户关系方面的工作。表 2-4 提供了一个个体外倾性的测量方法。

表 2-4　　**个体外倾性的测评**

说明：下面是用来描述人们态度、观点、兴趣和其他特征的一系列陈述，如果陈述是真实的或是比较真实的，则请在靠近题目的空格里写“T”；如果陈述不是真实的或者比较不真实，则请在空格里写“F”。

请回答每道题，即使你不能完全确定答案。认真阅读每道题，但不要在每个答案上花费太多时间。

——1. 对我来说很容易对正在做的事情充满热情。

——2. 我常常不为什么原因就感到快乐和满足。

——3. 我的生活充满乐趣。

——4. 每天我都做一些有意思的事情。

——5. 我常常想办法使生活充满生机。

——6. 多数日子我都感到由衷的有趣和开心。

——7. 我常常毫无原因地感觉到某种运气。

——8. 在我身上每天都发生有趣和令人兴奋的事情。

——9. 空暇时间我常常做些有意思的事情。

——10. 对我来说，生活就是一次冒险。

——11. 我常常期待着愉快的事情发生。

得分：外倾性水平等于你回答为“T”题目的个数。

资料来源：Tellegen A. Brief Manual for the Differential personality questionnaire. Unpublished manuscript, University of Minnesota, 1982. Reprinted with permission.

2. 神经质(neuroticsm)，反映了个体体验消极情感的倾向。神经质典型的人倾向于工作中处于被动状态，比较容易紧张、焦虑、失望、缺乏安全感，消极应对工作环境；而神经质不典型的人相对平和、热情、有安全感。但是，神经质典型的人比神经质不典型的人对自已及其表现要求更为严格，因此在诸如对质量控制、批判性思考和评价有很高要求的工作上，表现得特别高效。而且，神经质典型的人往往在组织或群体中扮演泼冷水的角色，常常施加一种必要的、“令大家清醒的”影响，指出决策中的消极方面；而神经质不典型的人则不像典型的人那样常常陷于消极情绪中。表 2-5 提供了一个神经质的测量量表。

表 2-5　　个体神经质的测评

说明：下面是用来描述人们态度、观点、兴趣和其他特征的一系列陈述，如果陈述是真实的或是比较真实的，则请在靠近题目的空格里写“T”；如果陈述不是真实的或者比较不真实，则请在空格里写“F”。

请回答每道题，即使你不能完全确定答案。认真阅读每道题，但不要在每个答案上花费太多时间。

——1. 我常常发现自己为某事而担心。

——2. 我的感觉是痛苦的而不是开心的。

——3. 我常常为一些小烦恼而生气。

——4. 我在忍受精神紧张状态。

——5. 我的心情常有起伏。

——6. 我有时会毫无理由地感到不幸。

——7. 我常常感受到强烈的情绪变化如焦虑、生气，但并不知道其真正的原因是什么。

——8. 我很容易被未预期的事情震惊。

——9. 在日常事务中，我有时会使自己陷入紧张和混乱。

——10. 小挫折有时会让我怒不可遏。

——11. 我常常因为忧虑而失眠。

——12. 有些日子我会一直烦躁不安。

——13. 我对自己的利益很敏感。

——14. 我经常毫无理由地由喜转怒，或由悲转喜。

得分：神经质水平等于你回答为“T”题目的个数。

资料来源：Tellegen A. Brief Manual for the Differential personality questionnaire. Unpublished manuscript, University of Minnesota, 1982. Reprinted with permission.

3. 随和性(agreeableness)，或称宜人性，反映的是个体在合作与社会和谐性方面的差异。随和性高的个体性情随和、与人合作、值得信任；随和性低的个体则比较冷淡、难相处、不信任他人、敌对，这些人一般在对抗性高的工作中具有优势，如警官教练。相较于随和性低的个体，随和性高的个体一般更易相处，容易成为团队中的一员。对于需要与他人发展良好关系的工作来说，随和性无疑是一个优点。表 2-6 提供了一个随和性的测量量表。

表 2-6　　个体随和性的测评

说明：下面是描绘一个人行为的短语。请使用下面的等级量表，评价每个陈述与你实际情况的符合程度。要与现在的你而不是未来的你进行比较。通过比较你所认识的其他相同性别、年龄的人，尽可能真实地展现你自己。

续表

1	2	3	4	5
很不准确	不太准确	不确定	比较准确	非常准确
——1. 对人感兴趣。 ——2. 并非真的对他人感兴趣。 ——3. 同情别人的感受。 ——4. 冒犯他人。 ——5. 心肠很软。			——6. 对他人的问题不感兴趣。 ——7. 为他人留出时间。 ——8. 对他人不很关心。 ——9. 体会其他人的情感。 ——10. 使人感到轻松。	
题目得分：1=5 分；2=4 分；3=3 分；4=2 分；5=1 分。 记分：根据量表把题目得分进行相加。				

资料来源：http：//www. ipip. ori. org/ipip/lewis. Goldberg，Oregon Research Institute.

4. 责任意识(conscientiousness)，反映了人们控制、管理和调节自身冲动的方式。责任意识高的个体富有责任感、可靠、始终如一、自我约束力强，在工作中表现为做事认真、审慎坚韧，有高组织性和纪律性；责任意识低的个体易转移注意力、不可靠，自我约束力差。组织环境中员工责任心很重要，在多样性程度高的企业里应用责任意识可以很好地预测员工的工作绩效。最新研究也发现，当工作绩效取决于有效的人际关系时，那些社会技能强的员工的责任意识与高绩效相关。表 2-7 提供了一个责任意识的测量量表。

表 2-7 **个体责任意识的测评**

说明：下面是描绘一个人行为的短语。请使用下面的等级量表，评价每个陈述与你实际情况的符合程度。要与现在的你而不是未来的你进行比较。通过比较你所认识的其他相同性别、年龄的人，尽可能真实地展现你自己。

1	2	3	4	5
很不准确	不太准确	不确定	比较准确	非常准确
——1. 未雨绸缪。 ——2. 远离自己的下属。 ——3. 注意细节。 ——4. 把事情搞乱。 ——5. 收拾家务利索。			——6. 常常忘记把东西放回原处。 ——7. 喜欢有条理。 ——8. 推脱责任。 ——9. 遵守时间。 ——10. 工作有激情。	

题目得分：1=5 分；2=4 分；3=3 分；4=2 分；5=1 分。
记分：根据量表把题目得分进行相加。

资料来源：http：//www. ipip. ori. org/ipip/lewis. Goldberg，Oregon Research Institute.

5. 经验开放性(openness to experience)，反映的是个体本来就具备的、对各种刺激保持开放性的程度，也反映一个人的兴趣广泛程度，以及愿意冒险与思想闭塞、谨慎相对立的程度。开放性较低的个体则相对比较保守，喜欢待在熟悉的环境中。对于那些需要经常变化、要求创新或者包含一定风险的工作，经验开放的人占优势。但是组织也需要有些人去完成那些不需要太多创造性的工作，经验开放性低的人相对就比较合适。表 2-8 提供了一个经验开放性的测量量表。

表 2-8 **个体经验开放性的测评**

说明：下面是描绘一个人行为的短语。请使用下面的等级量表，评价每个陈述与你实际情况的符合程度。要与现在的你而不是未来的你进行比较。通过比较你所认识的其他相同性别、年龄的人，尽可能真实地展现你自己。

1	2	3	4	5
很不准确	不太准确	不确定	比较准确	非常准确

——1. 词汇丰富。	——6. 想象力不丰富。
——2. 理解抽象观念有困难。	——7. 迅速理解事物。
——3. 想象力丰富。	——8. 使用晦涩的词语。
——4. 对抽象概念不感兴趣。	——9. 对事物作出反应需要时间。
——5. 想法卓越。	——10. 满脑子想法。

题目得分：1=5 分；2=4 分；3=3 分；4=2 分；5=1 分。

记分：根据量表把题目得分进行相加。

资料来源：http://www.ipip.ori.org/ipip/lewis. Goldberg，Oregon Research Institute.

众多研究发现，大五模型的人格维度与工作绩效之间存在着重要关系。一项研究运用员工的绩效评估分数、培训效果以及人事资料(如薪酬水平)三种指标来界定 5 类职业人群的工作绩效，这 5 类职业分别为专业技术人员(包括工程师、建筑师和律师)、警察、管理者、推销员、半熟练和熟练工人，研究结果发现，在所有 5 类职业中，责任意识这一维度均可以预测其工作绩效；其他人格维度的预测力则由于情境和职业群两项因素的不同而不同。例如，外向型可以预测管理和销售岗位的工作绩效，因为这两类职业需要有较多的社交活动；经验开放性在预测培训效果方面非常重要；而神经质维度却与工作绩效之间不存在相关关系。另一些研究也发现，内向的、负责的员工很少会缺勤，责任感和情绪稳定性与高工作绩效密切相关。当要在不确定情况下进行困难决策时，具备高经验开放性与高度责任意识的个体最有效率。

五、其他特质理论

(一)克雷奇默尔的体型类型论

克雷奇默尔是德国精神病学家。他根据对精神病患者的临床观察，于1921年出版了《体格和性格》一书，提出了体型类型说。此书数次修订再版，是世界上很有影响的性格心理学著作。他认为，体型与患某种精神病有一定的关系，而精神病患者与正常人有量的差别，没有质的区别。

他的测定和记述体型的指标是：身高、体重、身体各部位的长度和周围的幅度、颜面和头型、骨骼、肌肉、皮肤、脂肪、毛发等。根据这些标志的相互搭配，他把人分为四种类型：

(1)瘦长型(asthenic type)：瘦长型者身材高，体重轻，身体各部分幅度窄小，肋骨明显，皮肤缺乏血色，高瘦纤弱。

(2)矮胖型(pyknic type)：矮胖型者头、胸、腹的周围特别发达，四肢短小，躯干积聚着大量脂肪，尤其以腹部最为显著。

(3)强壮型(athletic type)：强壮型者骨骼、肌肉、皮肤都十分发达，肩宽，胸厚，体态与身高成比例。

(4)发育异常型(dysplasia type)：发育异常型者属于发育不全，也称为混合型(mixed type)。

克雷奇默尔发现，在躁狂抑郁症患者中，矮胖型者大多数，而瘦长型和强壮则较少；在精神分裂症患者中，瘦长型、强壮型和发育异常型较多，矮胖型则较少。表2-9是克雷奇默尔的追随者对世界各地8099例精神病患者作的调查结果。从表2-9可以看出，精神分裂症患者的半数是瘦长型，躁狂抑郁症患者的2/3是矮胖型，癫痫症患者大都是强壮型和瘦长型，两者相差无几。

表2-9 **体型和精神病(世界各国8099例)**

	例数	矮胖型	瘦长型	强壮型	发育异常型	没有特征
精神分裂症	5223	13.7%	50.3%	16.9%	10.5%	8.6%
躁狂抑郁症	1361	64.6%	19.2%	6.7%	1.1%	8.4%
癫痫症	1515	5.5%	25.1%	28.9%	29.5%	11.0%

资料来源：黄希庭．人格心理学．杭州：浙江教育出版社，2004.

克雷奇默尔的理论发表后，许多学者曾在这方面作过研究，从积累的材料来看，目前尚不能说明精神分裂症和瘦长型有必然关系，躁狂抑郁症虽然和肥胖型有一定关系，但也难以得出明确的结论。他把临床上的体型与精神病症之间所具有的某些一致性，作为规律推广到正常人身上，是缺乏科学依据的。

(二)场依存型和场独立型

场依存型(field dependent style)和场独立型(field independent style)是威特金(Witkin)提出来的。威特金认为，心理分化主要表现之一是自我从非我中的分裂。自我与非我分裂意味着个体已经形成内外界限，认识到自己具有与别人不同的特性。自我与非我分裂程度的差异导致一个人利用自我或外界作为行为参照程度的差异。场依存型者往往倾向于以外界的参照作为信息加工的依据，而场独立型者则倾向于利用自我内部的参照。这两种对立的信息加工方式通常用倾斜小屋与椅子测验、棒框测验和镶嵌形测验等来评估。

这两种认知加工方式也在人际交往中起作用。场依存型者比场独立型者往往更多利用外在的社会参照确定自己的态度和行为，特别是在模棱两可的情况下是这样。他们的行为是社会定向的，比较注意别人提供的社会线索，优先注意他所参与的人际关系的情况，对其他人有较大的兴趣，表现出善于与人交往的能力；而场独立型者往往是非社会定向的，对社会线索不敏感，比较喜欢孤独的与人无关的情况，比较关心概念和抽象原则，社交能力较差。

随着年龄的增长，场依存型者和场独立型者的行为特征往往是稳定的。在威特金等的一项追踪10年的研究中，某大学学生1584人(男女各半)在入学时进行集体镶嵌图形测验确定每人的认知风格。结果发现，大学入学初选后，在最后的大学选科以及在研究院或专科学校中，场独立型学生往往偏爱需要重要技能的、与人无关的学科(如自然科学)，而场依存学生则往往偏爱不重视这种技能，而重视人际关系的学科领域(如社会科学)。研究者同时还发现，学生从事与他们认知风格相一致的学科学习，其成绩比较好。这说明人们的这种认知风格的一致性和稳定性。

场依存型—场独立型认知风格是一个独立的人格维度，还是某一人格维度(如内外倾)的反映，存在着两种不同观点。一种观点认为，场依存型—场独立型与内外倾人格维度有一定的相关，另一种观点则认为两者没有相关。有研究表明，场依存型—场独立型的认知风格与内外倾人格特质是两种不同的人格维度，但两者又存在着某种程度的一致性。这可以从威特金对场依存型—场独立型认知方式的描述、与艾森克对内外倾的描述的比较中看出来，参见表2-10。

表 2-10 **威特金的描述与艾森克的描述的比较**

威特金的描述	艾森克的描述
场依存者特点	外倾者特点
1. 更多地利用外在的社会参照确定他的态度和行为。 2. 比较注意别人提供的社会线索。 3. 优先注意他所参与的人际关系的情况。 4. 对他人有兴趣。 5. 善于与人交往。	1. 老是注意外界所发生的事情；追求刺激，富于冒险。 2. 无忧无虑，随和，乐观，爱开玩笑，易怒也易平息，不假思索的行动。 3. 有与别人谈话的需要，好为人师，喜欢冲动。 4. 喜欢变化，有许多朋友。 5. 善交际，不喜欢独自学习。
场独立型者特点	内倾者特点
1. 对别人提供的社会线索不敏感。 2. 喜欢孤独的与人无关的情况。 3. 对他人不感兴趣，喜欢关心概念与抽象原则。 4. 行为是非社会定向的。 5. 不善与人交往。	1. 倾向于事先计划，三思而后行，严格控制自己的感情，很少有攻击行为。 2. 性情孤独，内省，生活有规律。 3. 对书的爱好甚于对人，除亲密朋友外，对人总是冷漠，保持一定距离。 4. 很重视道德标准，但有些悲观。 5. 安静，不喜欢刺激，不善交际。

资料来源：张厚粲，孟庆茂．关于认知方式的实验研究——场依存性特征对学习和图形后效的影响．心理学报，1981，13(3)．

鉴定一个人是属于场依存型还是场独立型认知风格主要使用下列三种测验方法：

1. 倾斜小屋与椅子测验。在一间小型的倾斜小屋内，让被试坐在一把可以调整方位的椅子上，要求被试自己将身体调正。实验结果表明，场依存型的被试，在确定身体的位置时，往往以倾斜的小屋为主要参照物，最终把自己的身体调整成与倾斜的小屋看齐；而场独立型的被试在调整身体时，主要不是参照屋子的位置，而更多地以自己身体的内部经验作为参照。

2. 棒框测验。早期的棒框测验是在暗室中做的，后来设计出了棒框测验仪。仪器内框面对着一个可调倾斜度的亮框，框中心安装有个能转动的亮棒。实验时，被试端坐在仪器前，双眼紧贴观察孔。适应 5 分钟后，要求被试把这条倾斜的亮棒调整到与地面垂直。结果表明，场依存型者往往把亮棒调整到与亮框看齐，即根据框的主轴来判断垂直；而场独立型者则利用所感觉的身体位置，把亮棒调成接近于垂直地面。

(3)镶嵌图形测验。要求被试把隐蔽于复杂图形中的简单图形分离出来(参见图 2-5)。这就需要被试对刺激进行认知改组，把个项目从组织好的场中分离出来，这也称为克服隐蔽的能力。研究表明，场依存型者在完成这项任务时较为困难，而场独立型者容易从组织好的复杂图形的影响中解脱出来，找到简单图形。

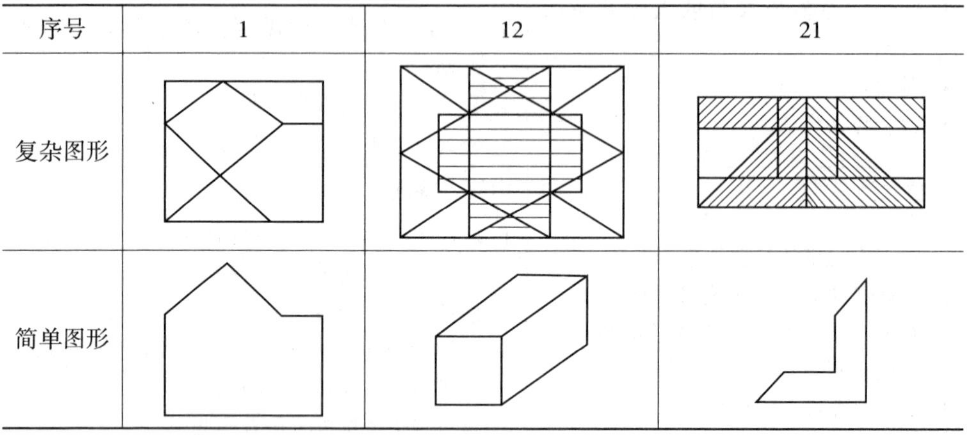

图 2-5　镶嵌图形测验图例

资料来源：张厚粲，孟庆茂．关于认知方式的实验研究——场依存性特征对学习和图形后效的影响．心理学报，1981，13(3).

(三)七因素理论模型

七因素理论模型是在批评五因素模型的基础上提出的。五因素模型包含两个主要问题：其一，五因素不能代表自然语言中人格的所有方面。约翰等人对特质词的分类研究进行了历史回顾，结果发现，像“独立的”“特异的”等重要特质词汇无法归入“大五”因素的任一维度。特里根(Tellegen)等指出，五因素理论没有像它所声称的那样完全抓住了“自然”语言的人格范围。其二，进行因素分析前的选词标准具有较大的主观随意性。五因素的研究者在制订特质词的分类标准，并按此标准去掉多余词或选词构成测量词表时，有可能出现一系列的决策误差。词表的内容有偏差，依此构造的人格维度显然也不全面。事实上，严格的分类标准使得很多潜在的人格术语无法进入因素分析的筛选范围。基于此，特里根等人率先在理论和方法上进行了探索和改进，提出了人格“七因素理论模型”，具体内容如下：

(1)正情绪性(positive emotionality，PEM)，包括抑郁的、忧闷的、勇敢

的、活泼的。

(2)负价(negative valence，NVAL)，包括心胸狭窄的、自负的、凶暴的。

(3)正价(positive valence，PVAL)，包括老练的、机智的、勤劳多产的。

(4)负情绪性(negative emotionality，NEM)，包括坏脾气的、狂怒的、冲动的。

(5)可靠性(dependability，DEP)，包括灵巧的、审慎的、任细的、拘谨的。

(6)适意(agreeableness，AGR)，包括慈善的、宽宏大量的、平和的、谦卑的。

(7)因袭性(conventionality，CONV)，包括不平常的、乖僻的。

另外，一些心理学家在跨文化情境下对"大七"模型进行了验证，基本肯定了"大七"的稳定存在。Almagor 研究了使用希伯来语的以色列人，结果表明：他们的前6个因素名称与特里根等的基本相同，有些因素的形容词都有所重叠。只是第一个因素偏重"动因性"，所以他们将第一个因素命名为"(动因)正情绪性"。他们抽取的第七个因素称为"(集体)正情绪性"，包括可爱的、喜悦的、古怪的、沉默寡言的，等等。同第一个因素相比，第七个因素多涉及他人、社会。

(四)人格的环形分类模型

心理学家利里(Timothy Leary)与威金斯(Jerry Wiggins)倡导用圆形来表征人格，他们用现代统计技术提出了环形模型。威金斯从词汇学的假设出发，认为所有重要的个体差异均可用自然语言进行编码。而他对分类学的进一步研究，使他认识到特质术语阐述个体差异不同类型的重要性。其中，有一种个体差异涉及人们如何处理彼此间的关系，即人际特质(international trait)。其他的个体差异则被划分为：气质特质，如紧张不安的、抑郁的、行动迟缓的以及易激动的；性格特质，如有道德的、坚持原则的、不诚实的；物欲特质，如贪婪的和吝啬的；态度特质，如虔诚的、注重精神的；心智特质，如聪明的、有逻辑性和感觉敏锐的；生理特质，如健康的和强壮的。

由于威金斯主要关注人际特质，因此他仔细地将人际特质从其他特质类别中分离出来。然后，以早期研究者的理论为基础，他将"人际"界定为人们在交流时的互动。界定社会交流的两个依据是爱与地位："人际事件可以被界定为：有着相对清晰的社会(地位)与情感(爱)关系的当事人双方的互动"。因此，"地位"与"爱"构成了威金斯环形模型的两个主轴，如图 2-6 所示。

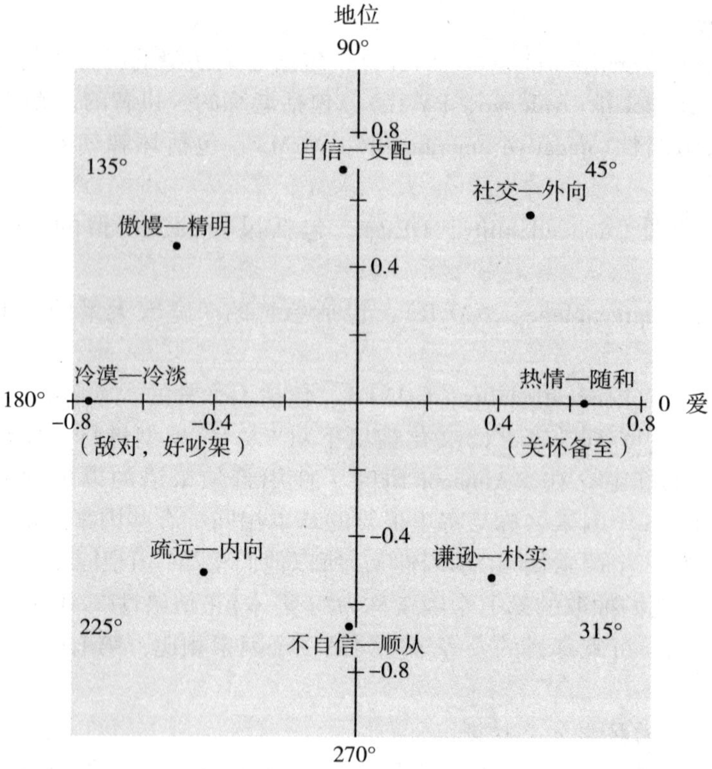

图 2-6 人格的环形模型

资料来源：兰迪·拉森，戴维·巴斯. 人格特质. 郭永玉，陈继文，译. 北京：人民邮电出版社，2012.

威金斯的环形模型分类有三个明显的优点。第一，它提出了人际行为的明确界定，因而有可能在圆形的特定扇形依据“地位”与“爱”的交换对社会交流进行定位。这不仅仅包括给予爱(例如给朋友一个拥抱)或是承认地位(例如对父母表现出尊重或敬意)，还包括拒绝爱(例如对男朋友大声叫喊)以及否认地位(例如因某人不重要而忽视他，不与之交谈)。因此，威金斯的模型具有为人际交流提供清晰而精确界定的优点。

威金斯模型的第二个优点在于环形明确了模型内每一个特质与其他特质的关系。该模型区分了三种基本的关系类型。第一种是接近性(adjacency)，或说特质之间彼此接近的程度。模型中彼此接近或邻近的变量之间具有正相关。因此，“社交—外向”与“热情—随和”之间相关，“傲慢—精明”与“敌对—好吵架”相关。第二种关系是正交性(orthogonality)，指模型中彼此垂直的特质(以 90°为分界，或彼此呈直角)相互之间完全没有关系。换言之，这些特质之间零相关。例如，“支配”与“随和”正交，因此二者不相关。这意味着支配性可以用争吵的方式来表达(例如，为了达到目的大喊大叫)，也可以用更随和的方式来表达(例如，我组织了一群人帮助我的朋友)。类似地，攻击性(好争吵的)可以通过自信/支配的方式来表达(例如，我利用我自己的职权惩罚敌人)，也可通过不自信/顺从的方式来表达(例如，当我沮丧时，通常对他沉默)。因此，正交性可以使个体更精准地区分实际行动中表现特质的不同方式。

环形分类模型的第三个重要优点是，它能够提醒研究者关注人际行为研究中的空白。例如，尽管有许多关于支配与攻击的研究，但人格心理学家却很少关注“谦逊”与“精明”这样的特质。环形模型通过提供人际交流领域的地图，引导研究者对这些容易被忽略的心理机能进行研究。

总而言之，威金斯的环形分类模型提供了了解社会性领域内主要个体差异的地图，对人格分类学做出了重要的贡献。除了这些积极的品质外，环形分类模型也有其局限性。最主要的局限性在于其人际地图仅有两个维度。有人认为，这两个维度之外的其他特质也有重要的人际作用。例如，“尽责性”也可能成为人际特质，在此特质上得分高的人对朋友、配偶以及子女有强烈的社会责任感。而且，即使是神经质或情绪稳定性特质，也会在人际交往中表现得特别突出(例如，当聚会主人长时间没有注意到他的存在时，他会反应过度，并坚持与同伴离开聚会)。

(五)A 型人格、B 型人格与 C 型人格

1. 三种人格类型

在我们的周围，有些人总是匆匆忙忙，且非常易怒；而有些人恰恰相反，不爱竞争，为人随和。这其实代表了两种主要的人格类型，前者代表的是 A 型人格，后者代表的是 B 型人格。

A 型人格的人总是不断驱动自己要在最短的时间里干最多的事，并对阻碍自己努力的其他人或事进行攻击。具体表现为：(1)运动、走路和吃饭节奏很快；(2)对很多事情的进展速度感到不耐烦；(3)总是试图做两件以上的事；(4)无法处理休闲时光；(5)着迷于数字，以每件事情中自己获益多少来衡量成功。

B 型人格与 A 型人格不同，这种类型的人很少因为要从事不断增多的工作，或要无休止地提高工作效率而感到焦虑。具体表现为：(1)从来不曾有时间上的紧迫感以及其他类似的不适感；(2)认为没有必要表现或讨论自己的成就或业绩，除非环境要求如此；(3)充分享受休闲和娱乐，而非不惜一切代价表现自己的最佳水平；(4)充分放松而不感到内疚。

另一种比较特殊的人格类型就是C型人格。C型人格具有以下特征：性格内向，待人过度友善，极力避免发生任何人际冲突；表面上是个好好先生，可内心却愤世嫉俗；表面上处处牺牲自己为别人着想，但内心却极不情愿；情绪抑郁，好生闷气，不表达任何负性情绪；过分敏感，生活中极小的事情便可使其忐忑不安，总是处于焦虑、紧张的情绪状态之中；在遇到困难任务时，常常伴随着拖延症，由于畏惧一直不肯去做，直到最后不得不做时才行动；常常屈从权威、害怕竞争，企图以逃避的方式来达到虚假的心理平衡。一些研究也发现C型人格的人很容易长期处于消极情绪之中，造成神经功能和内分泌功能的失调，最终导致机体免疫力下降。

2. A型人格与心脏病

首批大规模的调查研究始于1960年，研究对象是3000多名健康的中年男性。调查开始时发现约有一半的对象属于A型人格，而在8年半之后，研究数据显示，A型人格者心脏病的发病率比B型人格高出一倍，甚至将吸烟等其他危险因素都计算在内时仍是如此。A型行为模式本身成为心脏病的一个明确的危险因素，它与吸烟、高血压或高胆固醇的作用相当。美国等地所做的进一步大规模的实验发现，A型行为模式同后来发生心脏病的危险存在着类似的联系。

为得出A型人格与心脏病之间联系的最具确切性的结论，科学家汇总了有关这一问题的所有发表的研究结果，然后进行元分析。分析显示，A型人格特征与心脏病之间存在着十分可靠的联系。加利福尼亚大学的弗里德曼和步思-丘利(Friedman & Booth-Kewley)的研究证实，A型行为模式同心脏病之间存在可信的联系，与其他更常见的危险因素的作用相当。

实践证明，改变A型行为模式对于防止心脏病的发生相当有效。告诉人们识别和避免引发A型行为模式的场合，学会放松和控制他们的怒气，能够有效抑制A型行为的主要表现形式，如心存敌意和缺乏耐心。照此方式改变A型行为模式，可以降低血压和血液中胆固醇的含量。

防止心脏病复发项目是首批针对这一效果进行的研究之一。这个项目长期调查1000多名心脏病已经至少发作一次的男性患者，从中随机抽取的男性接受特别咨询，以在各方面抑制他们的A型行为模式。这种咨询成功地减少了这些男性的A型行为模式，特别是他们的敌意和紧迫感，从而将其心脏病再次发作的危险降低了一半。按照这种方式抑制A型行为模式，便可降低心脏病发作危险的事实，说明A型行为模式和心脏病相互关联。

3. C型人格与癌症

C型人格主要特点是不表现出愤怒，将愤怒藏在心里并加以控制，尽量回避冲突，不表现负面的情绪(特别是愤怒)。癌症患者大多在情绪情感表达方面有障碍，而这些情感问题又与童年期心理创伤或家庭和睦有关。癌症患者的家庭史中，有更多的家庭内部竞争或者童年期无人照管等情况，这可能会导致孤独感、抛弃感、悲观厌世以及愤怒感。在癌症患者的生活经历中，发现了比其他患者有更多的单亲抚养、单亲或家人死亡等情况。大量研究表明，对愤怒的压抑、抑郁与癌症的发生、恶化和预后不良有联系。

小　结

特质(trait)是指用于区分人或物的特征或品质，尤其是指一种或多或少相一致的行为模式。状态(state)即当前的行为表现、暂时的心态或情绪。时间和连续体可以作为特质与状态的判断依据。从时间上看，状态是存在于“此时此刻、现在或今天”的短期感受和心理状况；而特质是指“上个月、去年或通常来说”稳定的、长期保持的倾向和个体差异。特质具有很强的稳定性和不易改变性；而状态易受情境影响，具有短暂性、不稳定性和易变性。“状态”依附在“特质”的基础上，不能脱离“特质”的具体内容而独立存在。区别于状态，特质具有跨时间的稳定性与跨情境的一致性的特点。

西方心理学关于人格特质理论的研究比较多，受到广泛重视的有奥尔波特的人格特质理论、卡特尔的人格特质理论、艾森克的人格三因素模型和大五人格理论。奥尔波特将特质分为首要特质、中心特质、次要特质。卡特尔将特质分为独有特质和共同特质、表面特质和根源特质。艾森克的层次模型分为特殊反应、习惯反应、特质和类型。大五人格模型将 5 种一般人格特质置于人格特质的顶层，即外倾性(外向性)、神经质、随和性(宜人性)、责任意识和经验开放性，每项人格特质都是由各种具体的特质构成。

其他的特质理论主要包括克雷奇默尔的体型类型论、场依存型和场独立型、七因素理论模型、威金斯的人格环形分类模型、A 型人格、B 型人格与 C 型人格。

第三章　心理动力领域

学习目标

通过本章的学习，了解精神分析理论的发展过程，明确其核心观点与发展理论；理解需要、动机的含义以及与行为之间的关系，明确自我提升动机的含义与相关表现；掌握几种主要的动机理论；了解价值观的概念及其分类。

第一节　精神分析理论

西格蒙德·弗洛伊德于19世纪末20世纪初创立了科学心理学史上第一个综合性的人格理论体系，被称为“精神分析”(psychoanalysis)理论，它不仅对心理学及精神医学产生了革命性的影响，而且对哲学、历史学、人类学、社会学、伦理学、政治学、美学等几乎所有的人文学科和精神领域，乃至人们的生活方式及价值观都产生了深远的影响。在精神分析理论创建之后，其内部就不断发生分裂，弗洛伊德的追随者们与其产生了许多重大分歧，并各自建立了自己的理论体系。

一、早期精神分析理论

(一)人格结构

1. 心理地形学模型

弗洛伊德在其理论建构的早期，以“心理地形学”(psychical topography)隐喻，将人的心理生活分成潜意识和意识两个层次，即人格的“二部结构”论。他强调人的心理过程主要是潜意识的，意识和前意识过程均由潜意识过程衍生。所以，实际上他把人格结构解剖性地划分为潜意识、前意识和意识三个层次。

潜意识是人格结构中最大、最有力的部分。虽然在通常情况下，我们并没意识到它的存在，但它对我们的一切行为都产生影响。它影响我们的感知、思维和行为，影响我们的兴趣、爱好和习惯，影响我们的职业、婚姻和健康等。

在弗洛伊德看来，不存在任何自由意志的行为，有些行为表面上似乎出自我们的意识或自由意志，但实际上都是受潜意识力量所驱使的，它们只不过是潜意识过程的外部标志。有意识的心理现象往往是虚假的、表面的和象征性的，它们的真实原因和真正动机隐藏在内心深处的潜意识之中。

(1)潜意识

潜意识(unconsciousness，Ucs)又称无意识。弗洛伊德把它定义为不曾在意识中出现的心理活动和曾是意识的但已受压抑的心理活动。这个部分的主要成分是原始的冲动和各种本能，通过种族遗传得到的人类早期经验及个人遗忘了的童年时期的经验和创伤性经验，不合伦理的各种欲望和情感等。

(2)前意识

前意识(pre-consciousness，Pcs)：位于意识和潜意识之间，由那些虽不能即刻回想起来，但经过努力就可以进入意识领域的主观经验组成。

在弗洛伊德看来，意识和前意识两者虽有区别，但没有不可逾越的鸿沟，前意识的内容可以通过回忆进入意识中来，而意识中的内容当没有被注意时，也可以转入前意识中。因此，弗洛伊德把它们看成同一个系统，与潜意识系统相对应。

(3)意识

意识(consciousness，Cs)：是人格的表层部分，它由人能随意想到、清楚觉察到的主观经验组成，是人们日常心理生活中唯一能直接触及的部分。意识在精神分析理论中扮演着次要的角色。

2. 人格“冰山”结构

弗洛伊德非常强调潜意识在人格结构中的重要地位，认为潜意识的重要性远远超过意识和前意识。为了说明潜意识的重要性，他借用了费希纳(Fechner，1801—1887)的冰山类比理论，认为人格就像漂浮在海面上的冰山。

冰山分为三层：最上层浮在水面上，我们能看见，它只占冰山的很小部分；紧挨着水面之下的那部分是中间层；冰山的最下层占了冰山的绝大部分，它支撑着整个冰山，是我们无法看见的。与此对应的是人格的三个层面：意识、前意识和潜意识。意识仅仅是人的精神活动中很小的部分，位于人格的表层；随海水飘荡沉浮的部分就是可以被唤醒也可以被淹没的前意识部分；而海面下巨大的冰山部分是人的潜意识层，是精神活动的主体，虽不为人所见，却主宰着人的心理和行为。

3. 本我、自我和超我的交互作用：人格结构论

弗洛伊德的人格结构论经历了一个发展的过程。早期的“心理地形学”解剖了人格的两部分静态结构模型，指出了潜意识的重要地位和作用。后期弗洛

伊德在此基础上进行了修正，提出了由本我(id)、自我(ego)和超我(super ego)组成的三部分人格结构说，提出了新的人格成分，强调人格系统内部力量的交互作用及能量的动态平衡(见图 3-1)。

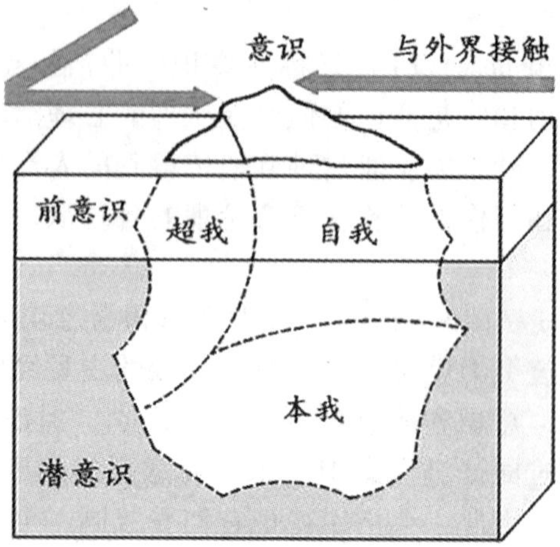

图 3-1　潜意识、前意识、意识与“三我”关系图

资料来源：https：//baike. baidu. com/item/人格精神分析说

(1)本我

本我(id)是原始的、与生俱来的和非组织性的结构，它是人出生时人格的唯一成分，也是建立人格的基础。本我概念与两部分人格结构说中的潜意识概念接近，但不完全等同。凡本我的内容必是潜意识的，但潜意识的内容未必是本我的。确切地说，它是指人的动物性，是人格中最难接近但又是最有力量的部分。

本我完全由先天本能中原始欲望所组成，同人的肉体过程相联系，里比多(libido)是其主要能量。

本我有与潜意识相似的三个特征。①非现实性。本我遵循快乐原则(pleasure principle)，不与现实发生联系，只追求满足。新生婴儿可以被看作是不受自我、超我限制的一种本我的体现。他们不考虑是否可能和是否合适，一味追求本我需要的满足。②非逻辑性，可以让互不相容的观念并存。例如，一位妻子可能既有希望丈夫死亡的愿望，而同时又有和他亲热的欲求。③非伦理性。本我不作价值判断，不区分美丑、善恶，它超越伦理习俗的评判。总之，本我以非理性的方式工作，宣泄冲动，寻求满足，为人的整个心理活动提供能量。

(2)自我

自我(ego)是人格结构中理智的、有组织的、现实取向的部分。它是个体成长过程中，本我与环境不断相互作用时，靠近现实世界的那部分逐渐发展而形成的。

自我是后天从本我中分化出来的。自我没有自己的能量，必须从本我中汲取能量，所以它在本质上是依附于本我的。自我遵循现实原则(reality principle)，它既要满足本我的即刻要求，又要按照外界环境的要求行事。虽然它的根本目的是满足本我的本能，但它是理性的，审时度势的。为了理解自我与本我的关系，弗洛伊德作了一个比喻：本我像匹马，自我就像骑手，通常骑手控制着马行进的方向。

自我是人格的执行者，决定者什么行为是合适的，哪些本我冲动可以满足及用什么方式满足。随着个体的发展，单靠自我的力量已经不能控制本我中的本能冲动，所以在幼儿期，超我开始从自我中分化出来。

(3)超我

超我(super-ego)是从自我中分化出来的，是人格中最文明、最有道德的部分。充分发展的超我是由良知和自我理想两部分内容构成，是儿童接受父母的是非观念和善恶标准的结果。

由于儿童在很长时间内必须依赖父母生活，在父母物质与精神的奖励与惩罚中，为了赢得赞扬、逃避惩罚，儿童必须认同父母的要求与愿望。随着时间的推移，成人世界的道德规范及伦理准则，就通过父母的言传身教逐渐内化成儿童自己的信条。此时，自我就分化成了两部分：一部分是执行的自我，即自我本身；另一部分是监督的自我，即超我。

超我遵循道德原则(moral principle)，其功能是监督自我去限制本我的本能冲动，通过说服自我以道德目的替代现实目的并力求至善，使人变成一个遵纪守法的社会成员，从而达到控制和引导本能冲动的目的。

正常发展的超我通过自我的压抑过程发挥其调控性冲动和攻击冲动的作用。它自己不能产生压抑，而是命令自我进行压抑。超我严密地监视着自我，判断自我的行动和意图。当自我违背超我的道德标准行动或打算行动之时，就会有内疚感。如果自我不能达到超我提出的完善标准，就会产生自卑感。充分发展的超我有良知(conscience)和自我理想(ego ideal)两部分，内疚感是良知的产物，自卑感则来自自我理想。

(二)人格动力

弗洛伊德认为，人类行为受潜意识力量驱使，这种强大的内部力量可以译为驱力(drives)或本能(instinct)。

1. 人的基本驱力

弗洛伊德深受能量守恒定律的启发，将人的身心组织也看成一个能量系统。能量可以被压抑但不能被消除，它必须寻找释放的途径。这些能量就是与生俱来的本能，是一种心理能量，是人行为的基本驱力，是一种介于生物结构和精神现象之间的存在，虽然它不能通过物理作用直接传递，但它却是推动个体行动的最终力量。弗洛伊德早期把本能分为性本能和自我本能。自我本能是回避危险、使自我不受伤害的本能。第一次世界大战后，他又把本能分为生本能和死本能。

2. 两种本能

(1)生本能

生本能是建设性的，是人性善的动因。所有与生命的存续、发展有关的本能都称为生本能，其表现能量是里比多(Libido)，生本能可以解释人类的大多数行为。

生本能的核心是性本能，性本能是人类行为的最重要的动力。性本能中的性是广义的，不仅包括特征明显的性欲行为，还包括几乎所有指向获得快乐的行为。正是因为有性本能的驱动，个体与种族才得以创造、繁衍与兴盛。

(2)死本能

死本能是具有破坏性的，是人性恶的动因。人类少数行为归因为死本能驱动，不过死本能很少表现为明显的自毁行为，大多数情况下，死本能会转向外部，表现为对他人的攻击。死本能是促使人类返回非生命状态的力量，它如果向外，则派生出攻击、破坏、战争等毁灭行为；如果转向自身机体，则导致个体的自责、自伤甚至自杀行为。其表现能量称塔那托斯(Thanatos，希腊神话中的死神)。

弗洛伊德发现，无论正常的还是病理的本能现象，性和攻击两种内驱力往往都不会单独存在，而是有规则地融合在一起，尽管两者的能量不一定相等。如从个体心理发展过程看，虽然性驱力一直起着重要驱动作用，但攻击驱力对人格的发展也不可缺少。因为不能表达攻击性的个体就无法形成与客体的分离，自我人格就不能独立、成熟。因此，在整个人的一生中，生本能和死本能彼此不断斗争又相互转化，但随着年龄增长死本能逐渐多于生本能。

(三)人格发展

弗洛伊德的人格发展理论是以他的泛性论为基础的，在他看来，人格的发展主要是性心理的发展，性心理发展和人格发展是同义语。因此，他的人格发展阶段是以身体“动欲区”的变化来进行划分的。发展阶段不同，性欲冲突的主题就不同，解决冲突的方式和方法也不相同。弗洛伊德根据先后顺序，把个体性心理的发展划分为口欲期(oral stage)、肛欲期(anal stage)、性器期(phallic stage)、潜伏期(latency stage)和生殖期(genital stage)等5个阶段。其中前3个阶段(从出生到6岁)的发展状况对以后一生的发展都起着关键作用。弗洛伊德认为，每个人都要经历上述5个先后有序的发展阶段，儿童在这些阶段中获得的经验决定了他的成人人格。

二、新精神分析运动

弗洛伊德提出的精神分析理论吸引了大量的学者对其进行研究。学者们推陈出新，分别形成了自己的人格理论。随着研究的深入，弗洛伊德的追随者不像弗洛伊德那样坚定地坚持精神分析理论，其中有许多学者质疑精神分析理论的根基——性驱力论，逐渐地，许多追随者纷纷脱离精神分析学派，形成了自己的理论体系。

接下来将介绍几个有代表性的学者及其观点，有利于我们了解新精神分析学派的内容及其对精神分析理论的拓展。

(一)阿德勒的个人心理学

阿尔弗雷德·阿德勒(Alfred Adler，1870—1937)是第一个从弗洛伊德群体中脱离出来的人。由于他公开反对弗洛伊德的泛性论，两人关系宣告破裂，此后他创立了个体心理学(individual psychology)。

1. 自卑与追求优越

阿德勒反对弗洛伊德把性本能作为人格的动力，认为自卑感(feelings of inferiority)是人格发展的动力，自卑感使人产生对优越的渴望。早期，阿德勒认为自卑感可以来自器官和身体的缺陷，如果一个人的某种器官功能衰退或有缺陷，就会遇到许多生活困难，产生自卑感，个体会采用种种补偿活动来对自己的不完美进行抵抗。后来，阿德勒扩大了自卑感这个概念范围，认为自卑感起源于个人生活中所有不完全或不完美的感觉，包括身体的、心理的和社会的障碍，不管是真实的障碍还是想象的障碍。

阿德勒认为，个人的自卑感起源于婴幼儿时期，婴幼儿由于完全依赖成人才能生存，就产生了自卑感，人们开始为了摆脱自卑而努力追求优越。阿德勒认为，追求优越是每个人生来就具有的基本动机，每个人奋斗追求的目标就是优越(superiority)，包含更加完美的发展、成绩、满足和自我实现。在阿德勒看来，追求优越(striving for superiority)是人的本性，是先天遗传的。同自卑感一样，追求优越技能导致积极的发展，也能引起优越情结(superiority complex)。如果一个人只追求自己的优越而忽视他人和社会的需要，就会表现为专横、爱慕虚荣、骄傲自大、自以为是，这种人令人讨厌。阿德勒认为，自卑感一方面是积极的驱动力，同时也可能导致精神病。沉重的自卑感可能使人束手无策，心灰意冷，甚至万念俱灰。在这种情况下，自卑感便成为个人积极成长的障碍和破坏力量，阿德勒称这种情况为自卑情结(inferiority complex)。过度自卑使人认为自己比其他人差很多，以致产生一种无助感，而不驱使自己去建立优越感。

2. 社会兴趣与生活风格

社会兴趣(social interest)概念的提出，是阿德勒对其人格动力理论的一个重要补充。阿德勒认为，社会兴趣是所有人具有的一种先天需要，一种与他人友好相处、共同建设美好社会的需要。因为人是社会性的动物，人在其生命过程中必须完成求职、结婚、养育子女等社会任务。要完成这些任务，人们之间必须分工合作、相互协作。所以，人生下来就必然具有一种先天的社会兴趣。一个人在克服自卑感和追求优越的同时，又被社会兴趣所驱动，两种动力交织在一起，驱使人们实现社会的共同进步和共同幸福。拥有社会兴趣的人，就不会出现优越情结，与社会脱离。后来，阿德勒根据人们所具有的社会兴趣的不同，划分出 4 种类型的人：(1)统治-支配型，这种人喜欢支配和统治别人；(2)索取-依赖型，这种人喜欢依赖别人的劳动，向别人索取自己所需要的一切；(3)回避型，这种人总是回避生活中的各种问题，企图碌碌无为而避免失败；(4)社会利益型，这种人能正视问题，试图以某种有益于社会的方式解决问题。阿德勒认为，前三种类型的人的社会兴趣都是错误的社会兴趣，只有第四种类型的人才具有正确的社会兴趣，有希望过上充实而有意义的生活。阿德勒甚至认为，任何丑恶的社会问题都可以归结为社会兴趣的沦丧。

在追求优越的过程中，人们克服自卑采用的方式和方法各不相同，阿德勒称其为生活风格(style of life)。这是一种标志个体存在的独特方式，是作为一个统一整体的自我在社会生活中寻求表现的独特方式。阿德勒认为，儿童在四五岁时就已形成了他的生活风格，成为人格发展的基本框架，这种生活风格，儿童自己是意识不到的。早期的社会环境对生活风格的形成非常关键，特别是亲子关系。阿德勒认为错误的生活风格主要由三种原因导致：(1)器官缺陷，它会引起儿童的生理自卑，有可能导致不健康的自卑情结；(2)溺爱或娇纵，儿童成为家庭的中心，他的每一需要都必须得到满足，长大后则容易成为缺乏社会兴趣、自私自利的人；(3)受忽视或遗弃，这种儿童感到自己毫无价值，变得对社会和他人极端冷漠、仇视，对所有的人都不相信。因此，阿德勒大声疾呼，为了避免儿童产生错误的生活风格，应加强对儿童的早期教育，从增加儿童的社会兴趣入手，使他们懂得正确的生活意义。

3. 创造性自我与人格适应

创造性自我(creative self)是指人格中的自由成分，它是个体能在可供选择的生活风格和追求目标中进行的选择。阿德勒认为，人格不是环境或遗传的简单被动的接收者。相反，每个人都自由地作用于这些影响，按照个人自己“创造”的方式将它们加以组合。在阿德勒看来，差别在于选择，即创造性自我上的不同。阿德勒确信，每个人都能自由地选择自己的生活风格和追求目标。每个特定的个体都受其生物遗传因素和环境影响，但是，正是创造性自我对这些变量的作用和解释决定了这个人的人格。

人们从自卑出发，为了追求优越，采用特定的方式克服自卑，形成生活风格，在社会兴趣的基础上，通过创造性自我，适应社会。阿德勒认为，适应良好的个人有勇气面对问题，追求优越和完美，形成健康的生活风格和社会兴趣。适应不良的个人只追求个人的优越而缺乏足够的社会兴趣。

(二)荣格的分析心理学

荣格(Carl Gustav Jung)是瑞士精神分析学家和分析心理学的创始人。荣格对精神分析、潜意识和里比多的理解与弗洛伊德是不同的，他的分析心理学在研究方法和许多基本论点上，大体还沿袭了经典精神分析论，同时也有不少修正和发展。

1. 人格结构

在荣格心理学中，人格作为一个整体被称为精神或心灵(psyche)。精神由意识、个人潜意识和集体潜意识三个相互作用的系统所组成。在荣格看来，人格是一个极其复杂的结构。这一结构不仅由无数要素所组成，而且这些要素之间的相互作用也是错综复杂的。同时这个结构还受到外部环境和来自身体内部的不断刺激。

(1)意识

对荣格而言，意识是人心中唯一能够被个人直接知晓的部分。它在生命过程中出现较早，很可能在出生之前就已经有了。这种自觉意识，通过个性化的过程，产生出了一种新要素，荣格将其称为自我。自我(ego)就是我们能够意识到的一切心理活动，是意识的中心。尽管自我在整个心理中只占一小部分，但它作为意识的门卫却担负着极为重要的任务。某种观念情感、记忆和知觉，如果不被自我所承认，就永远不会进入意识。它像过滤器那样，具有高度的选择性。正是由于自我的这种重要功能，才保证了人格的同一性和持续性。对自我的理解上，荣格与弗洛伊德的观点颇为相似。

(2)个人潜意识

个人潜意识(personal unconscious)是由曾经被意识到但又被压抑或遗忘，或在一开始就没有形成有意识的印象的内容所构成。荣格的个人潜意识概念与弗洛伊德的前意识概念相似。个人潜意识的内容对个人来说是极易获得的，它与自我是相互作用的。

在个人的潜意识中有一种对个人生活至关重要的特性，荣格称之为情结(complex)，即富有情绪色彩的一连串的观念或思想。当说某人具有某种情结时，意思是指他执意沉溺于某种东西而不能自拔，像是上了“瘾”。情结对人们行为的影响是不同的。有恋母情结的人会把大量的时间和精力花在与母亲这个概念有关的活动中。有恋父情结、性爱情结、权力情结、金钱情结或其他类型情结的人，情况也是如此。

关于情结的形成，最初荣格认为它起源于童年时期的创伤经验。后来他认为情结起源于人性中某种比童年时期的经验更深邃的东西，即他所谓的集体潜意识。

(3)集体潜意识

集体潜意识(collective unconscious)是荣格理论的核心概念。它是人类种系发展的整个过程的沉积物，荣格认为：与个人潜意识不同，集体潜意识对所有人来说都是共同的，因为它的内容到处都能找到。

这些镂刻在人脑中的祖先经验，荣格称之为原型。原型(archetype)是那些经历许多世代一直保持不变的经验累积于心中的结果，是一种对世界某些方面进行反应的先天倾向。例如，自从人类诞生以来，每天看着太阳东升西落，这种深刻印象，最后凝结在集体潜意识中成为一种太阳神或上帝的原型。我们对太阳神或上帝的崇拜，是千万年来的经验镂刻在人脑的结果。每一个时代中每一个成员所经历过的经验，都有相应的原型，例如出生、死亡、上帝、太阳、男人、母亲、英雄等。人生中有多少典型情境就有多少原型，它们代代遗传，决定着个人对世界反应的倾向性。荣格认为，有一些原型对形成个人的人格和行为特别重要，并进行了详细的描述。这些原型是人格面具、阿尼玛、阿尼姆斯、阴影、自我。

人格面具(或人物)(persona)，这是一个人公开展示的一面或精神的外部形象。

阿尼玛(anima)和阿尼姆斯(animus)是人格的内部形象。阿尼玛是男子人格中的女性成分，阿尼姆斯是女子人格中的男性成分。

阴影(或阴暗自我)(shadow)，这是代表一个人自己的性别，并影响这个人与同性别人关系的原型。它是精神中最黑暗、最深入的部分，比任何其他原型都更多地容纳人的最基本的动物性。

自我(self)是集体潜意识中的一个核心原型，它把所有别的原型都吸引到它的周围，使它们处于和谐状态，即把人格统一起来，导致人格的统一、平衡和稳定。

2. 人格动力

荣格不仅有系统的人格结构理论，而且提出了人格动力学说。他认为人格结构本身，就是一个动力系统，这个系统具有相对闭合的性质，其动力源泉则是心理能量。心理能量在整个精神系统中的分配是由守恒律和熵律决定的。

(1)里比多

人格动力的心理能量(psyche energy)，荣格用里比多来称呼这种心理能量。但是荣格不同意弗洛伊德将里比多解释为单纯的性能量。相反，他把里比多看作是一种普遍的生命力，后来，逐渐用“心理能量”取代了“里比多”。荣格认为，心理能量可以是意识的，也可以是无意识的，在意识中它表现为各种努力、欲望和意愿。同时，它既可以表现为食欲、性欲，也可以表现为情绪和情感。

(2)守恒律和熵律

荣格提出了一些心理能量运转的原则，来说明心理能量在人格结构中的分布和移动情况。这些规则主要有两条。第一，守恒律(principle of equivalence)。这是指心理能量中一定的能量从某一心理成分中减少或消失，与之相等的能量就必然出现在另外的心理成分之中。第二，熵律(principle of entropy)。这是指心理能量的分布和流动是有方向的，一般是从能量多的心理成分流向拥有较少能量的心理成分，以实现心灵不同结构或成分之间的平衡。

3. 人格类型

荣格认为，在世界的联系中，人的精神有两种态度(attitude)：一种态度是指向个人内部的主观世界，称为内倾(或内向)(introversion)；另一种态度则是指向外部环境，称为外倾(或外向)(extroversion)。前者心理活动指向自己的内部世界，喜欢安静，富于幻想，对事物的本质和活动结果感兴趣；外倾型的人好社交，为人活泼、开朗，对外部世界的各种事物感兴趣。荣格还认为每个人都不是绝对内倾或外倾的，许多人是介于两者之间的中间类型，或某种态度类型相对占优势。

除两种态度外，荣格还提出了 4 种心理功能，即思维(thinking)、情感(feeling)、感觉(sensing)和直觉(intuiting)。他认为思维的功能是评价事物正确与否，而情感的作用是判断和确定事物价值，考量该事物是否可以被接受。思维与情感是一对相互对立的功能，人们用它们来进行判断和评价，因此可称为理性功能。感觉是一个人确定事物存在与否的功能，但不指明那是什么事物。直觉是对过去或将来事物的预感。感觉与直觉也是一对相互对立的功能，因没有理性参与，故称为非理性判断。荣格说：“感觉告诉你存在某种东西，思维告诉你它是什么，情感告诉你它是否可以接受，直觉告诉你它从何而来，去往何处。”

荣格把两种态度与四种功能结合起来，划分出 8 种不同的人格类型。

外倾思维型(thinking extrovert type)：遵守规则，善于思考，客观冷静，生活有规律，但比较固执己见，情感压抑。

外倾情感型(feeling extrovert type)：多愁善感，思维常常被情感压抑，没有独立性，情绪容易受外界的影响，非常注重与社会和环境建立和睦的情感关系。

外倾感觉型(sensing extrovert type)：追求欢乐，对客观事物感觉敏锐，精明，但是情感浅薄，沉溺于各种嗜好。

外倾直觉型(intuiting extrovert type)：易变而富有创造性，有多种嗜好，但难以坚持到底，做事常凭主观预感。

内倾思维型(thinking introvert type)：离群索居，独自追求自己的理想，常以主观因素为依据分析事物，待人冷漠，社会适应能力差，智商高，情感受压抑。

内倾情感型(feeling introvert type)：沉默寡言，不易接近，给人一种神秘莫测的吸引力，但内心有非常丰富和强烈的情感体验。

内倾感觉型(sensing introvert type)：对事物有深刻的主观感觉，喜欢通过艺术形象表现自我，缺乏思想和情感，较被动，对外界漠然，了无生趣，不关心身旁发生的事情。

内倾直觉型(intuiting introvert type)：富于幻想，性情古怪，思想往往脱离现实，不易被人理解，常常产生各种离奇的幻想和想象，体验奇特怪异，但不为此烦恼。

荣格所划分的这 8 种类型只代表极端的情况，实际上每个人都会表现出某种占优势的人格类型，在他身上还有不占优势的第二种或第三种人格类型。其中有意识的因素，也有无意识的成分，两者的相互作用构成了千变万化的人格类型。

4. 人格发展

荣格有关人格发展问题的关键概念是个性化(individualization)。个性化是指在意识的指导下，使意识的心灵和潜意识内容融洽地结合为一体的过程。在荣格看来，只有到达个性化的人才是心理健康的人，才有一个充分分化了的、平衡的和统一的人格。一旦个性化过程出现，超验功能(transcendent function)就发挥效力。超验功能是一种对人格中所有对立倾向和趋向加以统一、完善和整合的能力。超验功能也是人生发展所固有的，其与个性化的过程一样，两者相互独立，相互依存，共同促进人格的发展。

荣格以里比多能量的聚散为依据来划分发展阶段。他把人生划分为 4 个阶段，人生的第一阶段称为前性欲期(presexual stage)；从儿童期后几年到青春期称为前青春期(prepuberal stage)；从青春期到成年期称为成熟期(maturational stage)；以后还有一个老年期(aging stage)。荣格认为，从 40 岁左右至晚年，是人追求生命意义的最关键时期。人格的发展受到许多条件，包括遗传和父母的影响，以及教育、宗教、社会、年龄等积极或消极的影响。

(三)霍妮的社会文化理论

凯伦·霍妮(Karen Horney)是社会精神分析学派的代表人物，与许多新弗洛伊德主义者不同，凯伦·霍妮不是弗洛伊德的学生，她以间接的方式学习了弗洛伊德的著作。霍妮在整个职业生涯中，探索了文化和社会对人格发展的影响，她提出社会影响对行为的作用超过了内在原因的作用。

1. 神经症产生的原因

霍妮主张从文化中探求个体人格发展和神经症的产生根源。霍妮把神经症看作是人际关系失调所引发的，这种失调往往首先存在于神经症病人童年时的家庭成员之间，特别是亲子关系之间。儿童必须得到成人的帮助才能满足需要，如果父母不能给予儿童真正的爱，就会造成儿童的不安全感。霍妮将父母损害儿童的安全需要的行为称为基本罪恶(basic evil)。儿童的父母如果经常表现出这类行为，就会使儿童产生敌意，霍妮称这为基本敌意(basic hostility)。这样，一方面孩子依赖父母，另一方面又对父母抱有敌意，冲突便由此产生。霍妮认为，基本焦虑就是儿童觉得自己生活在这个潜伏着敌意的世界上，所体验到的孤独和无能的感情。基本焦虑使儿童把对父母的基本敌意泛化到一切人甚至整个世界，从而感到世间的一切人和事物都潜伏着危险。

2. 神经质需要

为了减轻焦虑，就会形成一些防御性策略。这些策略是一些潜意识的驱动力量，霍妮称为神经症需要(neurotic needs)。霍妮总结了 10 种神经症需要：(1)友爱与赞许的需要：常取悦迎合他人，以期建立良好的印象；(2)生活伴侣的需要：害怕孤独，寻求和别人生活在一起；(3)狭窄空间：避免吸引别人的目光，谨慎、小心；(4)权力：一心追求权威，寻求驯服感；(5)利用他人：总是利用他人达到自己的目的；(6)社会认可：自我评价是由社会认可程度来决定的；(7)自我赞许：夸大自己的形象，获得社会赞许；(8)成就：常迫使自己去寻求更高的成就而不顾及后果；(9)自负：不依赖他人，拒绝与他人来往；(10)完美主义：害怕错误和被批评，总是力求完美。

正常人也有这样的需要，但与神经症患者不同的是，正常人的这种需要可以随现实条件的改变而灵活变动，而且各种需要之间不易产生冲突，因而能比较好地获得满足；而神经症患者往往执迷于其中一种或少数几种，不能根据实际情况灵活选择。

3. 神经质类型

霍妮根据避免焦虑的不同方式确定了三种交往风格的神经症倾向患者，这三种倾向分别是接近人群、反对人群和脱离人群。

(1)接近人群。这类人对友爱和赞许、生活伴侣或狭窄空间有神经症需要。其主要特征是：习惯于依从他人，总认为别人比自己强，倾向于以别人的看法来评价自己。这种人可能认为“如果我顺从，别人就不会伤害我”。

(2)反对人群。这类人对权力、社会认可、自负、自我赞许和成就有神经症需要。其主要特征是：将生活视为一种竞争，适者生存，必须控制别人以掌握主动权；事事以成功为目的；千方百计地利用他人给自己带来好处；好斗但输不起；努力工作但不真爱工作；压抑感情，不愿为感情而“浪费时间”。这种人可能认为“如果我有权力，就没有人能伤害我”。

(3)脱离人群。这类人对自负、完美怀有神经症需要。其主要特征是：为逃避紧张关系而独居；与他人保持距离；不与他人发生感情上的联系；孤立自己；凡事力求完美，以避免他人指责。这种人可能认为“只要我与世无争，就没有什么人能伤害我”。

(四)埃里克森的自我发展理论

埃里克森(Erik Homburger Erikson)在精神分析中的主要贡献是他的自我发展理论(theory of ego development)或心理社会同一性理论(theory of psychosocial identity)。

1. 自我心理学

埃里克森被誉为自我心理学的创始人，他的理论与弗洛伊德的理论形成鲜明对照。弗洛伊德认为，自我只是“本我的雇用”，它没有自己的需要；整个人格的能量由本我供给；自我的作用仅在于降低本我的需求。埃里克森认为，自我以为本我服务为出发点，但有自身的特点和需要，能保证个体与社会环境保持和谐一致，影响健康和适应，是自我觉察和同一性的根源，具有自主性。

2. 人生的8个阶段

人格的发展包括有机体成熟、自我成长、社会关系3个过程和8个固定顺序的阶段，称为心理社会发展阶段。每一阶段都存在着一种发展危机，危机的解决标志着向下一阶段的转化，顺利地度过危机是一种成功的解决，反之是不成功的解决。

(1)信任感对不信任感(0~1.5岁)

该阶段的发展任务是发展对周围世界尤其是对社会环境的基本态度，培养信任感。如果父母或照料者给予婴儿适当的、稳定的与不间断的关切、照顾哺育与抚摸，婴儿就会对父母产生一种信任感，认为这个世界是安全而可信赖的地方。这种基本信任感是形成健康个性品质的基础，是以后各时期发展的基础，尤其是青少年时期发展起来的同一性的基础。

(2)自主感对羞耻感、怀疑感(1.5~3岁)

该阶段的发展任务是培养自主感。儿童初步尝试独立处理事情，如果父母允许儿童去做他们力所能及的事，鼓励儿童独立探索的愿望，儿童就会逐渐认识到自己的能力，养成自动、自主的个性。反之，父母过分溺爱和保护或过分批评指责儿童，可能会使儿童怀疑自己对自我和环境的控制能力，从而产生一种羞耻感。

(3)主动感对内疚感(3~6岁)

该阶段的发展任务是培养主动感。由于身体活动能力和语言的发展，儿童有可能把他的活动范围扩展到家庭之外。儿童喜欢尝试探索新环境，承担并学习掌握新的任务。此时，如果父母和教师对儿童遇到的问题耐心听取、细心回答，对儿童的建议给予适当的鼓励或妥善的处理，不仅能发展儿童的主动性，还能培养其明辨是非的道德感。反之，如果父母对儿童的问题感到不耐烦或嘲笑儿童的活动，儿童就会对自己的活动产生内疚感。有时，当儿童的主动性与别人的主动性产生冲突时，也有可能引发内疚感。

(4)勤奋感对自卑感(6~12岁)

该阶段的发展任务是培养勤奋感。这个时期，绝大多数儿童已进入学校，第一次接受社会赋予他并期望他完成的社会任务。他们追求工作完成时所获得的成就感，以及由成就所带来的家长和教师的认可与赞许。如果儿童在学习、游戏等活动中不断取得成就并受到成人的奖励，儿童将以成功、嘉奖为荣，培养乐观、进取和勤奋的人格。反之，如果由于教学不当或因努力不够而多次遭受挫折，其成就受到漠视，儿童就容易形成自卑感。

(5)自我同一性对角色混乱(12~18岁)

该阶段的发展任务是培养自我同一性。自我同一性是指个体组织自己的动机、能力、信仰及活动经验形成的有关自我的一致性形象。中学阶段个体尝试着把自己的各个方面，包括自我的能力、信念和性格等统一起来，形成自我的整体评价，认识到自己与他人的区别。如果青少年不能整合这些方面以及各种选择，或者他们根本无法在其中进行选择，那就会导致角色混乱。

(6)亲密感对孤独感(18~25岁)

在成年早期，只有具有牢固的自我同一性的青年，才敢于面对与他人发生亲密关系的风险。因为与他人发生爱的关系，就是把自己的同一性与他人的同一性融合为一体，这里会有自我牺牲或损失，但只有这样才能在恋爱中建立真正亲密无间的关系，从而获得亲密感，否则将产生孤独感。

(7)繁殖感对停滞感(25~65岁)

进入成年，人们开始关心下一代。他们生儿育女，关心后代的繁殖和养育。反之，没有生育感的人，其人格贫乏和停滞，是一个自我关注的人，他们只考虑自己的需要和利益，不关心他人的需要和利益。

(8)自我整合对绝望感(65岁以后)

由于在衰老过程中，老年人的体力、心智和健康每况愈下，对此他们必须做出相应的调整和适应，所以被称为自我整合对绝望感的心理冲突。自我整合是一种接受自我、承认现实的感受，是一种超脱的智慧之感。如果一个人的自我整合大于绝望，他将获得智慧的品质，否则就会产生绝望感。

第二节　动　　机

一、需要与动机

(一)需要

1. 需要的含义

需要是一种心理状态，它是指人在生存与发展的过程中，感觉欠缺某种重要的东西而又力求满足时的主观感受。人的需要有的是先天的，但人的大多数需要，尤其是在工作组织背景下的需要都是后天的，是外界环境诱发的，是从实践中学习、领悟来的。需要虽然是客观存在的对某种要求的反映，但不是消极被动的，而是在人与客观环境相互作用中产生的。需要包含两种成分：一是定性的、方向性的成分，反映了需要对特定目标的指向性；二是定量的、活力性的成分，代表了指向该目标意愿的强烈程度。

2. 需要的分类

需要可以按不同的维度进行分类，主要有以下两种分类方法。

第一，按需要产生的根源可以分为初生性需要(原始需要)、次生性需要(后天性需要)。

(1)初生性需要(primary needs)，是指那些天然的、生物性的原始需要。这类需要是本能性的，不是在后天环境中学习来的。它反映的是人们对于维持、延续与发展生命所需资源的需求，如吃饭、喝水、呼吸、睡眠、性等。

(2)次生性需要(secondary needs)，这类需要是后天习得的需要，即人们在社会交往与实践中，通过逐渐领悟成功的经验和失败的教训而建立和产生的需要。次生性需要以初生性需要为基础，但它们不是与生俱来的，是人类特有的一种需要，如成长需要、成就需要、友谊和温暖的需要、自尊需要、自我实现需要等。

第二，按需要获得满足的来源可以分为外在性需要与内在性需要。

(1)外在性需要。这类需要所指向的目标是当事者自身所无法控制而由外界环境来支配的。在组织中，外在性需要是靠组织所掌握和分配的资源或奖酬，即外在性激励来满足的。这里所说的资源或奖酬是广义的，不是工资、奖金等狭义的物质性资源。按资源的性质可以把外在性需要分为两小类。一是物质性的需要，物质需要主要是人们对自然物质和社会物质产品的需求，通常由工资、奖金、住房及其他各种福利待遇等物质性资源来满足。它们是客观的，可以被感知和测量的。二是社会情感性需要，通常要用友谊、温暖、特殊的亲密关系、信任、认可、表扬、尊重、荣誉等社会情感性的资源来满足的需要。这类需要通常具有抽象性、不易测量、象征性等特征，需靠人的主观感受与体验去领会和获得。

(2)内在性需要。这类需要不是靠外界所掌握和分配的资源直接满足，它的激励源泉来自工作本身或工作完成时所提供的某些因素。内在性需要是抽象的，需要通过当事者本人的主观感受和体验来获得和汲取。内在性需要的满足取决于当事者自身的体验、爱好和判断，内在性需要也可分为两小类。一是过程导向的内在需要，这种内在性需要靠工作活动本身所蕴藏的因素来满足，如工作本身的趣味性、工作的挑战性、工作活动所具有的培养性、工作活动提供的交往机会等。二是结果导向的内在需要，这种内在性需要只有在工作任务完成时才会感到满足。这是指当事人在工作任务完成时的自豪感与成就感，自己的价值和抱负得到实现时的轻松感和自尊感，以及自己潜在能力得到充分发挥与利用时的舒畅感和得意感。

(二)动机

1. 动机的含义

动机(motive)是在需要的刺激下，直接导致个体产生行为的原因，它促使该行为朝某一目标进行。动机本身不属于行为，它只是行为的原因，动机的形成主要有两个条件。

(1)需要。需要是动机产生的基础或内在条件。个体缺乏某种东西，产生某种需要的时候，身心便会失去平衡，感到不舒服，从而产生紧张状态，这种生理需要使有机体形成一种内驱力，即动机，但并非人的一切需要都会产生引发行为的动机。如正在萌芽的需要与未被认识的需要不会产生动机，迫切的需要是动机产生的内在条件。

(2)外部诱因。外部诱因是动机产生的直接刺激因素，这种诱因可以是物质的也可以是精神的。需要只有跟某种外在刺激因素相结合才能转化为动机，并在适当的外部条件下显现为外在的可见行为。由此可见，动机是把行为原因与目标连接起来的中介，没有动机，行为就没有方向。

动机是行为的直接推动力。人主观上有某种强烈的需要，当客观环境具备了一定满足需要的条件(诱因)时，就会产生追求实现某一目标的念头，这种念头就是“动机”，动机驱使人去采取满足需要的实际行动。也就是说，动机是指引个体行为，维持该行为，并将此行为导向某一目标(个体需要的满足)的过程。

动机的产生模式如图 3-2 所示。

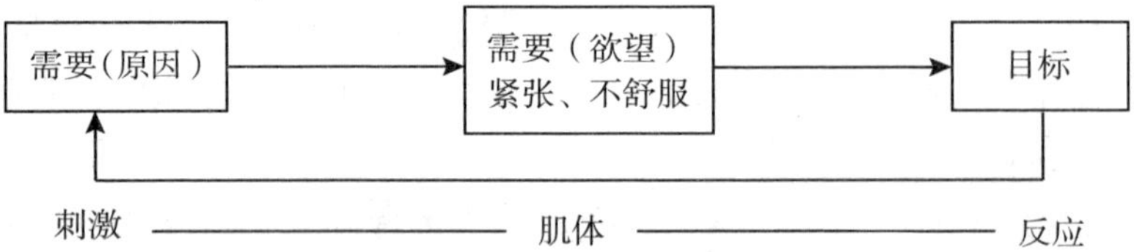

图 3-2　动机的产生模式

资料来源：李伟．组织行为学．第二版．武汉：武汉大学出版社，2017.

2. 动机的功能

(1)驱动功能。驱动功能又叫始发功能，是指动机唤起或引发行为，驱使个体采取行动。

(2)指向功能。动机使个体的行为朝着特定的方向、预期的目标前进。动机是与目标连在一起的，目标是动机趋向的对象，没有目标的动机是不存在的，动机本身就蕴涵着目标。动机不仅发动行为，而且也决定着行为的方向。

(3)调节功能。调节功能又称强化功能，当动机发动起行为并取得良好的结果时，它会继续发动和强化这一行为，当行为的结果不好时，它就会终止或弱化这一行为。

二、需要、动机与行为

需要和动机密不可分，但又并不等同。需要是内心体验到的某种事物的匮缺或不足；动机是一种信念和期望，一种行动的意图和驱动力，它推动人们为满足一定的需要而采取某种行动，表现出某种行为。需要是动机的源泉、基础和出发点，动机才是驱动人们去行动的直接原因和动力。需要只有跟某种具体目标相结合，才能转化为动机，并在适当的条件下表现为外在的可见行为。

一般来说，当个体产生某种需要而又得不到满足的时候，就会产生一种紧张的心理状态。当遇到能够满足需要的目标时，这种紧张的心理状态就会转化为动机，推动人们去采取某种行动，向目标前进。一旦人们的需要得到满足，紧张的心理状态就会消除。这时人们又会产生新的需要，这是一个不断循环的过程。需要、动机和行为关系模型如图 3-3 所示。

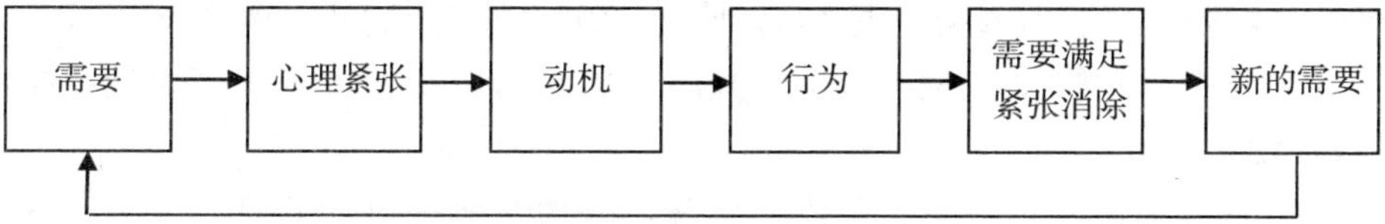

图 3-3　需要、动机和行为关系模型

资料来源：苏勇，等．现代组织行为学．北京：清华大学出版社，2008.

三、自我提升动机

(一)概念辨析

在 19 世纪末 James 就提出了自我概念，将其定义为个人心理世界的中心。最初自我概念的研究主要集中在自我调节、自尊、自我控制等方面。近年来，自我概念的研究更注重自我的过程而非结构。自我过程主要包含了自我意识、自我评估、自我表征、自我服务、自我验证和自我提升等，强调了自我评价的重要性。自我对他人评价的反应主要受到自我验证和自我提升两种动机的影响，自我验证动机是指个体期望他人对自己的评价与自我评价一致，而自我提升动机是指个体期望他人对自己的评价是积极的。

Shrauger 在 1995 年将自我提升理论细分为简单的和补偿性的。简单的自我提升理论指人们会努力提升自己。补偿性的自我提升理论则是指由于受到他人消极评价，而对自我评价消极的个体会倾向于追求提升自我来获得他人的肯定，弥补消极评价的影响。这两类自我提升理论都强调了个体有提升自我的动机。

(二)自我提升动机的相关表现

个体会通过很多方式去寻求积极评价来提升自我，选择性地关注、强调、夸大自我的积极方面，忽略消极方面。生活中比较常见的自我提升动机主要表现在以下几个方面。

(1)优于平均效应。这是自我提升动机中最明显的一个表现，个体认为自身比他人拥有更多的积极特质和更少的消极特质。例如大部分人在与一般同僚相比时，都会觉得自己更聪明，更好看，更有道德，甚至会活得更久。

(2)过分宣称。过分宣称也是一种比较明显的表现形式，即个体会夸大自己对事物的了解程度。

(3)自利归因偏向。这是指个体会把成功归因成自身内在因素，比如自身能力强等，把失败归因为外在因素或他人原因，比如运气差。

(4)不切实际的乐观。个体在没有任何证据支持的情况下，会认为自身能比他人碰到更多的积极事件(更容易升职)和更少的消极事件(遇到车祸等)。

(5)选择性地接受和拒绝。个体倾向于接受与自身相关的积极评论，拒绝消极评论。

(6)自我妨碍。这是指当个体无法保证成功完成某项任务时，会主动为成功设置障碍，如果成功，就会使成就感更大，而如果失败，也可以归因于外部阻碍，来维持自身外在形象。

(7)在社会比较中，个体也会倾向于向下比较，即将自己与相对不足的人相比，获得优越感。个体也会将自身与重要或权威人士相联系，并避免与这类人相比，来维持自我的自尊。

第三节　动 机 理 论

一、亨利·莫瑞的理论

亨利·莫瑞认为，要充分理解人类动机就必须建立一个有足够变量的系统，因此提出了一套动机系统概念。这是亨利·莫瑞对心理学理论最显著的贡献。

(一)需要

亨利·莫瑞认为："需要是大脑中代表力量的一种结构(一种虚构或假设性概念)，这种力量从一定方向按照改变现存的不能令人满意情景的方式来组织人的知觉、统觉和行动。需要有时可以由一定的内部过程所引起，但通常由一定的压力(环境的力量)所引起，需要表现在指导有机体避免此情景，或当面临此情景时指导有机体对压力做出一定的反应……每一种需要都相配以一定的情绪或情感，每一需要都倾向于运用一定的方式来加强此趋势。这种需要可能是强烈的，也可能是微弱的；可能是暂时的，也可能是持久的。需要通常为人的外部行为规定道路，这种行为通过改变原来的情景，而形成一种最后的使有机体满意的情景。"

莫瑞对需要进行了分类，他研究了少数被试的需要后，将人的需要分为20种。分别是：谦卑、成就、交往、攻击性、自主、对抗、防卫、尊敬、支配、表现、避免伤害、避免低下、教养、有序、欢乐、拒绝、感觉现象、性、求助、理解。

莫瑞从不同角度将需要分为以下几种类型：(1)原始需要和次级需要。原始需要是与机体生理满足有关的需要，次级需要产生于原始需要，但与任何具体的有机体生理过程或生理满足没有多少联系。如对成就、尊重等需要。(2)外显需要和潜在需要。外显需要是能直接或立即自由表达并为个人所认可的需要，通过行为表现出来，潜在需要则是受到限制和压抑的需要。(3)中心需要和发散需要。有些需要只和有限种类的环境客体相联系，而另一些需要非常泛化，以致适合任何环境。莫瑞认为，需要过分专一或过分发散都是病态的。(4)前摄需要和反应需要。前摄需要发自个体内部而无需外界环境刺激。如艺术家灵感或冲动到来时进行艺术创作；反应需要由外界刺激所唤起，如看见苹果就想吃。(5)过程活动、形式需要和结果需要。过程活动是为活动本身进行的活动，不涉及特定目标或与生理需要有联系的紧张缓解，如画家自画自赏。形式需要指人对卓越的追求，即做某事时力求达到一定质量，结果需要指能导致某些人们所希望的状态或终极结果的需要。

同时，莫瑞又很重视需要的联合问题。提出各个需要之间并不孤立，其间有两种关系。(1)辐合，即不同需要具有相同行为后果。(2)附属。有的需要为其他需要服务，如果某种需要仅是为满足另一需要而存在，则此需要即是后一需要的附属。探求需要之间的关系有助于揭示个体主导或根本的动机。

(二)压力

压力就是环境中促进个体努力达到某一目标的事物，是外界事物或人“以某种方式影响主体利害的力量”。压力并不代表环境中的人与物，而是一种知觉过程。一旦了解了个体看待或理解环境的方式，就能更清楚地了解个体行为，压力概念的意义正在于此。亨利·莫瑞将个体所知觉或理解的环境客体的重要性称作 β 压力，而将这些环境客体的真实重要性叫作 α 压力。个体行为与 β 压力高度相关。

压力与需要相互关联，个体只有受到环境压力之后，才可产生某种需要。莫瑞用“主题”这一概念来描述需要和压力的关系，以表示某些需要产生的活动情境及其活动结果，并设计了“主题统觉测验”，从被试与测验刺激的“相互作用”所揭示的主题中有效地推断出被试的内部需要。

除了主题统觉测验之外，莫瑞为人格领域留下的重要遗产还有他的理论所引发的研究。莫瑞提出的一些心因性需要得到了深入研究，且多由他的学生们完成，其中有些人成为了著名的人格研究者，得到较多研究的有权力需要、亲和需要，还有成就需要。

二、大三动机理论

(一)追求卓越：成就动机

1. 成就动机的含义

每个人都希望自己能够在生活中的某些方面或领域展现自己的独特能力。部分人的这种愿望可能会更强烈一些，面对同样的任务诱因，他们更快速高效地实施任务行为直至任务完成，在此过程中，最大范围地调动内外各方面的能力、经验、资源，争取任务的圆满完成。成就动机事实上就是这样的一种动力，在这种动力的驱使下，个体不断地准备和实践，追求出色表现和获取成功。成就动机是人们在完成任务过程中力求获得成功的内部动因，亦即个体对自己认为重要的、有价值的事情乐意去做，努力达到完美地步的一种内部推动力量(Nicholls，1982)。

2. 高成就动机者的主要特征

成就动机无疑是个体的人格特征之一，是个体行为的内部推动力量之一。高成就动机个体与低成就动机者相比，行为表现有三个特征。

(1)他们倾向于参加那些有挑战性的工作，以及较高难度和成功概率较低的任务。当其成功时，对于完成者的肯定和认可会更高。也就是说，高成就动机者趋向于较高难度的任务和工作；低成就动机者趋向于较容易完成的工作和任务。

(2)高成就动机者更喜欢那些需要个人承担结果的任务，而不愿意责任分散的工作。因为在他们看来，独立承担责任已经是对于他们能力的承认，而更多人对责任的分担也意味着更多人对于成果的分享，这对于高成就动机者来说是难以忍受的。

(3)高成就动机者趋向于那些能够得到反馈的工作和任务，无论反馈结果的好与坏。

(二)驾驭欲望：权力动机

1. 权力动机的含义

什么是权力动机？心理学家认为，个体权力动机是指试图影响他人和改变环境的驱动力。温特(D. G. Winter，1973)认为存在两种权力动机：积极的权力动机和消极的权力动机。前者常常表现为竭力去谋求领导职位或在组织社会中的权力；后者则通常表现为害怕失去权力，为自己的声望忧虑。个体可能通过酗酒、斗殴和展示已有的权力等行为来满足这方面的需求。其中，权力动机是个体存在于组织中的首要目的，是驱动个体组织行为的主要原因，同时也是影响个体行为结果和产出的重要因素。权力动机能够潜在地影响个体的行为，乃至动机、态度、信念、情绪、价值观、期望等内在心理特征。权力动机即组织中的个体为了达到自由支配有限资源、支配其他个体、避免受到其他个体的影响和支配的目的，从而产生的主观强烈的对于权力、地位或身份的渴望和追求。

2. 权力动机的特征

(1)权力动机的主观内在属性。权力动机是主观的心理效应，是潜藏在个体内心的主观内驱力。

(2)权力动机的外在行为属性。权力动机必须是驱动个体完成一系列行为来实现对权力和更高支配地位的追求。

(3)权力动机的作用对象必须是稀缺资源或组织中的其他个体。稀缺资源的支配是实现权力目标的必要条件，而对于其他个体的支配或抗拒其他个体的支配，是权力动机实现的主要表现。由此，权力动机的对象既可以是某些条件下的稀缺资源，也可以是组织内部的其他个体。

(4)权力动机除了包括对支配他人和资源的需要外，还包括对免于受到他人支配和影响的需要。

权力动机和成就动机是截然不同的两种动机属性。成就动机的作用更多地体现在个体对于自身发展和提高的内在要求，而权力动机的作用方向是对外的，希望通过控制资源和其他个体来实现自身的支配需要。此外，权力动机可以分为个人利益取向的权力动机和社会利益取向的权力动机两种。

3. 高权力动机者的主要特征

(1)通过选举获得职位；

(2)在组织中有自己的小团体，并据此发挥自己的影响力；

(3)拥有相当的财富，获得声望；

(4)愿意冒风险以赢得公众的注目；

(5)积极参加组织活动，参与争论；

(6)更愿意从事可以支配和指挥他人的工作和职业，比如部门主管、教师、心理咨询师等；

(7)为自己编撰以控制和胜利为主题的故事，善于控制自己的情绪，特别是愤怒和兴奋；

(8)表现出冲动和攻击的行为。

(三)情感需求：亲密动机

1. 亲密动机的含义

成就动机和权力动机推动个体采用更为有效和有影响力的方式来表现自

己，试图控制乃至操纵周围环境和组织中的其他个体。与此同时，对于亲密和谐的人际关系的向往，却常常驱使个体朝着一个完全不同的方向努力，从而实现有亲密人际交往的生活（Bakenm，1966）。亲密动机被认为是，试图建立、维持与一个人或一群人积极情感关系的动机。高亲密动机的个体会通过电话、书信和探望的方式拉近和维持与其他个体的距离，同时对组织活动保持强烈的兴趣，他们更为在乎组织中他人对于自己的评价和情感距离，喜欢组织生活和通过团队合作来完成工作。

2. 高亲密动机者的行为特征

亲密动机被描述为这样的一种个体内部驱力，使个体乐于建立与他人的稳固亲密关系，追求亲近、温馨、相互信任、交流互动的人际关系体验。也就是说，高亲密动机者在生活中对于人际关系的亲密感体验的追逐，将体现出显著的与低亲密动机者不同的行为特征。归纳下来，高亲密动机者的主要行为特征包括：

（1）总是愿意花很多时间来思考自己与他人的关系；

（2）积极参加朋友间的聚会和聊天；

（3）有他人陪伴的时候，情绪更加积极和正面；

（4）与人交谈时情绪高涨，保持笑容，有更多的眼神接触；

（5）交谈的内容多涉及爱与友谊，并夸大自己从中获取快乐的情绪体验。

另外，高亲密动机者的生活状态并非总是被集会、游戏等组织生活所充斥，他们并没有更多的户外活动，一般也很少是善于交际、性格外向的人。他们更喜欢近距离、一对一的交流和情感沟通，而非喧闹的群体活动。同时，当他们身处于那些大型的社交群体活动时，他们愿意挺身而出来促成和维持群体的和谐与一致。他们认为群体活动的意义在于每一个人参与的机会，而非总是由固定的某一、两个人来当主角（McAdams，1981）。所以，高亲密动机者常常被熟识的人冠以真诚、热忱、天真、仁爱、温和、有礼貌、不霸道、不以自我为中心等标签。

权力动机和亲密动机都与个体积极参与的组织生活有关。但是个体受到上述两种不同的驱动，在组织生活中，是否表现出迥异的行为特征呢？McAdams通过一系列调查，探究了亲密动机和权力动机分别对于个体在群体生活中的友谊模式的影响。结果发现：高亲密动机的人倾向于报告与某个人一对一的交流互动，而非大型的群体互动，并且讲述的都是与该事件中参与者自身有关的私人信息。因此，高亲密动机者与低亲密动机者相比，与朋友在一起时，更倾向于谈论和倾听他们的恐惧、希望、感受、想象和其他非常亲密的话题。而高权力动机者却更倾向于大型的群体互动及有权力意义的活动（如制订计划、交谈、帮助他人）。通常，亲密动机与更重视和他人在一起相处、分享秘密，相互之间有更多共同之处的友谊模式有关；而权力动机则与强调事情的结果、帮助、功利性的友谊模式相关。

三、马斯洛的理论

亚伯拉罕·马斯洛(Abraham Maslow)的需求层次理论认为，每个人内心都存在五种层次的需要，分别是：

(1)生理需求。它包括觅食、饮水、栖身、性和其他身体需求。

(2)安全需求。它包括保护自己免受生理和情绪伤害的需求。

(3)社会需求。它包括爱、归属、接纳和友谊。

(4)尊重需求。它包含内部尊重因素，如自尊、自主和成就感；外部尊重因素，如地位、认可和关注。

(5)自我实现需求。这是使个体成为他所能成为的人的内驱力，包括成长、开发自我潜能和自我实现。

尽管没有一种需求会得到完全彻底的满足，但只要它大体上获得满足，就不再具有激励作用。当一种需求基本上得到满足后，更高一级的需求就会成为主导需求。如图 3-4 所示，我们的需求是逐级上升的。所以，如果你想激励一个人，根据马斯洛的需求理论，你需要了解他目前处于哪个需求层次，然后重点满足这个层次的需求或者更高层次的需求。

图 3-4　马斯洛的需求层次

资料来源：根据相关文献整理。

马斯洛还把五种需求分为高级和低级两个级别。生理需求和安全需求为低层次需求；社会需求、尊重需求和自我实现需求为高层次需求。高层次需求是个体的内在满足(个人的内心)，低层次需求则主要是个体的外在满足(例如报酬、工作合同、任期这些方面的奖赏)。

马斯洛的理论得到了普遍认可，尤其是在管理实践者当中。这一点应归功于该理论直观的逻辑和易于理解的内容。遗憾的是，该理论总体上缺乏实证研究证据的检验。马斯洛本人也并没有提供任何实证证据，一些试图验证该理论的研究也无功而返。一些研究人员试图利用进化心理学的原则来修改需求层次理论的组成部分。他们提出，不成熟的动物或较原始的神经系统主要关注的是低层次的需求，成熟的动物以及发展健全的神经系统主要关注的是高层次的需求。他们还指出，不同类型的需求对应的生物体系是不同的。时间会告诉我们，这些针对马斯洛需求层次理论的修改对管理者而言是否有用。

四、罗杰斯的理论

罗杰斯(Rogers，C. R.)是美国著名的心理学家，当代人本主义心理学的代表人物之一。他在对人格研究的过程中，接受了“自我”这个概念。因此，他的“人格理论”也常常被称作为“自我理论”。罗杰斯同马斯洛一样，都认为自我实现是人性的本质。罗杰斯提出的人格自我理论有 4 个要点：

(1)自我观念。自我是罗杰斯理论中的最重要概念。自我由表征“我”的全部概念、知觉和价值观所组成。自我经验代表个人从经验中对自己一切的知觉、了解与感受，包括“我是谁?”“我是怎么样的人?”“我能做什么?”等意识，可以将其汇总成个人的自我观念。自我观念，是个人在其生活环境中对每一经验的评估及与环境相互作用中形成的。个人的行为方式作用于环境事物，会产生直接性经验。别人对他的行为予以评价，会产生来自别人的间接性经验，即评价性经验。若个体的直接性经验与评价性经验相一致，会顺利形成自我观念。然而，很多情况下，两者未必一致，于是自我观念的形成就会遭受到阻碍。

(2)积极关注。个体根据直接性经验与评价性经验形成自我观念时，对别人怀有一种强烈的寻求积极关注的心理倾向。积极关注就是希望别人以积极的态度支持自己。个体来自本身的直接性经验获得别人的积极关注时，他的自我观念将越来越明确，进而继续健康成长。

积极关注又分“无条件积极关注”和“有条件积极关注”。前者指无论个体在何种情况下(成功或失败)，都会得到积极关注和勉励；后者指个体只有获得成功才能得到积极关注，否则就会受到惩罚。无条件积极关注有利于个体形成明确健康的自我观念，进而走向自我实现之路；有条件积极关注则易造成自我观念混乱和心理冲突。

(3)自我和谐。自我和谐指的是一个人自我观念中没有自我冲突时的心理现象。自我不和谐的情况有二：一是在自我观念和现实经验之间的不和谐，这是在有条件积极关注下所得的评价性经验，与自己的直接性经验不一致时所产生的不和谐。个体往往会拒绝那些与自我观念不一致的经验进入意识。例如，一个差生偶尔考了高分，他会把它归因于运气等外界因素，而不会认为是自己的能力所致。一个人如果因此而被拒绝的经验领域越多，则这种自我和现实之间的鸿沟就会变得越宽，自我不和谐就越厉害。另一种不和谐是在理想自我与真实自我不一致时产生的不和谐。理想自我是指自己在理想中要成为什么样的人，真实自我是指自己感觉自己是什么样的人。理想自我与真实自我越相近，个人就会越满足和愉悦。反之，两者之间若有很大距离，就会不和谐，成为不愉快的、不满足的人。

改变自我不和谐的办法在于向当事人提供一个和谐环境，对他进行无条件的积极关注，使他在这种自然的环境中促进自我的积极探索，形成健康和谐的自我观念，发挥其自我实现的潜能。

(4)自我实现。罗杰斯认为"人性本善"，人生而有一种向上的力量，追求完美，追求自我实现。自我实现指个体趋向完美、趋向实现、趋向自我的保持和提高的倾向。它是激发个体行为和发展的基本推动力。个体随时进行的机体估价过程，是以实现倾向作为最佳参照系来对自己的经验进行评估的，即保留和接近符合实现倾向的经验，朝向自我实现。现实世界往往会影响、控制个体，强加一些价值条件，破坏正常的机体估价过程，从而导致心理失调。而成为一个机能完善者的关键就在于自我结构与经验的协调一致，依照机体内部评价过程而不是外在价值条件生活。机能完善者要具备以下五个特征：

①经验的开放。不需要防御机制，所有经验都被准确地符号化而成为意识。

②协调的自我。自我结构与经验协调一致，并且具有灵活性，以便同化新的经验。

③机体评价过程。以自己实现倾向作为评价经验的参考体系，不在乎世人的价值条件。

④无条件的积极自我关注。时时刻刻对自己的经验和行为都给予积极肯定，他们不觉得有什么不可告人的内在冲动。

⑤与同事和睦相处。乐于给他人以无条件积极关注，同情他人，为他人所喜爱。

第四节　价　值　观

一、价值观的概念

(一)价值观的定义

死刑这种惩罚是对还是错？如果一个人喜欢权力，是好还是坏？对这些问题的回答都涉及价值观。基于对价值观研究的理论基础，学者们从不同的角度给出了价值观的定义。

(1)从信念角度：价值观(values)代表了人们最基本的信念，从个人或社会的角度来看，对某种具体行为模式或存在的最终状态比与之相反的行为模式或存在状态更可取的某种持久信念就是价值观。这个定义包含了判断的成分，反映出个体对于正确和错误、好与坏、可取和不可取的看法与观念。

(2)从态度的角度：价值观是后天形成，并通过社会化培养起来的，对世界上存在的万事万物的认识，以及对其所持有的对万事万物的态度。其很大一部分内容在我们早年生活中就已经形成——从父母、老师、朋友和其他人那里获得的。

(二)价值观的特征

1. 特定主体性

人是赋予价值观生命力的主体。在实际生活中，价值观是群体内个体的价值心理与观念的总结、概括和提升，并且在个体价值观基础上形成群体价值观。群体价值观的接受度越高，其社会影响力就越大，反之越小。

价值观是不同于社会价值观的。社会价值观是指社会大多数民众所信奉的，或者作为社会大多数民众价值选择的内在文化指令的价值观。它是人们在长期的生产、生活实践中形成的，对社会性事项与达成个人及其所属群体利益之间的利害关系或功能关系的认知。任何社会价值观都是当事人追求达成个人及其所属群体利益的宣言，从来没有脱离当事者个人及其所属群体利益之间利害关系或功能关系的社会价值观。因此，在一定程度上可以说社会价值观是大众普遍认同的价值观，而社会价值观又会对个人价值观施加一定的影响。

2. 相对稳定性

价值观是人们在环境与教育的影响下逐步形成的。虽然在个体的成长过程中，价值观会不断调整与完善，但作为人们思想认识的深层基础，价值观一旦形成，便具有了相对稳定性。

3. 社会历史性

价值观是一种由社会存在决定的社会意识，具有社会历史性。首先，价值观的形成要受到社会政治经济发展水平、科学文化水平的影响与制约。其次，社会的变化会引起价值观的变化，但社会存在的变化与价值观的变化并不是同步的。

二、价值观的分类

价值观与社会、经济、文化的发展密切相关。不同的学者研究价值观的着眼点不同，因而形成了对价值观的不同分类。

(一)奥尔波特(Allport)的分类

奥尔波特及其助手将价值观划分为6种类型：

(1)理论型：它重视以批判和理性的方法寻求真理。

(2)经济型：这一类型的价值观强调有效性和实用性。

(3)审美型：它以协调匀称为中心。

(4)社会型：这种价值观强调对他人和群体的关心。

(5)政治型：拥有这一价值观的人十分重视权力和影响力。

(6)宗教型：此类价值观的中心是信仰。

奥尔波特研究发现，不同工作环境下人们的价值观有很大的差异。比如，对一位教堂牧师而言，宗教型价值观是最重要的；而对一个采购代理商来说，居于首位的则是经济型价值观。

(二)格雷夫斯(F. W. Graves)的分类

行为科学家格雷夫斯曾对企业组织内部各种人员的行为方式进行调查，最终将他们的价值观归纳为7类：

(1)反应型：这种类型的人只对自己基本的生理需要做出反应，而不考虑其他条件，类似婴儿或脑神经受损的人。这种人在企业中非常少见。

(2)忠诚型：这种价值观往往是从父母和上级那里学来的。持这种价值观的人喜欢按部就班地看问题、做工作，依赖成性，服从传统，习惯于权势，向往友好而专制的监督和家庭似的和睦集体。

(3)自我中心型：这类人信仰个人主义，为了获得自己所希望的奖酬，不惜一切手段。他们通常表现得爱挑衅和自私，但会服从于权力。

(4)顺从型：这类人具有忠诚和尽职的性格，勤勤恳恳，谨小慎微，偏好任务明确的工作，重视安全和公平的监督方式。

(5)玩弄权术型：拥有这种价值观的人重视现实，好活动，有目标，乐于奉承“有奔头”的上级。他们喜欢通过摆弄他人、篡改事实达到个人目的，积极争取社会地位和社会影响。

(6)社交中心型：这类人重视工作集体气氛的和谐，喜欢友谊和平等的人际关系，把善于与人相处和被人喜爱看得比自己的发展还重要。

(7)现实主义型：现实主义者偏爱自由、富有创造性与挑战性的工作，重视学习成长的机会，把金钱、晋升等视为次要的东西。

这种分类方法发表以后，管理学家迈尔斯等人于1974年就美国企业的现状进行了对照研究。他们发现，一般企业员工的价值观多属于第2种、第7种；管理人员的价值观过去多属于第4种、第5种，现在逐渐倾向于第6种和第 7 种，而且这种趋势还在不断增加。

(三) 米尔顿 · 罗克奇(Hitton Rokeaoh)的分类

米尔顿 · 罗克奇设计了罗克奇价值观调查问卷(RVS)，它包括两种价值观类型，每一种类型有 18 项具体的内容。第一种类型称为终极价值观(terminal values)，指的是一种期望存在的终极状态，是个人期望通过一生来实现的目标。另一种类型称为工具价值观(instrumental values)，指的是偏爱的行为方式或实现终极价值观的手段。表 3-1 列出了每一种价值观的内容。

表 3-1 **罗克奇的价值观调查问卷(RVS)**

终极价值观	工具价值观
舒适的生活(富足的生活)	雄心勃勃(辛勤工作、奋发向上)
振奋的生活(刺激、积极的生活)	心胸开阔(开放)
成就感(持续的贡献)	能干(有能力、有效率)
和平的世界(没有冲突与战争)	欢乐(轻松愉快)
美丽的世界(艺术与自然的美)	清洁(卫生、整洁)
平等(兄弟情谊、机会均等)	勇敢(坚持自己的信仰)
家庭安全(照顾自己所爱的人)	宽容(谅解他人)
自由(独立、自主的选择)	助人为乐(为他人的福利工作)
幸福(满足)	正直(真挚、诚实)
内在和谐(没有内心冲突)	富于想象(大胆、有创造力)
成熟的爱(性和精神上的亲密)	独立(自力更生、自给自足)
国家的安全(免遭攻击)	智慧(有知识的、善于思考的)
快乐(快乐的、休闲的生活)	符合逻辑(理性的)
救世(救世的、永恒的生活)	博爱(温情的、温柔的)
自尊(自重)	顺从(有责任感、自尊)
社会承认(尊重、赞赏)	礼貌(有礼的、性情好)
真挚的友谊(亲密关系)	负责(可靠的)
睿智(对生活有成熟的理解)	自我控制(自律的、约束的)

资料来源：李伟. 组织行为学. 第二版. 武汉：武汉大学出版社，2017.

一些研究证实了罗克奇价值观在不同人群中有很大的差异，与奥尔波特的研究发现一致，这些研究也表明，相同职业或类别的人倾向于拥有相同的价值观。例如，一项研究比较了公司经营者、钢铁业工会成员和社区工作者，结果发现3组人的价值观有重叠之处，但是也存在显著的区别，见表3-2。社区工作者认为“平等”是最重要的终极价值观，而公司经营者和工会成员却分别将这种价值观排到第14位和第13位；“助人为乐”在社区工作者的工具价值观中位居第2，其他两类人则对此不以为然。

表3-2 **经营者、工会和社区工作者价值观排列**

经营者		工会成员		社区工作者	
终极价值观	工具价值观	终极价值观	工具价值观	终极价值观	工具价值观
1. 自尊	1. 诚实	1. 家庭安全	1. 平等	1. 平等	1. 诚实
2. 家庭安全	2. 负责	2. 自由	2. 诚实	2. 世界和平	2. 助人为乐
3. 自由	3. 能干	3. 快乐	3. 勇敢	3. 家庭安全	3. 勇敢
4. 成就感	4. 雄心勃勃	4. 自尊	4. 砥砺	4. 自尊	4. 负责
5. 快乐	5. 独立	5. 能干	5. 能干	5. 自由	5. 能干

资料来源：斯蒂芬·罗宾斯. 组织行为学. 第16版. 孙建敏，等，译. 北京：中国人民大学出版社，2016.

小　结

1. 精神分析理论是由奥地利精神病学家弗洛伊德，于19世纪末创立的第一个综合性的人格理论体系，包括一系列对于心理功能、心理发展及心理异常的概念和设想，注重对潜意识、性欲、动机及人格等深层次心理活动的分析。在精神分析理论创建之后，其内部就不断发生分裂，弗洛伊德的追随者们与其产生了许多重大分歧，并各自建立了自己的理论体系。在心理学史上，弗洛伊德的理论与实践被称为经典精神分析，其追随者的理论与实践被称为新精神分析。新精神分析运动中比较有代表的学者及其理论有：阿德勒的个人心理学；荣格的分析心理学；霍妮的社会文化理论；埃里克森的自我发展理论。

2. 需要是一种心理状态，它是指人在生存与发展的过程中，感到欠缺某种条件而又力求满足时的主观感受。动机是在需要的刺激下，直接导致个体产生行为的原因，它促使该行为朝某一目标进行。动机本身不属于行为，它只是行为的原因。(1)需要和动机密不可分，但又不可等同。(2)需要是动机的源泉、基础和出发点，动机才是驱动人们去行动的直接原因和动力。(3)需要只有跟某种具体目标相结合，才能转化为动机，并在适当的条件下表现为外在的可见行为。

自我提升动机是指个体期望他人对自己的评价是积极的。个体会通过很多方式去寻求积极评价来提升自我，选择性地关注、强调、夸大自我的积极方面，忽略消极方面。生活中比较常见的自我提升动机的表现有：优于平均效应、过分宣称、自利归因偏向等。

3. 有四种重要的动机理论。亨利·莫瑞把需要看作人格的基本成分，将人的需要分为20种，莫瑞认为要预测行为仅仅依赖一种简单的需要层次是远远不够的，由此他引入了“压力”的概念，即通过与需要相互作用以决定行为的环境动力，对于莫瑞来说，需求和压力的特定组合就是一个人的“主题”，可以通过主题统觉测试来测量。大三动机理论主张个体具有3种动机：成就动机、权力动机与亲密动机。马斯洛认为每个人内心都存在5种层次的需求，分别是：生理需求、安全需求、社会需求、尊重需求以及自我实现需求。罗杰斯同马斯洛一样，都认为自我实现是人性的本质，罗杰斯提出的人格自我理论有4个要点：自我观念；积极关注；自我和谐；自我实现。

4. 价值观影响我们对事物意义的认识，进而影响我们对事物的态度。价值观虽然不能直接影响行为，但是对人的行为具有指导作用，价值观与社会、经济、文化的发展密切相关。不同的学者研究价值观的着眼点不同，因而形成了对价值观的不同分类：奥尔波特(Allport)的分类、格雷夫斯(F. W. Graves)的分类、米尔顿·罗克奇(Hitton Rokeaoh)的分类。

第四章　认知与经验领域

学习目标

通过本章的学习，掌握知觉及社会知觉的概念和特征，理解影响社会知觉的因素以及社会知觉偏差常见的几种表现；掌握归因的概念，了解归因理论的主要内容以及几种归因偏差；明确目标的概念及功能，了解目标的特性与个体行为之间的关系；理解广义的认知动机作用模型；掌握情绪的类型与取向，了解情绪的内容与基调；理解自我概念、图式以及自尊的结构；掌握自我同一性的概念，了解自我同一性危机与同一性混乱。

第一节　人格的认知领域

一、知觉

人的认知的个别差异是管理的一个重要课题。认知因素(包括感知、记忆、思维等)是影响组织管理活动中人的行为差异的重要心理条件之一。管理心理学的研究表明：人的认知因素直接影响人对工作的物理环境、社会心理环境的认知和理解，并由此而影响人的心理状态和行为，从而影响管理的绩效。

(一)知觉概述

1. 知觉的概念

知觉(perception)是人脑对直接作用于感觉器官的客观事物整体的反映。如看到一个苹果，听到一首歌曲，这就是知觉。感觉与知觉不同，感觉(felling)只是人脑对客观事物某一方面属性的反映，知觉则是人脑对客观事物许多属性及其关系综合性的整体反映。感觉和知觉在日常生活中是密不可分的，统称感知觉。

人的知觉活动是一个较复杂的过程，该过程一般有以下几个环节：(1)从感觉资料(即背景和线索)中选择知觉对象。(2)对局部资料或不完整的线索、信息进行回忆补充。(3)对信息与线索进行加工并组织构成完整的对象。(4)对知觉对象做出适当解释并用名称标志它。

根据知觉反映客观对象的不同，可以把知觉分为空间知觉、时间知觉和运动知觉。其中，空间知觉是由物体的大小知觉、方位知觉、平面形状知觉、深度知觉等构成的复杂的知觉形式；时间知觉是对运动物体时间特征的反映(如时间长短知觉、节奏快慢知觉、先后顺序知觉等)；运动知觉是对物体运动状态的一种知觉(如真正运动、似动、诱动、自动等)。

人的知觉除受客观环境制约外，还要受个体主观心理条件的影响。由于每个人所处的主客观条件不同，人们对客观世界的认知有较大的差异，而认知差异又直接影响人们的行为差异。

2. 知觉的特征

(1)知觉的整体性

知觉对象是由许多部分组成的，各部分具有不同的特征，然而人们并不是把对象感知为许多个别的孤立部分，而总是把它知觉为一个统一的整体。例如，如果被人们知觉的客体在空间上或时间上接近的话，则就容易把它们知觉为一个整体，见图 4-1。如果被知觉的客体在颜色、强度、形状、大小等物理性质上相似的话，则人们很容易把这些类似的属性组合成一个整体；此外，如果客体具有连续、对称、闭合和共同运动方向等特点，则人们也很容易把它们知觉为一个整体。知觉的整体性对于人们快速识别客观事物具有重要意义。因为万事万物都处于千变万化之中，如果因为客观事物发生了一定的变化，我们就不能识别了，那就会给我们的生活带来许多困难。因此，当我们在认识客观事物时，只要抓住了主要特征就可以作出整体性的反应，从而可以节省时间和精力。

(2)知觉的理解性

人们在感知客观的事物和对象时，总是根据以前所获得的知识和实践经验来理解和解释它们，并且用词来标记它们。在知觉一个事物或现象时，人们关于该事物或现象的知识经验越丰富，其知觉也就越富有内容，对事物或现象的认识也就越深刻。对同一个知觉对象，知识经验不同的人，对其内容的广度、深度、精确度的知觉有很大的差异。例如，对于同样一幅画，一位画家和一位普通的工人对它的理解与欣赏会有很大的不同。当代认知心理学指出，人的知觉是一个加工的过程，在加工过程中，对信息的摄取决定于心理的“图式”。主体有了接受信息的“图式”，就容易理解被知觉的对象；如果没有接受信息的“图式”，或者接受信息的“图式”不完善，就会影响对知觉对象的理解。知觉的理解性是通过人的思维活动实现的。

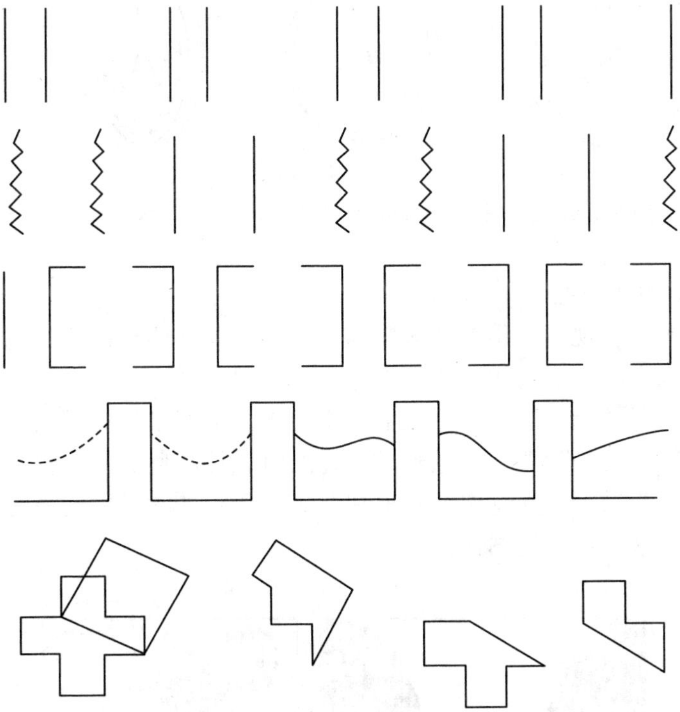

图 4-1 知觉的整体性

资料来源：周菲．管理心理学．北京：清华大学出版社，2005.

（3）知觉的恒常性

所谓知觉的恒常性就是指当知觉条件（如距离、缩影比、照明度等）发生某种变化时，知觉的映像仍然保持相对不变。例如，对于墙上挂着的一台挂钟，我们在 0.5～10 米的距离内，不论我们从正面还是从侧面看，其大小和形状都是一样的。虽然在视角改变时，视网膜的成像是不同的，见图 4-2。但我们总是把挂钟知觉为圆形。知觉的恒常性，是以往的知识和经验参与的结果。实际上，知觉对象的大小、形状、亮度、颜色等特性的主观映像与对象本身的关系并不完全服从于物理学的规律，而是在知识和经验的影响下保持一定的不变性和稳定性。这种不变性和稳定性，对于人们能够准确而真实地反映客观事物，从而有效地适应环境具有特殊的意义。在视知觉中，不仅有形状的恒常性、亮度的恒常性，而且还有颜色的恒常性。

图 4-2 知觉的恒常性

资料来源：周菲．管理心理学．北京：清华大学出版社，2005.

(4)知觉的选择性

作用于人的客观事物是复杂多样的，人们并非都能全部清楚地知觉它，总是有选择地把少数的事物作为知觉对象，而其他则成为衬托这种对象的背景。例如，在教学课堂上，老师在黑板上写字，黑板上的字是学生的知觉对象，至于附近的墙壁等则是背景。当老师讲解挂图时，挂图便成了知觉对象，而黑板上的字则成为背景了。知觉中的对象和背景是相对的和可以变换的，双关图形很好地说明了这一点，见图 4-3。

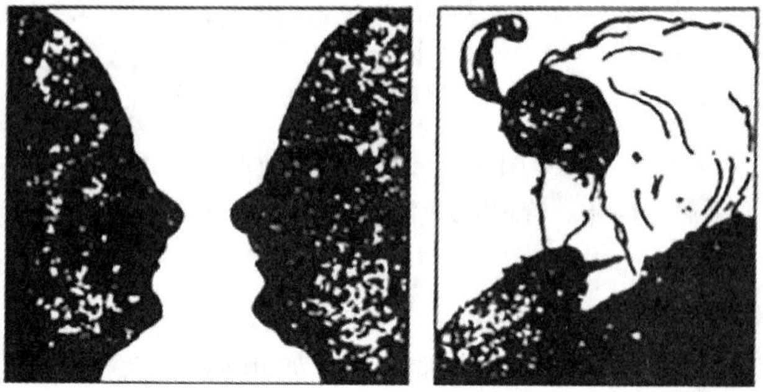

图 4-3 知觉的选择性

资料来源：周菲．管理心理学．北京：清华大学出版社，2005.

心理学的研究告诉我们，影响知觉的选择性既有客观因素，又有主观因素。刺激的变化、对比、位置、运动、大小程度、强度、反复等，属于客观因素；经验、情绪、需要、兴趣等，属于主观因素。

(二)社会知觉的概念

1. 社会知觉的含义

社会知觉（social perception）这一概念由美国心理学家伍德沃思（R. s. Woodworth）于 1934 年提出，后来的社会心理学家把人对“社会客体”的知觉过程称为社会知觉。

人对社会客体的感知和认识过程，与对自然客体的感知和认识过程相对应，包括对他人、对自己和对群体的知觉。因此，这里所谓的“社会客体”，指的是社会生活中的个人、社会团体及组织。由此，我们可以把社会知觉定义为主体对社会环境中生活的人及其关系的认识。

社会知觉的过程不仅包括主体对有关的信息、线索进行选择和识别的知觉活动，还包括分析、比较、归纳、概括、判断、推理等思维活动。苏联社会心理学家 A. A. 包达列夫认为，社会知觉过程具有两个层次，表现为反映社会现实的两个水平，即感知水平和逻辑水平。前者指形成关于某人外貌的形象，后者指在感知基础上对该人个性特点的推论。社会知觉是人们社会行为的基础。人总是生活在一定的社会环境之中的，因而人必须与他人进行交往并形成一定的人际关系。人们之间若要进行交往和形成一定的人际关系，则必须通过一定的社会认知而建立正确的社会知觉。当然，人的社会知觉的产生、形成与发展，是在正常的社会生活和良好的人际关系建立的过程中实现的，二者是相辅相成的。人的社会知觉是一个特殊的心理认知与反映过程，表现出选择性、理解性、恒常性和整体性的特征。

2. 影响社会知觉的因素

(1)认知者因素

①原有经验

我们原有的经验对认知过程产生着特殊的影响。个体在一定的基础上，形成某些概括对象特征的标准、原型，从而使认知判断更加简洁明了。如果我们没有关于“聪明”“大方”的原型，则我们无法很快地将对象认定为聪明、大方的人。更明显的是，个体原有的经验能够制约我们的认知角度。对于同一座建筑物，建筑师可能更多地着眼于它的构造、轮廓，而木匠则可能更注重于它的木料的质地及工程的优劣。

不少学者认为，人们之所以能够认知对象的意义，是因为对关于该对象的经验已形成了观念，这种观念参与了认知过程。巴克(K. Back)称之为“概念应用”。比如，一个学生的学习成绩好，人们可能判断他“有出息”；一个学生根据他在大学的化学成绩，可能认为自己是当医生的料。在这里原先所形成的概念帮助他做出了判断。

②价值观念

个人如何评判社会事物在自己心目中的意义或重要性，直接受其价值观念影响；而事件的价值则能增强个人对该事件的敏感性。奥尔波特等人做过一个实验，目的是检测各个背景不同的被测试者对理论、经济、艺术、宗教、社会和政治的兴趣。实验者将与这些部门有关的词汇呈现于被测试者面前，让他们识别。测验结果发现，不同的被测试者对这些词汇做出反应的敏感程度也不同；背景不同的被测试者由于对词汇价值的看法不同，识别能力显示出很大差异。

③情感状态

个人的情感体验直接影响其认知活动的积极性。巴特利特(F. C. Bartlett)的研究表明，应征入伍的人比未应征的人把军官的照片看得更可怕，并且还能指出哪位军官有较强的指挥能力。莫瑞(H. A. Murray)研究发现，处于恐惧状态下的人，对恐惧更为敏感。在一次实验中，他先让一些女孩做一种很吓人的游戏，再让她们和其他女孩一起判断一些面部照片。结果显示，做过游戏的女孩比没做过游戏的人把面部照片判定得更为可怕。日常生活中的许多现象也表明，情绪饱满的人，活动领域也比较开阔，往往消息灵通；一个人情绪低落，则更容易把周围看得灰暗一片。此外，菲德勒(F. E. Fiedler)的研究还说明，好恶感会影响对他人个性的认识。当我们对某人怀有好感时，容易在对方身上看到自己相似的个性特点。比如，谈到一个好朋友，我们往往说他和自己"志趣相投"；而对于和自己"格格不入"的人，我们便会觉得他处处和自己不同。

(2)认知对象因素

①魅力

构成个体魅力的因素既有外表特征和行为反应方式方面，又有内在的性格特点方面。说一个人有魅力，意味着他具有一系列积极属性，如容貌美、有能力、正直、聪明、友好等。但是，在实际的认知过程中，个人往往只需具备其中的某一两个特性就可能被认为有吸引力。

美貌通常最快被人认知，且直接形成对人的魅力，从而往往首先导致光环作用。戴恩(K. Dion)等人在实验中，让被测试者通过外表上魅力很不同的人物照片来评定每个人其他方面的特性。结果发现，在几乎所有的特性方面(如人格的社会合意性、婚姻能力、职业状况、幸福等)，有魅力的人得到的评价最高，而缺乏魅力的人得到的评价最低。

某些人格特点有利于提示人格魅力，进而影响社会知觉。除了相貌之外，态度也同魅力相关。如前所述，对于认知者来说，对方的态度是否同自己接近，决定着其魅力的大小。人们把自己作为判断别人是否和自己相似的参照系，同时，还常常会观察别人对自己的态度。按照弱化理论，人们喜欢爱自己的人而讨厌恨自己的人。在这个意义上，只要认知对象的判断对自己有利，认知者就会把他看成是有魅力的并对他持积极肯定的态度。

②知名度

一个人知名度的大小也影响着别人对他的认知。在一个人有一定知名度的情况下，人们通过某种社会传播媒介或周围其他人传递有关他的信息，实际上已经开始了对个人的认知。这时，人们所依据的都是间接材料，受他人暗示的成分较大。无论是否相信这些材料，却已经形成了一定的判断，所以一旦真正接触到知名人士，认知者必须首先检验原有的看法。一般来说，知名度高、社会评价积极的人，对于认知者的心理有特殊的影响力。人们常常把这样的人先入为主地看成是有吸引力的人。

③自我表演

在多数情况下，认知对象并不是认知活动中完全被动的一方，而是“让”别人认知的一方。因此，认知对象的主观意图势必要影响他人对自己的判断。

按照戈夫曼(Coffman)的理论，每个人都在通过“表演”，即强调自己许多属性中的某些属性而隐瞒其他的属性，试图控制别人对自己的印象。这种办法有时很成功，使得不同的认知者对同一个人形成完全不同的印象，或者使同一个认知者在不同的时间和场合下对同一个人得出不一致的看法。比如，对同一个人，有人觉得他心胸开阔、热情大方；有人则认为他固执、沉静；有时使人感到深不可测，有时则使人觉得他诚挚、坦率。在这里，认知对象的自我表演对于认知者的作用是不可否认的。

(3)认知情境因素

①空间距离

空间距离显示交往双方的接近程度。在认知活动中，它构成一种情境因素。霍尔(E. Hull)认为人际空间距离可分为四种：亲昵区(3~12 英寸)，表现在夫妇、恋人之间；个人区(12~36 英寸)，表现在朋友之间；社会区(4.5~8 英寸)，表现在熟人之间；公众区(8~100 英寸)，表现在陌生人之间或一般公开的正式交往场合。这些距离是人们在无意之中确定的，却能影响认知判断。比如，我们希望陌生人不要过于接近自己，但是如果他莫名其妙地一步一步地向自己靠近，就会感到窘迫、紧张甚至恐惧，同时，我们会断定这个人缺乏教养，不懂礼貌或者有侵犯性。特别是在认知他人之间的关系时，空间尺度往往成为一种判断依据，看到两个人在低声交谈，我们就知道他们所说的事不愿意让别人听见，并推断他们可能有较深的关系，等等。

②背景参考

在认知活动中，对象所处的场合背景也常常成为判断的参考系统。巴克(K. Back)指出，对象周围的“环境”常常会引起我们对其一定行为的联想，从而影响我们的认知。人们往往以为，出现于特定环境背景下的人必然是从事某种行为的，他的个性特征也可以通过环境加以认定。

环境背景对于认知这种影响可以在判断个体感情的文献中得到证明。20

世纪20年代以来的许多实验研究一致表明，画中所描绘的刺激物所处的背景对于决定被测试者做出什么样的判断非常重要。被测试者做出如何判断以及判断的准确程度，受到判断对象周围景物和色调的强烈影响。科尔曼(H. C. Kelman)等人甚至认为，单是人的面部和身体所传达的一致情况是不多的。背景可以提供最强的线索，把感情归属于人物。例如，假定一个人在笑，那么只有情境的线索才能显示出这一动作究竟是表示高兴还是难堪。

(三)社会知觉偏差

在现实生活中，人们往往由于受到主客观条件的限制而不能全面地看待问题，尤其是在看待别人时，往往受各种偏见的影响而造成歪曲的社会知觉。社会心理学研究了在社会知觉过程中产生的各种偏见，了解这些偏见的表现对于管理实践有一定的现实意义。

1. 第一印象效应

在人对人的知觉过程中，给人留下的第一个印象是至关重要的因素。如果一个人在初次见面时给人留下了良好的印象，就会影响人们对他以后一系列行为的解释；反之，也是一样。

了解第一印象的作用有实际意义。一方面，管理人员在看待别人时要尽量避免受第一印象的影响，而对人产生错误的看法；另一方面，组织的领导人和管理人员也应注意在员工中留下良好的第一印象，这样显然对以后的工作是有利的。

2. 晕轮效应

晕轮效应也可称为以点代面效应。这是指我们在观察某个人时，对于他的某种品质或特征有清晰明显的知觉，由于这一特征或品质从观察者的角度来看非常突出，从而掩盖了对这个人其他特征和品质的知觉。这就是说，这一突出的特征或品质起着类似晕轮的作用，使观察者看不到他的其他品质，从而由一点做出对这个人整个面貌的判断。晕轮效应往往在判断个人的道德品质或性格特征时表现得最为明显。

晕轮效应的产生，往往是由于在掌握有关知觉对象信息很少的情况下作出总体判断的结果，这也是在日常生活和工作中常见的社会心理现象。了解和研究晕轮效应，有助于克服自己看待别人时的偏见，也有助于了解其他人产生这种偏见的根源。

3. 首因效应和近因效应

首因效应是指一个人最先给人留下的印象有强烈的影响。这实质上与上述第一印象的作用是相同的。近因效应是指最后给人留下的印象有强烈的影响。

心理学的研究证明，首因效应和近因效应都在人的社会知觉中起重要作用，但它们在不同条件下有不同的作用。一般来说，在感知陌生人时首因效应有更大的作用，而在感知熟悉的人时，如果在熟悉的人的行为上出现某种新异的表现，则近因效应起更大的作用。

这两种效应的研究有重要的实际意义，它告诉我们，信息出现的顺序会对知觉对象产生重要的影响。例如，在宣传或讲演时，一开始就鲜明地提出自己的正面观点，这样可以利用首因效应加深人们对这种观点的印象，而在报告的结尾部分再次用新的论据证明自己所阐述的正面观点的正确性，这样就同时利用了首因效应和近因效应，必然能达到很好的宣传效果。

4. 定型效应

定型(stereotype)，也称为刻板印象，是指在人们头脑中存在的关于某一类人的固定形象。定型是在过去有限经验的基础上对他人作出判断时，把某个人划归到某一群体之中。一个人看到他人时，常常会不自觉地按其年龄、性别、职业、民族等特性对他进行归类，并根据已有的关于这类人的固定形象，作为判断其个性的依据。

人们头脑中存在的定型是多种多样的。例如，年轻人总是认为老年人是墨守成规、缺乏进取心的，并在见到某个老年人时就要把他划归到固有的形象中去。同样，老年人往往会认为年轻人举止轻浮、办事不可靠，并在见到某个年轻人时把他归类到固有的形象之中。人们谈到教授，总认为是文质彬彬、白发苍苍的；会计总是精打细算、斤斤计较的；美国人总是天真开朗、不拘小节的；英国人总是一副绅士派头；等等。这都是按年龄、职业、国籍等特征而在人们头脑中形成的固定形象，即定型。

定型在某些条件下有助于人们对他人作概括性的了解。它主要的积极作用在于把现实中的人们加以归类。但是，如果这种归类不符合人类群体的实际特点，或者只是在对某类人的非本质特征基础上做出概括，就会形成偏见，而根据这种偏见去看待周围的人们，必然会做出错误的判断。

5. 投射效应

投射使人们倾向于按照自己是什么样的人来知觉他人，而不是按照被观察者的真实情况进行知觉。由于观察者往往把自己的某种品质、性格、爱好投射到甚至强加到被观察者身上，以自己为标准去衡量被观察者，从而使评价的客观性大打折扣，最终使评价结果产生误差。这种类型的误差，一般称为相似误差。

人们总是相信“物以类聚，人以群分”，认为同一个群体的人总是具有某些共同的特征，因此，在认识和评价与自己同属一个群体的人的时候，人们往往不是实事求是地根据自己观察所得到的信息来判断，而是想当然地把自己的特性投射到他人身上；另外，当人们发现自己有某些不好的特征的时候，为了寻求心理平衡，就会把自己所不能接受的性格特征投射到他人身上，认为他人也具有这些恶习或观念。另外，根据投射效应，人们可以从一个人对他人的看法中推测这个人的真正意图或心理特征。

6. 对比效应

对比效应，也称“感觉对比”。在认知心理学中，人们把某一特定感受器官因同时或先后受到性质不同或相反刺激物的作用，引起感受性发生变化的现象，叫做对比效应。

在绩效评定中，对比效应也较为常见。某人的绩效往往会影响评定者对他人的绩效评定。比如，假定评定者刚刚评定完一名绩效非常突出的员工，紧接着评定一名绩效一般的员工，那么评定者很可能将这名绩效本来属于中等水平的人评为“比较差”。对比效应也很可能发生在评定者无意中将被评定者新近的绩效与过去的绩效进行对比的时候。一些以前绩效很差而有所改进的人可能被评为“较好”，即使这种改进事实上只是使其绩效勉强达到一般水平。对比效应也是评定中难以消除的问题，不过这种误差会随着时间的推移和员工绩效信息的积累而消失。

二、解释

(一)归因的内涵

我们对别人做出的最重要的推断之一，就是他们为什么有这样的行为。什么原因使得一个人在聚会上很害羞，而另一个人却十分好交际？这一有关归因的研究，已成为现代心理学中社会认知研究的一个令人感兴趣的领域，并形成了多种归因理论。

归因(atribution)，是指人们对他人或自己的所作所为进行分析，指定其性质或推论其原因的过程。

由于人们不愿轻易付出自己的认知资源，所以并不会对所有发生的事情进行归因，只有在两种情况下人们才会归因：一是发生出乎意料的事情；二是有令人不愉快的事情发生。

(二)归因理论

所谓归因理论(attribution theory)，就是指为某种行为找出解释原因的理论。以下介绍几种主要的归因理论：

1. 海德的朴素心理学与归因理论

海德(Fritz Heider)是最早研究归因理论的心理学者，他认为，每个人都会致力于寻找人们行为的因果性解释，他把这种普遍现象称为朴素心理学(naive psychology)。1958 年，海德在他的著作《人际关系心理学》中，从朴素心理学的角度提出了归因理论，该理论主要解决的是日常生活中人们如何找出事件的原因。海德认为人有两种强烈的动机：一是形成对周围环境一贯性理解的需要；二是控制环境的需要。要满足这两个需求，人们必须有能力预测他人将如何行动。因此，海德指出每个人(不是心理学家)都试图解释别人的行为，并都具有针对他人行为的理论。海德认为事件的原因无外乎有两种，即内因和外因。

(1)内在因素

内在因素包括能力、动机、努力程度、人格、心境、态度以及其他个体所具有的特点等，也称为个人倾向归因。

(2)外在因素

外在因素包括环境、他人、任务难易程度、外加奖赏与惩罚、运气等，又称情境归因。

海德归因理论的核心在于，只有清楚行为产生的根本原因是内因还是外因，才能有效地控制个体的行为。他的归因理论引起了后来一系列的归因理论研究。

2. 凯利的三度归因理论

凯利(Kelly)于 1967 年提出了一种颇有说服力的理论，即三度归因理论(cube Theory)，如表 4-1 所示。他认为任何事件的原因最终可以归于三个方面：行动者、刺激物以及环境背景。如对张三打李四这件事的归因，张三是行动者，李四是刺激物，打架时的环境是背景。Kelly 指出，在归因的时候，人们要使用三种信息：一致性信息、一贯性信息、独特性信息。他认为人们在对行为原因进行归因时，一般根据以下线索来进行：

(1)原因：行为者、刺激物、情境。

(2)三种信息：

①一致性：与他人行为是否一致；

②一贯性：在其他时间、地点是否也发生此行为；

③特异性：对其他对象是否也同样反应。

表 4-1　**凯利的三度归因理论**

一致性	一贯性	特异性	归因于
高	高	高	知觉对象(刺激物)
低	高	低	行为者
低	低	高	情景

资料来源：倪晓莉．社会心理学．西安：西安交通大学出版社，2007.

凯利的理论在后来的研究中被证实(Me Arthur，1972)。不过一些研究也发现，虽然人们确实是使用三种信息归因，但往往是低估一致性信息，当他们评价一个人的行为反应时，并不充分考虑在类似情况下其他人的行为。

3. 维纳的成就归因理论

1972年，维纳(Bernard Weiner)在海德的归因理论和阿特金森(At kinson)成就动机理论的基础上提出了自己的归因理论，该理论要说明的是归因的维度及归因对成功与失败行为的影响。维纳认为，内因与外因的区分只是归因的维度之一，在归因时，人们还应从另一个维度，即稳定与不稳定的角度看待问题。这两个维度互相独立，就像平面坐标系中的 X 轴与 Y 轴一样。如表4-2所示。

表4-2 **维纳的成就归因理论**

维度 归因	内/外因	稳定/不稳定	可控/不可控
能力	内	稳定	不可控
努力	内	不稳定	可控
身心状况	内	不稳定	可控
运气	外	不稳定	不可控
工作难度	外	稳定	不可控
他人帮助	外	不稳定	不可控

资料来源：倪晓莉．社会心理学．西安：西安交通大学出版社，2007.

维纳认为，能力、努力、运气和任务难度是个体分析工作成败的主要因素。一般来说，成功的人习惯于把成功的原因归因为自己的能力强，而把失败的原因归结为自己不努力；相反，避免失败的人往往把成功的原因归为运气好、任务容易等外在因素，而把失败归因为自己无能。

把个体成功或失败的行为归因于何种因素，对其今后的工作积极性有重要作用。维纳的研究表明，若把成功归结于内在因素，则使人感到满意与自豪；若把成功归因于外在因素，则使人产生意外与感激的心情；若把失败归结于内在因素，则会使人感到内疚与无助；若把失败归因于外在因素，则会使人产生气愤与敌意；若把成功归结于稳定因素，会提高以后的工作积极性；若把成功归因于不稳定因素，以后的工作积极性既可能提高，也可能降低；若把失败归因于稳定因素，则会降低以后的工作积极性；若归因于不稳定因素，则可能提高以后的工作积极性。

（三）归因偏差

对个体行为的解释，是以关于人们的归因总是用理性的、有逻辑的方式进行假设为前提的。但实际上，人们的归因行为并非总是纯粹理性活动的产物，也并不是逻辑严密的，这就会使人们对行为的归因出现错误或偏差。这些错误或偏差有的源于认知过程本身固有的局限，有的源于人们的动机。

1. 基本归因错误(fundamental attribution error)

在人们对他人的行为进行归因时，人们往往将行为归因于内部稳定的个人因素，而忽视或低估引起行为的外部客观因素。这一归因现象被心理学家称为“基本的归因错误”。此时，人们往往忽视某种行为产生的环境因素，如社会规范或社会角色的作用，而将行为看成是行为者自由选择的结果，是其稳定的人格品质的一种系统反映。其产生的原因有：

(1)人们相信个体能对自己行为负责，所以多以内因来解释人的行为，而忽略外因的影响。

(2)情境中的行动者比情境中的其他因素更突出。所以，人们更容易注意行动者，而忽略背景因素和社会因素。

基本归因错误在社会生活中的影响是很大的。由于它的影响，处境困难的人常常被认为是咎由自取，他们的困难是他们自己造成的。比如，那些乞讨者常常被认为是自己懒惰的牺牲品，而造成他们乞讨的客观原因，如天灾人祸，则为人们所忽视。这种归因错误不仅会使贫困者陷于孤立无助的境地，而且更危险的地方在于会使一个社会彻底地丧失同情和互助的品格。

2. 行动者与观察者偏差(actor-observer difference)

这一归因偏差指的是，我们常常将他人的行为归因于较稳定的人格因素，但我们却倾向于将自己的行为归因于外部因素，即随情境而变，这在行为本身无所谓好坏优劣时更是如此。为什么在看待他人和看待自己时会存在上述这种差异？一种最为可能的解释是，自己行为和他人行为的突出程度不同，因此知觉和认知的效果也不同。

行动者与观察者归因的差异可能是由下列原因引起的：

(1)行为者注意环境，观察者更注意行动者。

(2)观察者对行动者过去了解少，行动者对自己的过去了解，知道前因后果。

具体来说，作为行动者，人们不能清晰地看见自己是如何行动的，这时自己的行为就不那么突出，而影响自己行为的外在环境因素却很突出，所以很容易将自己的行为归因于外部因素；反过来，作为他人行为的观察者时，他人的行为就成了知觉对象，而环境则成了模糊的知觉背景，所以人们常将他人的行为归因于行为者自身。

3. 自我服务归因偏差(self-serving bias)

这一归因偏差是指人们把功劳归于自己，把失败归于外因的倾向。在日常生活中，人们常把失败归于运气不好、他人拆台等，以摆脱责任、免受责备。这种做法有利于个体的心理平衡。

无论是基本归因错误，还是行动者-观察者偏差，其基本的适用范围都是中性的归因事件，在归因事件为积极的或消极的时候，上述归因错误或偏差的性质往往正好相反：当行为是成功的，获取了良好的结果时，如果是他人的行为，就会被归因于外(环境或外在条件)；如果是自己的行为，就会被归因于内(能力或其他人格品质)。当行为本身是不好的、失败的时候，如果是他人的行为，就会被归因于内(能力或其他人格品质)，如果是自己的行为，就会被归因于外(环境或外在条件)。简言之，在归因过程中存在着明显的“自我服务的归因偏差”。

三、目标

在影响个体行为的诸因素中，目标是一个重要而不可缺少的因素。组织行为学强调通过设置富有吸引力，并且有可能实现的行为目标，激励个体的行为动机，指导个体的行为。

(一)目标的概念

目标是人们为满足某种需要而形成的一定的活动目的和期望标准。它是人对自己活动结果的自觉意识和在观念上的设计。在某种意义上说，它是人所要达到的成就和结果。

人们的任何行为(指动机性行为)都是为了达到一定的目标。管理者要成功地激发员工行为的积极性，就要设置适当的目标。

个体的行为目标，包括两个方面：一是存在于外界的客观上的行为目标；二是存在于人的意识中的主观上的行为目标。或者说，个体行为目标，既包括客观存在的行为对象，又包括人的主观意识中的目标观念。比如，某人为考上大学而积极备考，就备考的行为而言，想考上某一大学是存在于外界的客观行为目标(对象)；而发动和维持其备考行为时，头脑中产生的某大学的意象(目标观念)，则是主观上的行为目标。

在管理活动中，管理者设置一定的外在的客观行为目标，如产量、利润、质量指标、奖金、奖品及某种荣誉、地位等，作为管理者激发员工的生产、工作积极性的外部诱因，以影响个体员工的行为。但这些外在的行为目标只有与个体员工的某种需要结合起来时，才能转化为主观上的行为目标，才能对个体行为产生积极的推动作用。因此，在管理活动中，目标的设置应注意目标的实现与满足员工的物质需要和精神需要相结合；从实际出发，制定适当的、有可能实现的目标，以激发员工的上进心和积极性。

(二)目标的功能

组织行为学的研究表明，个体的行为有无明确的目标，其行为效果是大不一样的。目标是一种刺激，合适的目标能够诱发人的动机、规定行为的方向、调动个体的积极性。目标对个体的行为有引发、导向和激励的功能，对群体来说，还有聚合的功能。

1. 引发功能

目标确立是人的需要转化为动机，进而转变为行为的现实推动力的基本条件。一个人有某种需要，但如果没有满足需要的目标，需要还不会转化为动机。有了需要，又有了满足需要的目标，需要就能转化为动机，进而指向满足需要的目标。可见，目标对人的需要转变为动机具有引发和启动的作用。

2. 导向功能

导向功能是指明确的目标有指引个体行为朝着一定的方向努力，以实现预定目标的功能。与此相联系的个体在行为过程中的认识活动、情感活动、意志活动均受行为目标的控制和调节。

3. 激励功能

一个人工作的积极性或努力程度，不仅取决于需要的迫切性和动机的强度，而且还取决于他对目标的期望值。只有当他认为目标有吸引力并且经过努力可以实现时，才会充分发挥目标的激励作用。

4. 聚合功能

个体总是与一定的群体、组织相联系并在其中活动的。个体在一定群体、组织中的存在与活动，其条件之一是个体的行为目标与群体、组织的行为目标基本一致。当管理者通过自己的工作，使群体、组织的目标与个体行为目标处于最佳整合状态时，个体的积极性行为就不仅为实现群体、组织的目标提供强大的动力，而且有助于个体实现自身的行为目标。同时，共同的目标使群体、组织中的个体有强烈的认同感和归属感，增强个体的群体观念，使群体、组织有较强的内聚力。

四、广义的认知动机作用模型

广义的认知动机作用模型是海克豪森(1977)在前人理论的基础之上提出来的。图 4-4 以行为理论的一种方式展示了海克豪森的模型。

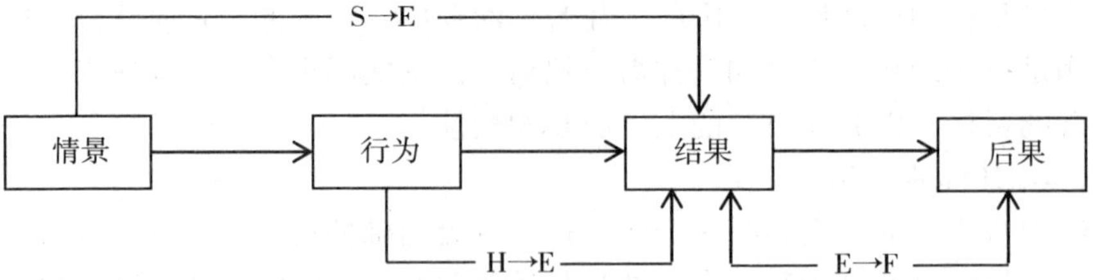

(1)S→E：情景-结果-预期 (2)H→E：行为-结果-预期 (3)E→F：结果-后果-预期

图 4-4 广义的认知动机作用模型：一种行为理论的表达方式

资料来源：法尔克·莱茵贝格. 动机心理学. 王晚蕾，译. 上海：上海社会科学院出版社，2012.

这个模型的基本结构由如下几个方面内容组成：一种感知到的情境、一种可能的行为、该行为的结果，以及行为结果以某种概率可能导致的后果。

我们假设有一个人，他/她读这本书是因为想到不久以后的一场考试。那么，追求的那个结果就应该是，至少以“良”的成绩通过考试。如果我们的主人公有着较高的情境-结果-预期，即他/她完全有把握仅凭自己现有知识水平就能拿到“优”的成绩，那么他/她(以考试为目的)的阅读动机就不会很强，因为这种阅读是多余的。这就是说，随着情境-结果-预期的提高，通过自身行为实施干预的动机作用就会越变越弱。如果情境已经能决定一切，还要什么行为呢？

在行为-结果-预期的指导之下，我们会得到一种完全相反的逻辑。我们的当事人越是相信眼下的阅读将对他/她能否以优于“良”的成绩通过考试产生重大的影响，他/她此时此刻的阅读动机作用也就越强。这就是说，行为-结果-预期越高，行动的趋势也就越强烈。

至于这种行动的趋势能否转化成实际行动，则由另一因素决定，即这个结果对于行为主体本人来说究竟有多重要；而这种重要性，又是由行为主体认为行为结果会导致的后果决定的。当然，不同的后果可能和这个行为的结果有紧密程度不同的联系。就比如说，只要确实达到了追求的考试结果，那么“对于成绩单给自身能力带来的肯定的喜悦”这种后果就一定会出现的。相反，像“找到具有吸引力的工作”这样的后果，即使达到了追求的考试结果，两者之间的联系也是不确定的。行为主体关于这种联系的紧密程度的认识被称为结果-后果-预期。这种结果-后果-预期越高，行为的趋势就越强烈。

现在，除了这三种预期类型以外，在我们的活动里，还有一个激励。这个模型认为，激励存在于后果部分。正如弗鲁姆(1964)提出的一样，每一个后果本身携带的激励，都通过其出现的概率加权，而经过加权的指数表示的是，相应的结果究竟有多大的把握能引发这样的后果(结果-后果-预期)。例如“具有吸引力的工作”这样的后果，对于我们正在准备考试的这位同学来说，肯定具有相当高的激励。可是如果由于学习的专业以及人才市场不明朗的现状的共同作用，他/她几乎已经可以肯定，即便自己取得了最优异的毕业成绩，也找不到吸引人的好工作，那么，具有较高激励值的后果也并不会对阅读动机作用产生多大的积极影响。如果在这种情况下他/她还能坚持阅读，那很可能是因为他/她的阅读动机作用还受到其他后果的作用。综上所述，这个模型告诉我们的是：某一种行为的结果引发一些特定的、具有较高激励值的后果的把握越大，且这种结果很大程度上由本人的行为所决定，那么行为主体的行动趋势也就越强烈。

我们可以将这三种类型的预期，以及它们本身所携带的不同后果的激励值浓缩为一种代数表达法，从而计算其中行为趋势的强度。海克豪森等(Heckhausen & Rheinberg，1980)提出了一个新版本的模型，将原有模型的核心理论通过一系列问答的方式整合起来，从而使其具有更强烈的逻辑排除法，如图 4-5 所示。

利用这样一个总结，我们可以将广义认知动机作用模型直接应用到具体事件的动机分析上。我们只需要利用一种合适的方法测得模型中所描述的三种特定的预期，以及跟随着行为的可能结果出现的后果的形式及其激励。

只要知道了这些，我们不仅能预测一个人究竟是否会从事某种特定的行为，而且，如果他/她确实放弃执行某种行为，通过那四种“不作为”的可能性，我们还能确定各种本质不同的“动机上放弃”的形式。特别是在类似学校心理学和职业心理学这样的应用心理学研究范围内，上述可能性对我们的研究起着极大的帮助作用。因为我们在这些领域里必须经常利用带有明确的目的性的手段，努力将一个人从一种“不作为”的状态中释放出来，并尽可能将其引向一种热情投入某一活动的状态。若要完成这样的任务，首先就必须知道，这个人不积极是因为他/她觉得自己不可能达成某一特定结果呢，还是因为他/她不能通过可能达到的行为结果看到任何具有吸引力的后果。总而言之，这个模型在各种不同类型的前提之下都可以被当作分析图表来使用。当然，最适合的还是在分析复杂的行为条件的时候，其特征是行为的一种直接结果带有不止一种可能的后果。此时，就显示出对结果和后果加以区分具有十分重要的意义了。

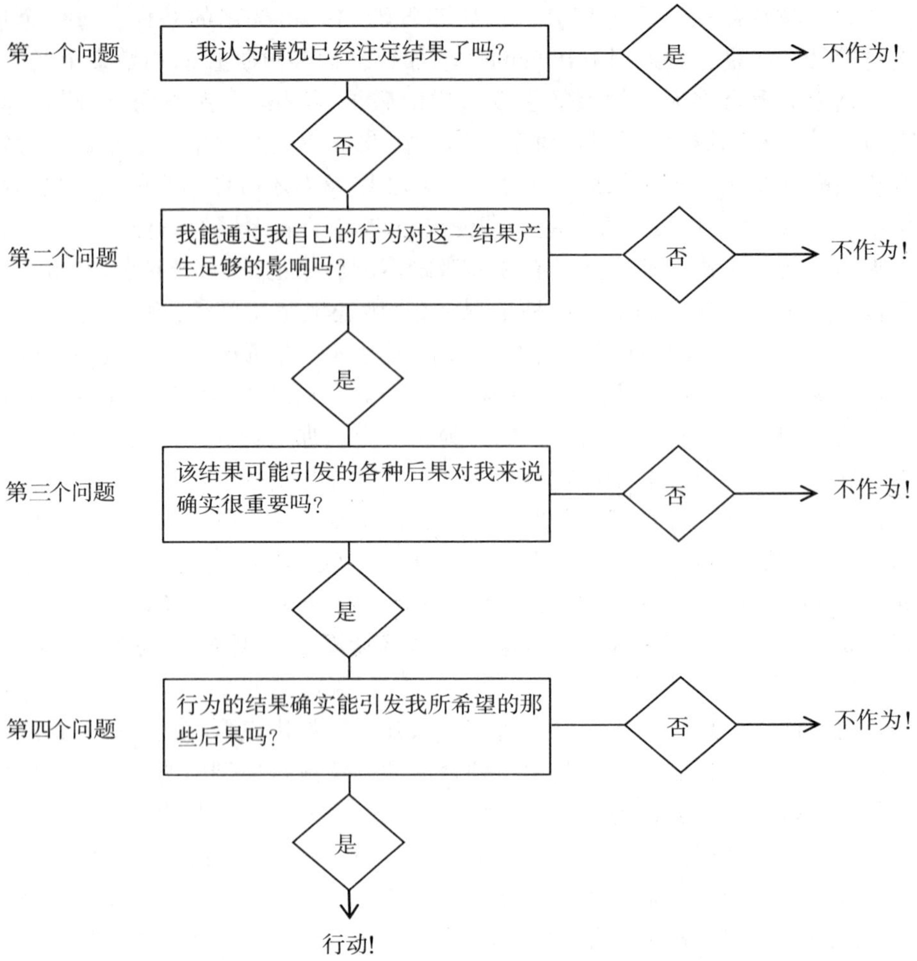

图 4-5 广义认知动机作用模型的逻辑排除法版本

资料来源：法尔克·莱茵贝格. 动机心理学. 王晚蕾，译. 上海：上海社会科学院出版社，2012.

第二节 情绪与人格

情绪(emotion)指的是个体对客观事物是否满足自身的需要而产生的短暂而强烈的反应，是一种主观感受、生理反应与认知的互动，并表达出特定的行为。比如遇到挫折时感到悲观和沮丧，面对挑衅时会产生愤怒，受到赞美时内心充满愉悦和快乐，这些感受体验就是情绪。情绪影响着人的心理活动的各个方面，并且贯穿于整个人生的一切社会交往行为中。

一、情绪的类型与取向

（一）情绪的类型

情绪的表现形式是纷繁多姿的，因此对情绪的分类也成为一个十分复杂和困难的问题。尽管多年来许多心理学家对情绪的分类进行了研究，但由于使用的研究方法不同，分类也是多种多样的。

下面是三种主要的情绪分类方法：

1. 积极情绪和消极情绪

从情绪的体验性质和对人的活动的影响来看，情绪可被划分为积极情绪和消极情绪两大类。积极情绪，诸如愉悦、幸福、骄傲、自信等，由于与某种需要的满足相联系，往往伴随着一种愉悦的主观体验，并能提高人的积极性和生活能力。消极情绪，诸如恐惧、悲伤、委屈、懊恼等，由于与某种需要的未满足相联系，常常伴随着一种不愉悦的主观体验，并会降低人的积极主动性和生活能力。

从情绪研究的历史文献来看，消极情绪一直处于情绪理论和研究的中心地位，而积极情绪仅仅居于次要地位。积极情绪被疏忽的原因有以下几点：第一，心理障碍通常是心理学家比较关注的问题，如恐惧症、抑郁症、攻击行为、暴力、自杀等，且消极情绪常常与问题行为和危险联系很密切。第二，积极情绪的种类似乎比消极情绪更少。举例来说，对基本情绪进行科学分类时，每确定 3~4 种消极情绪，才有 1 种积极情绪，这种不平衡的现象在有关情绪的词汇中反映比较突出。第三，研究情绪的理论家们建构情绪模型时，习惯于使用消极情绪的素材，如恐惧和愤怒等，而随后才把积极情绪再塞填入其中。举例来说，许多情绪心理学家建构情绪模型时把情绪定义为“与特定活动趋向相关联的一些东西”（Levenson，1994；Tooby & Cosmides，1990），如愤怒就是产生攻击的冲动、恐惧是逃避的冲动、厌恶是避开的冲动等，他们认为消极情绪有特定的目标意向和行为趋向。虽然被激活的特定行为趋向也可能描述积极情绪的形态和功能，如高兴与没有目标的激活相关，与专注的兴趣相关，与静止状态的满足相关（Frjda，1986），但是这些趋向太笼统而不能称为是特定的，因此，把积极情绪纳入情绪的一般模型也是比较困难的。

2. 基本情绪和复合情绪

从生物进化或者情绪的复杂性这个角度来看，人的情绪可以分为基本情绪和复合情绪两大类。

（1）基本情绪

基本情绪又称原始情绪，是指那些人类与生俱来的，不用经过后天的学习，能被所有人所理解的情绪，每一种基本情绪都具有独立的神经生理机制、内部体验和外部表现，并有不同的适应功能。四种基本情绪包括快乐、愤怒、恐惧、悲哀。

快乐是希望的目的达到之后由于紧张解除而带来的愉悦的情绪体验，其强度取决于目的达成的程度。

愤怒是由于目的和愿望不能达到或一再受到阻挠，从而使紧张积累而产生的不愉悦的情绪体验，愤怒比任何其他情绪都更具有感染性。

恐惧是面对没有预知到的危险情境不能处理或逃离而产生的一种情绪体验，其强度取决于危险情境对自身造成的威胁程度。

悲哀是所热爱、追求的，或者是有价值的东西丧失而引起的情绪体验，其强度取决于丧失事物的价值和对自己的重要性。

(2)复合情绪

复合情绪是由基本情绪的不同组合派生出来的。例如，由疼痛引起的不愉快是比较基本单一的情绪；而悔恨、懊恼这些情绪则包含着不愉快、悲哀、伤感等复杂因素，是一些复杂的情绪体验。

3. 心境、激情、应激

根据情绪的持续性可以把情绪区分为心境、激情和应激等几种状态。

(1)心境

心境是一种比较微弱，持久而又具有感染性的情绪体验，通常也叫"心情"。心境不是关于某一特定事物的体验，而是一段时间内对某种情绪色彩感染的体验，因此心境具有弥散性。例如，当你心情愉悦的时候，似乎所有的事物都被赋予了"快乐的色彩"，或许你平时最讨厌的事物此刻看起来都是可爱的；而烦闷的心境会使人看起来任何时候都是闷闷不乐的，"感时花溅泪，恨别鸟惊心""忧者见之则忧，喜者见之则喜"就是形容人的心境的。

影响心境的原因有很多、生活中发生的重大事件、职业的晋升是否顺利、周围环境的改变、家庭意外的变故等都会影响人的心境。

心境会影响个人的学习、生活、工作、健康等各个方面。乐观向上的心境会提高工作学习的主动性、积极性，对未来充满自信，且有益身体健康。悲观消极的心境则会使人丧失积极性，效率低下，过度焦虑，有损于健康。因此，注意克服消极心境，培养良好的积极心境是很重要的。

(2)激情

激情是一种迅速、猛烈、爆发性强，且持续时间较短暂的情绪状态，如暴怒、狂喜、恐惧、绝望等。激情常常伴有明显的机体表现，各种生理指标都会发生变化，长期处于激情状态会对身体健康造成较大的影响。例如，极度恐惧、悲伤和愤怒之后，可能导致精神衰竭、晕倒、发呆，甚至出现所谓的激情休克现象，有时表现为过度兴奋、言语紊乱、动作失调。

激情按照它的社会价值可以分为两大类：①破坏性的激情。在破坏性的激情状态下，人的理智力受到抑制，自我控制能力减弱，进而使人的行为失控，甚至做出一些鲁莽的行为或动作，破坏性的激情往往会给个人的工作与生活带来不良的影响，甚至造成无法挽回的后果。②建设性的激情。建设性的激情是与理智和坚强的意志相联系的，它能调动身心的巨大潜力，激励人们奋发向上，如战士在激昂斗志下冲锋陷阵，田径运动员在赛场上的最后冲刺等，这种激情是战胜对手和敌人的强大动力。培养坚强的意志和自控能力，以及在激情的状态下采取自我平静的方法，使破坏性的激情处于自身有意识的支配中，能够有效地避免激情带来的不良后果。

(3)应激

应激是面对突如其来的紧急状况刹那之间的紧张反应。如汽车司机在公路上转弯时，突然一辆大卡车从对面急速行驶过来，在这种紧急状态下，司机必须集中全身的注意力，迅速做出抉择，采取有效行动，此时他的身心处于高度紧张状态，即为应激状态。

应激状态会引起人的机体的一系列生物性反应，如肌肉紧张度、血压、心率、呼吸以及腺体活动都会发生明显变化。这些变化有助于适应急剧变化的环境刺激，维护机体功能的完整性。加拿大学者汉斯、塞里(Hanse；Seley)把这种变化称为适应综合征。

在应激状态下，人们主要有两种表现：①出现目瞪口呆、手足无措，陷入一种混乱之中；②在突如其来的事件面前，沉着冷静，当机立断，表现出比平时更好的机智和能力来应付紧急状况。

应激反应的个体差别很大，这与每个人植物性神经系统的反应特点，身体各器官薄弱环节的差异，过去的经历、经验、锻炼情况，人的个性特征，个人所处的社会地位，在社会上得到的支持大小等有关。平时注意培养和锻炼思维的敏捷性、果断处理问题的能力等，可提高在意外情况下做出正确的判断和决策的能力，减轻应激状态的强度及损害。

应激反应短暂有效，长期则会影响人的身体健康。在短期，对于环境的变化做出迅速的反应，有利于维持机体的稳定性；但长期处于紧张状态则会产生一系列的病症。

(二)情绪的相关取向

目前，有关情绪取向的争论不断，而正是由于不同的研究者偏重研究情绪的不同侧面，导致长久以来对于情绪的结构存在着争论。争议的取向主要有两类：一是分类取向。该取向认为情绪是个体在进化过程中发展出来的对刺激的适应性反应，该理论将情绪分解成为不同的有限基本成分，且各成分相互独立，如生理机制、外部表现等，但是研究者对于情绪基本成分的数量和概念一直有所争论；另外一种取向是情绪的维度取向，情绪的维度取向则认为情绪是高度相关的连续体，是一种较为模糊的状态，它不对情绪的成分加以区分，只是对情绪的不同维度或核心进行阐释，但是基本维度是单级还是双极等，各个研究者仍然存在着疑问。

情绪分类取向认为情绪是由几种相对独立的基本情绪，以及在此基础上形成的多种复合情绪构成的。例如，Ekman 的基本情绪分类说认为，存在快乐、悲伤、愤怒、恐惧、厌恶和惊讶 6 种基本情绪。在此基础上还产生了 3 类复合情绪，包括基本情绪的混合、情绪与内驱力的混合以及情绪与认知的混合。尽管认同情绪分类观点的研究者，普遍都认为存在基本情绪和混合情绪，但是，对于基本情绪和混合情绪的数量以及分类一直存在着争议，这就导致分类取向遭受各方的质疑。

由情绪的维度取向出发，相关的理论都认为情绪是混合的，多维度的。不同情绪之间的相似度和差异性是根据彼此在维度空间的距离来显示的，不同情绪是逐渐的、平稳的转变，而情绪的基本维度涉及情绪的动力性、激动性、强度和紧张度等。对于情绪存在几个维度、研究人员一直存在着各种不同的看法，而主要的关于情绪的维度取向的理论主要有三维理论、四维理论和情绪的环形理论。

情绪的三维理论主要的代表人物有冯特、施洛伯格和普拉切特。冯特认为情绪是由愉快—不愉快、紧张—松弛、激动—平静这三个维度组成，不同的情绪可以在三个维度的两极之间的不同位置上找到，冯特的这一观点为情绪的维度理论奠定了基础。之后的施洛伯格认为情绪的三维是愉快—不愉快、注意—拒绝和激活水平，并且将这三个维度安放在一个倒立的椭圆锥体上。普拉切特则认为情绪的三个维度分别为强度、相似度和两极性。在此基础上美国著名的心理学家 Izard 提出了情绪的四维理论，分别是愉快度、紧张度、激动度和确信度。

情绪的环形理论的提出者罗素认为，把情绪可以划分为愉快度和强度两个维度。愉快度又可以分为愉快与不愉快，强度又可以分为中等强度和高强度。以愉悦度为横坐标、强度为纵坐标可以建立一个坐标图，每一种具体的情绪分别分布于坐标图的不同象限。

二、情绪的内容与基调

（一）情绪的内容

情绪是一种复杂的心理现象，具有多形式、多水平和多功能的特征。从形式上看，情绪既具有独特的主观体验色调，又具有鲜明的客观外部表现；既可以以心理状态的形式构成其他心理活动的背景，又可以以心理特质的形式蕴含在人的个性结构之中。从水平上看，情绪既是脑的各级水平（包括皮层、皮下边缘结构、丘脑系统、内分泌系统、自主神经系统和骨骼肌系统）整合活动的结果，又是特定情境与人的需要之间关系的评价产物，即各种认知水平（包括感知、记忆、思维、意识上和意识下）整合活动的结果。从功能上看，情绪既具有适应性和有用性，又具有动机性和组织性以及交际功能和社会化功能。

面对如此复杂的情绪现象，情绪心理学家通过多年的研究，通常把情绪的结构归纳为三个不可分割的成分：主观体验、生理激起和外显表情，如图 4-6 所示。

（1）主观体验

情绪的主观体验是脑的感受状态，是心理活动的一种带有独特享乐色调的知觉或意识。从发生上来看，它与人的切身需要和主观态度密切相连。情绪活动不同于认识活动，它不是对客观事物本身特性的反映，而是对客观事物与人的需要之间关系的反映。凡是与人的需要有关的事物，由于对人有着一定的意义，必然使人对之产生一定的态度，并以带有某种特殊享乐色调的主观体验或内心感受的形式表现出来。例如，有些事物使人喜悦、快乐，有些事物使人忧愁、悲伤，有些事物使人赞叹、热爱，有些事物使人厌恶、愤怒。由于情绪体验的意义和特有色调，是从人与客观事物互相作用中的需要满足与否的感受状态发展而来的，因此，许多学者亦把情绪定义为“人对客观事物与其自身需要的关系的反映”或“人对客观事物的态度的体验”。

（2）生理激起

情绪的生理激起包括在情绪活动中产生的所有生理变化。任何情绪都有其生理基础，并总是发生在一定的生理激起水平上。神经系统某些部位的激活为情绪的发生和活动提供能量；从延髓到脑干部位的网状结构上行激活系统，向中枢神经系统及大脑皮层传送的弥散性冲动，支持着脑的一般激活和情绪；网状结构的下行纤维又把信息输送回来，协调着脑的激活水平和情绪状态。与此同时，有机体的内脏器官也会产生一系列的生理变化，并突出地表现在呼吸系统、循环系统、消化系统、内分泌系统以及新陈代谢过程的自然节律等活动的改变上，这些生理变化不仅支持和维持着情绪，而且影响着情绪的强度和持续时间，此外，其变化的梯度还提示着各种具体情绪之间的性质差异。

(3)外显表情

情绪的外显表情指表现具体情绪的面部表情和身体姿势。在情绪活动中，人的面部、四肢和躯干的动作、姿态会发生明显的模式性变化，如目瞪口呆、捶胸顿足、咬牙切齿和手舞足蹈等，这些变化因可被他人直接观察到，往往成为情绪活动的表面特征，所以人们亦把这些统称为表情。从种族进化的角度来看，表情是人类祖先在生存适应过程中残留下来的遗迹，是源于特定生存活动有关的身体变化。因此，人的基本情绪的表情形式具有跨文化的先天性质和模式化的对应结构。表情在情绪活动中具有独特的作用，它既是传递具体情绪体验的鲜明标记，也是情绪体验的重要发生机制。表情(主要是面部表情)的反馈是情绪感受的激活器，即当表情对脑的感觉反馈转化为意识形式时，就构成了情绪体验。

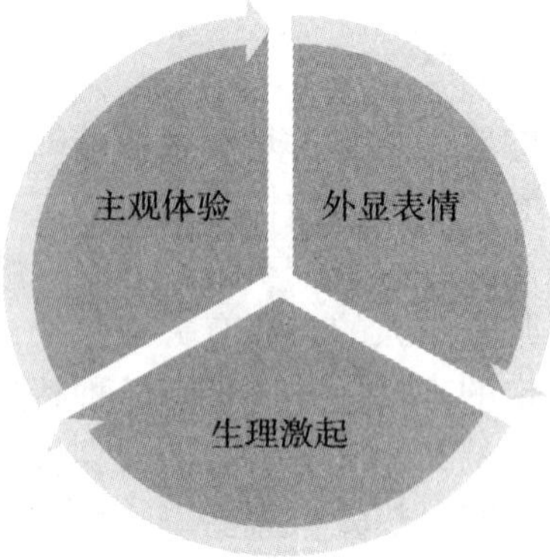

图 4-6　情绪的成分

资料来源：根据相关资料整理所得。

内在体验、生理激起和外显表情这三种成分的共同活动，构成完整的情绪过程。换句话说，任何单一的成分都不足以构成情绪，只有当三种成分整合时，情绪才能产生。同时，在情绪活动中，这三种成分以反馈的方式相互影响或循环往复地相互作用：彼此间相互加强或减弱、相互补充或改变。

(二)情绪基调

在一个人的意象中，经常出现什么主题，说明的就是这个人的情绪基调。情绪基调很重要。比如，在梦中或者在意象对话中，经常有“被追赶”的主题，被怪物追，被野兽追，被可怕的人追，基调都是恐惧情绪。在强迫症中的“遇到无妄之灾”的主题，情绪基调是焦虑。经常梦见考试也是焦虑的反映。掉进一个坑的主题，情绪基调是抑郁、失望和悲哀。而飞翔、美丽的风景等，自然是快乐的基调了。

除了常见的主题，常见的意象原型也同样能反映一个人的情绪基调。一个人经常想象出来的人是什么样子的形象，这个形象往往是他心目中的自我。就像我们说过的，鲁迅想象中经常出现的人，是一个战士的形象，所以他的情绪基调就是“愤怒”。林语堂心中的自我形象，则是一个洒脱自在的中国文人，因此他的情绪基调就是“闲适”。林黛玉心中的自我形象，是一个幼小、衰弱的孤儿，寄人篱下，如一朵小花在大风雨中飘摇，因此她的情绪基调就是“悲哀”。一个人像一个曲子，有主旋律也有变调。再悲观的人也有快乐的时候，再乐观的人也有沮丧的时候。一个人情绪的主旋律，也就是情绪基调。

如果你的情绪基调是愤怒，不公正的现象就特别容易触动你，有的人还可能会采取反抗或者是抗争的行为。你甚至会感到自己负有使命，你的介入是为了恢复公平，为了监督是否保持了一种平衡，是通过语言或者行动，恢复事实真相和被无视的平等。

如果你的情绪基调是恐惧，你的原则就是要建立、积累自己的影响力，尝试对周围人和事物施加一定的影响或者给予一种控制。对此，你很难放手，也不会放弃。计划、避免意外和提前准备，这些关键词对你来说再熟悉不过了，你的日常生活离不开它们。

如果你的情绪基调是悲伤，你会习惯了质疑，有时候，甚至表现出了一种过分质疑的倾向。你总想试着弄明白什么地方不对，你自身什么地方做得不够好，在当时的情况下，你本来应该说些什么……这些甚至动摇了你的自信心，过分的质疑也会抑制你的能力。

如果你的情绪基调是喜悦，同样的半杯水，你看到的会是半满的那一半，而且对周围的世界报以信任的态度和眼光。在困难之中，寻找可能会出现的那些机遇，并且以一种从容的态度去做事情。这种从容，是让生活“简单化”，而不是让生活变得贫乏。

一个人的情绪基调可能是负面的，如焦虑、恐惧、悲伤；也可能是积极的，如开心、愉悦等。但最重要的是，情绪基调是中性的，没有好坏之分。

第三节　自　　我

一、自我概念与图式

自我概念(self-concept)是一个人在社会化过程中逐步形成和发展起来的，

关于自我及其与环境关系的多方面、多层次的认知和评价，是个体对自我所有的思想、情感和态度的总和。也可以说是个体通过自我观察、分析外部活动及情况、社会比较等多种方式，对自己生理状况、心理特征、社会属性等方面比较稳定的认识，它是自我认识中比较重要的一部分，它反映着自我认识甚至自我意识发展水平的高低。自我概念一直是心理学研究中的一个重要课题。

自我图式(self-schemas)是指个体有关自己某些具体的能力与特征的认知概括。自我图式与自我概念的内涵基本是一致的，一个自我图式就是一个具体的自我概念；但由于图式理论的影响，自我图式研究更强调自我概念的动态性质，自我图式是一个完备的内在结构，是自我概念体系的一个部分。同时，自我图式的性质都是积极的，表征了自我概念的积极的方面，也就是说，自我概念有积极的和消极的，但自我图式都是积极的，可以说某个体具有积极的自我概念或具有消极的自我概念，但不能说，某个体具有积极的自我图式或具有消极的自我图式，而只能说自我图式的和非自我图式的。自我图式能够促进相关信息的编码、评价与提取。

个体在灵活地适应信息加工目标、准确地提取有关信息方面，能够应用相关自我图式快速而自信地做出判断，同时能快速地拒绝和否定无关信息；自我图式个体总是对相关信息保持高度敏感，密切关注和获取相关的重要信息。因此，自我图式个体容易协调有关信息，能够随时发挥自己的实际能力。

非自我图式个体对自己某些方面的能力和特征缺乏清楚的认识，认识不到自己的能力对特定任务完成的适当性和重要性，不能运用有效的策略以完成特定的任务。当外在的压力和外在报偿是充分的时，非自我图式个体和自我图式个体完成任务的水平是一样的；当外在压力、外在报偿不充分时，非自我图式个体任务完成的水平则会受到一定影响。在定义清晰、结构完备的任务情境中，非自我图式个体不能内在生成一些必要的问题解决策略，面对困难坚持性差，面对有关自我的负面信息显得非常脆弱，因此，完成任务的水平也受到了制约。

二、自尊

(一)自尊的含义

自尊(self-esteem)是指个体对自己价值的评价、感受和态度，它表达了一种肯定或否定自我的情感，表明个体在多大程度上相信自己是有能力的和有价值的。

在许多情况下，研究者对自尊的理解与界定是不一致的。有的研究者把自尊与自我概念理解为类似的构念，但大多数研究者认为自尊与自我概念是不同的。颇珀(A. W. Pope)等认为自尊与自我概念的不同在于，自我概念是个人对自己各个方面特质的认知与判断，而自尊是对自我概念中所包含的信息做出的评价。也就是说，自我概念是个人认为自己所具有的种种特质，诸如对能力、成就、外貌、身体、人际关系、道德等方面的认知判断，而自尊是个体在自我价值判断中产生和形成的一种自我情感或自我体验。自我概念主要体现了一种事实判断，而自尊主要体现了一种价值判断。因此，自我概念是自我的认知部分，自尊是自我的情感部分。

自尊的含义往往涉及三个方面，即自尊是一个人对自己的自我认可和自我价值感；自尊反映了一个人喜欢自己的程度。因此，自尊涵盖了自我满意、自我悦纳和自我价值等。

(二)自尊的结构

对于自尊的结构，研究者也有不同的理解，有的研究者认为自尊是个体对自己的一种普遍的整体的观感和情绪评价，自尊是单维的；而有的研究者认为，自尊是多维的，涉及社会自尊、学业自尊、家庭自尊、身体自尊等不同的成分自尊和一般的自尊。社会自尊是指自己对自己和同伴互动的关系是否满意而引起的一种情感倾向。如果人际互动的需要能够得到满足，个体所体验到的满足与价值感就是社会自尊。学业自尊是指由学业水平而引发的满意或不满意的情感倾向，学业水平、学习能力被同学、老师所肯定，就会感到满意，会具有一种积极的价值体验，即学业自尊。家庭自尊是指对自己作为一个家庭成员，是否被接纳、认可、尊重的体验。如果觉得自己是家庭中一个有价值的、重要的成员，并且感受到家庭其他成员对他的关爱、尊重和接纳，就会建立积极的家庭自尊。身体自尊是指对自己的相貌、形象的自我悦纳程度。如果悦纳自己的形象，就会建立积极的身体自尊。一般自尊或整体自尊，是个体在各成分自尊的基础上所建立起来的有关自己的价值、名誉、地位等方面总体观感。实际上，对自尊的结构分析，在有些情况下或更多的情况下，把它理解为一个整体或许更有价值，而在另外一些情况下，则可能需要剖析不同的成分自尊，这与理解不同的心理事件有关。

(三)自尊的形成和发展

自尊的形成与发展会受到各种因素的影响，其中亲子关系、师生关系、同伴关系对自尊的形成与发展起着关键的作用。

1. 亲子关系对自尊发展的影响

在家庭中，父母对子女的关爱、尊重、支持和帮助等，对孩子自尊的形成和发展的影响是直接的、显著的。能够感受到父母的支持、关爱、尊重、帮助的孩子，在家庭气氛比较和谐和民主的家庭生活的孩子，容易形成积极的自尊，懂得尊重他人，也懂得自尊；而知觉到亲子关系疏远、冷淡、紧张，得不到父母的支持和关爱的孩子，其自尊会受到损害，自尊水平较低。尤其是父母离异、再婚等家庭不幸更容易影响、伤害孩子的自尊，影响自尊的发展。

有研究表明，在亲子关系中，亲子的情感关系是最为核心的，对孩子的自尊的发展与形成有直接的影响。即使在离异或再婚家庭中，如果亲子良好的情感关系能够得到协调和维持，孩子的自尊也不会受到太大的伤害。

因此，父母在孩子的自尊发展方面扮演着非常重要的角色，良好亲子关系是孩子建立积极自尊的重要条件。

2. 师生关系对自尊发展的影响

在学校里，老师对待学生的态度与方式、师生关系等对学生自尊的形成和发展也具有非常重要的作用。老师对学生学业成绩、行为表现的评价，对学生的管理方式会直接或间接地影响学生的自尊的发展。老师能够关爱和支持学生，尤其是关爱和支持那些学业成绩落后和有不良行为习惯的学生，就会保护和促进他们自尊心的发展，而老师对学生的批评、管理，如果方法武断、粗暴，就会损害学生的自尊。

因此，老师支持、关爱学生，教育方法民主，师生关系平等，则有利于学生建立积极的自尊。

3. 同伴关系对自尊发展的影响

同伴关系在人格的形成和发展中有巨大的影响力。在儿童脱离自我中心之后，就具有了角色替代的能力，能由他人反观自己。同伴对他的评价和态度会内化到自我之中，形成他的自我评价和自我态度。当学生受到同伴的拒斥时，在亲和需要得不到满足的情况下，个体很容易感到孤独、不快乐，他的社会适应性容易产生困难。

青少年时期是一个人际互动的高峰时期，在这一时期，他们尤其会依据同伴的看法和反应反观自己，重新定义自己，评价自己。如果他们有适当的友伴，并为团体所接纳，那么他的自尊就会提升。相反，如果在这段时期，他总是被团体拒斥，他会对自己产生消极的评价，降低自尊。

自尊的形成和发展还会受到其他方面因素的影响，如实际的学业成就、学业能力，其他的生活挫折等。

三、自我同一性

自我同一性亦称“自我认同”。有关自我同一性的研究始于埃里克森(Erikson)，指个体把自己对自我现状、生理自我、社会期待、过去经验、现时经验、未来希望等多个层面的知觉，统合成一个完整和谐的结构，形成一种人格发展中真正成熟和自我肯定的状态。作为一项重要的人格概念，自我同一性的形成可作为衡量个体人格成熟的标志，也意味着个体的心理发展达到成熟。大学阶段被埃里克森认为是个体同一性形成的“合法延缓期”，已有的研究表明，大学生自我同一性的发展并不尽如人意，只有少量的学生获得了良好的自我同一性，在自我同一性的形成过程中大学生会遇到各个方面的危机。

自我是人格形成、发展和变化的基础，而自我同一性的形成也必须归因于自我的工作。自我通过与外界不断的建构与整合作用，逐渐构建个体内部的同一性标准并与外部世界相互作用。埃里克森曾说：“自我同一性的这种一致感和连续感，必须归因于自我的工作，因为没有任何其他内部机构，能完成这种贯穿于儿童期有意义的认同作用的选择性任务，完成对于在同一感中达到顶点的自我意象的逐渐整合的任务。正是由于这个原因，我才首先称同一性为自我同一性。”

(一)自我同一性的概念

1. 埃里克森的研究

埃里克森从主观感觉上描述了自我同一性：“一种熟悉自身的感觉，一种知道个人未来生活目标的感觉，一种从他信赖的人们中获得所期待的认可的内在自信。”“一个人对他认可的内在一致性和连续性方面的内在自信。”在埃里克森看来，个体同一性的性质由三个部分组成：个体的生物学状态、个体的经验组织和社会文化背景，这三个部分共同给予一个独特的意义、形式和持续性的存在。

埃里克森认为，可以从不同的角度去阐述自我同一性的概念，用以强调不同方面的问题：在某些时刻同一性被视为结构，某些时刻是指过程；有的时候同一性被看成主观经验，另外一些时候又被视为功能；同一性还被认为可以代表个体独特的意识感或连续性的潜意识追求；有些时期同一性还可被视为集体理性的一致性，但有时候又指比较的差异性。当把自我同一性视作结构的时候，个体是以该结构来与社会环境相互作用，选择信息并建构新的经验；当视其为过程时，埃里克森是强调自我同一性是儿童时期的结果，在青年期达到一个整合，但并不意味着同一性在青年期后就停止发展，自我同一性的发展是一生的过程；自我同一性的功能是使人有连续性和一致性之感，使人能回答“我是谁?”“我将走向何方?”等问题，将个体的过去、现在和未来联系起来；自我同一性还让人能意识到自己的独特性，将自己和他人区别开来，但同时又能认识到自己所归属的群体。埃里克森在其书中这样描写个体形成自我同一性之后的感觉：“最令人满意的同一感仅仅被体验为一种心理社会的安宁之感。它最明显的伴随情况是一种个人身体上的自在之感，一种自知有‘何去何从’之感，以及一种能预期获得有价值的人们承认的内心保证。”

总之，埃里克森从不同的角度和层次对同一性概念进行了阐述，他所描述的自我同一性概念的复杂程度以及内涵的丰富，致使其本人都无法对自我同一性做出一个精确的界定。这就直接导致了后来的研究者们常常从自己的研究目的或角度出发，对自我同一性的概念做出界定，并难以达成一致。

2. 玛西亚的自我同一性研究

玛西亚是埃里克森之后对自我同一性研究的集大成者。他认同埃里克森的观点，认为自我同一性的形成是个体发展历程中的重要事件，标志着个体对青少年期之前经验的整合，并找到将来的发展方向。

玛西亚试图从可观察的行为方面定义自我同一性，他用探索和承诺两个维度对自我同一性进行操作性定义。探索是指青少年在同一性发展过程中，面对各种各样的选择，努力尝试不同的生活方式，寻找适合自己的信念、价值观、职业发展领域等；承诺是指在自己感兴趣的领域投入的程度。

玛西亚根据探索和承诺两个维度的不同组合，提出了自我同一性发展的四种不同状态：

(1) 自我同一性达成状态：处于这个状态的青少年已经对生活中的各种信息进行了有效的整合，尝试了不同的生活方式，形成了一整套系统的价值观、信念，对于未来的职业发展等方面也有了明确的方向。与此同时，他们愿意为自己的选择付出时间和精力。

(2) 自我同一性延缓状态：处于延缓状态的青少年正处于探索的过程中，还没有对自我的过去、现在和未来有一个清晰的整合，对未来也没有明确的规划。但是他们一直在努力尝试以试图做出承诺。

(3) 自我同一性早闭状态：早闭状态的青少年没有经历探索但已经做出了选择。他们内化了来自重要他人(比如父母)的价值观、信念和期望，并朝着别人期待的方向而奋斗。

(4) 同一性扩散状态：扩散状态的青少年既没有经历探索也没有对生活的各个方面做出承诺。他们的生活状态是迷茫的，没有明确的目标和方向。

(二) 自我同一性危机

在埃里克森对个体心理发展的阶段理论阐述中，青少年时期的任务是解决同一性危机，防止同一性混乱。同一性危机意味着这一时期是人生的重要转折期，青少年在这一阶段将经历身体飞速发育、构建自己的人生观和价值观、选择自己感兴趣的职业领域等问题。埃里克森认为，个体要解决以下 7 个方面的问题，才能成功地克服同一性危机，获得同一性整合。

(1) 时间透视对时间混淆(time perspective vs. time diffusion)：获得同一性

的青少年能将自己的过去、现在和未来联系在一起，形成一致感和连续感；相反青少年则产生时间上混淆感，找不到未来的目标和发展的方向。

(2)自我确认对自我意识(self-certainty vs. self-consciousness)：自我确认的青少年能更好地接受自我，了解自己的优势和劣势以及兴趣所在；如果青少年不能完成自我确认，则会造成自我概念的混淆。

(3)角色尝试对角色固着(role experimentation vs. role fixation)：青少年被鼓励尝试不同的角色，体验不同的生活方式，以获得从不同角度看问题的能力和多元灵活的价值观；如果个体无法完成不同角色之间的转换，就可能造成角色固着，角色固着的青少年会以刻板的方式应对问题，造成环境适应的困难。

(4)职业意愿对工作无力(apprenticeship vs. work paralysis)：青少年的重要任务是探索自己未来的职业倾向，解决这个问题的青少年会找到自己感兴趣的职业并做出相应的职业规划；如果没有解决这个问题，青少年可能随便选择一个职业或无所事事，无法实现自己的职业价值。

(5)性别分化对性别混淆(sexual polarization vs. bisexual confusion)：青少年时期个体应该形成性别认同，明确性别角色，了解社会对男性和女性的期望，否则会造成性别混淆。

(6)主从分际对权威混淆(leadership and followership vs. authority confusion)：在社会生活中，青少年应该会根据实际情景和自身特质，选择担任领导者或是跟随者的角色；如果青少年没有解决好这个问题，则会造成盲目跟随权威或者不恰当的领导行为。

(7)价值定向对价值混淆(idealogical commitment vs. confusion of value)：青少年如果能确定系统的、稳定的价值观，就能在生活中找到方向感；反之，则会在多种价值观中迷失自我。

(三)同一性混乱

在埃里克森看来，如果个体在青少年期顺利地克服了以上 7 个层面的危机，就能获得自我同一性，否则就会进入同一性混乱或同一性扩散。在国内的研究中，这两个词被作为同义词加以使用，但在埃里克森看来，这两个词有程度上的差异，同一性扩散是指比较温和的自我意象的分裂、中心的丧失或消散；同一性混乱是指比较严重的同一性混乱。不过埃里克森还是赞成使用同一性混乱一词，来描述那些没有顺利解决同一性危机的个体。

小　结

1. 知觉(perception)是人脑对直接作用于感觉器官的客观事物整体的反

映。知觉活动是一个较复杂的过程。知觉有四种基本特征：知觉的整体性、知觉的理解性、知觉的恒常性、知觉的选择性。社会知觉是一个特殊的心理认知与反映过程。影响社会知觉的因素有认知者因素、认知对象因素、认知情境因素。常见的社会知觉偏差有第一印象效应、晕轮效应、首因效应和近因效应、定型效应(社会刻板印象)、投射效应、对比效应。

2. 归因(attribution)，是指人们对他人或自己的所作所为进行分析，指定其性质或推论其原因的过程。归因理论主要包括海德的朴素心理学与归因理论、凯利的三度归因理论、维纳的成就归因理论。人们的归因偏差包括基本归因错误、行动者与观察者偏差和自我服务归因偏差。

3. 目标是人们为满足某种需要而形成的一定的活动目的和期望标准。目标对个体的行为有引发、导向和激励的功能，对群体来说，还有聚合的功能。

4. 广义的认知动机作用模型是海克豪森在前人理论的基础之上提出来的。这个模型的基本结构由四个方面组成：一种感知到的情境、一种可能的行为、该行为的结果，以及行为结果以某种概率可能导致的后果，从而形成三种类型的预期：情景-结果-预期；行为-结果-预期；结果-后果-预期。

5. 情绪指的是个体对客观事物是否满足自身的需要而产生的短暂而强烈的反应，是一种主观感受、生理反应与认知的互动，并表达出特定的行为。情绪可以被划分为积极情绪和消极情绪，基本情绪和复合情绪，心境、激情和应激等几种状态。情绪的取向主要有分类取向与维度取向；情绪的内容包括主观体验、生理激起和外显表情；情绪的基调可能是负面的、积极的和中性的。

6. 自我概念是一个人在社会化过程中，逐步形成和发展起来的关于自我及其与环境关系的多方面、多层次的认知和评价。自我图式是指个体有关自己某些具体的能力与特征的认知概括。

7. 自尊是指个体对自己价值的评价、感受和态度，它表达了一种肯定或否定的自我情感，表明个体在多大程度上相信自己是有能力的、重要的和有价值的。自尊的形成与发展会受到亲子关系、师生关系和同伴关系等的影响。

8. 自我同一性指个体把自己对自我现状、生理自我、社会期待、过去经验、现时经验、未来希望等多个层面的知觉，统合成一个完整和谐的结构，形成一种人格发展中真正成熟和自我肯定的状态。自我同一性发展涉及四种不同状态：同一性达成状态；同一性延缓状态；同一性早闭状态；同一性扩散状态。

第五章　态度与行为

学习目标

通过本章的学习，掌握态度的定义，区分态度的三个要素，理解哪些因素对态度与行为的一致性产生影响；熟悉态度转化的理论，了解态度在组织中的运用；理解行为影响态度的几种形式以及背后的理论；运用本章知识分析生活中所遇到的态度问题。

第一节　态度的概念

一、态度的定义

态度是社会心理学中定义最多的一个概念，不同的学者有不同的界定。但是，有代表性的概念包括以下三个人的观点：

第一种关于态度的定义由 G. Allport(1935)提出，他受行为主义影响，认为态度是一种心理和神经的准备状态，它通过经验组织起来，影响着个人对情境的反应。他的定义强调经验在态度形成中的作用。

第二种态度的概念则由 Krech(1948)提出，他认为态度是个体对自己所生活世界中某些现象的动机过程、情感过程、知觉过程的持久组织。他的定义忽略了过去经验，强调现在的主观经验，把人当成会思考并主动将事物加以建构的个体，反映了认知派的理论主张。

与前两种理解不同，第三种关于态度的概念由 Freedman 提出，他认为态度是个体对某一特定事物、观念或他人稳固的(由认知、情感和行为意图三个成分组成的)心理倾向。他的定义强调了态度的组成及特性。

我们认为：态度(attitude)指个体对客观事物、人或事件以一定方式做出反应时所持的评价性的、较稳定的内部心理倾向。例如，“我十分钦佩我们公司的王总”“我痛恨经常撒谎的人”等表示的都是个体的态度。态度不是行为而是行为的前提，是一种反应的准备状态。态度与价值观不同，价值观是对于人、事、物等的一种评判性特质，也就是说要看到该事物的属性是否具有所规定的价值及作用，并且能够满足自身的某种需要的一种思维观念。态度作为一种心理活动无时无刻不在影响着人的价值观的形成，价值观是对某种观念形成的一种习惯性的理念。

人的态度与价值观并不是截然分离的，二者相互影响、相辅相成，没有脱离价值观的态度，也没有脱离态度的价值观，因为对于人的价值观的形成必须要有价值观对态度的指引性作用，以此来抗拒人自身认为是错误的东西。一个人发生的行为及其倾向先是由自身的内心做出指导，接着由态度逐渐形成对于某种物质有用性的修正性了解，两者之间的关系都与相关的主体及对象有关。

二、态度的要素

态度主要由三个要素构成，即认知成分、情感成分和行为意向成分。

(1)认知成分(cognitive component)，指个体对态度对象的认知知觉、理解、信念和评价，既包括对态度的认识，也包括对态度对象的评论与选择。认知成分是态度的信息成分，是构成态度的基础。它与人的世界观、价值观有密切联系，直接或间接地影响态度的表述。如“目标管理可以调动人的积极性”就是一种直接赞成的鲜明观点，而“强调数量容易使人忽视质量”则是间接不赞成的态度。虽然态度不等于认知，但含有认知倾向，态度与认知有密切的关系。

(2)情感成分(affective component)，指个体对态度对象的情绪、情感性体验，即对人或事物的好恶情感反应的程度。人的喜爱或讨厌、热爱或憎恨、尊敬或蔑视、耐心或厌烦、热情或冷淡、谦逊或骄横等，都反映出人的态度。态度与情感不能画等号，但态度含有情感的倾向，情感情绪可以直接反映出态度。

(3)行为意向(behavioral component)，指个体由认知因素、情感因素所决定的对态度对象的反应倾向，是行为的直接准备状态，即个体对态度对象做出何种反应，是行动前的一种心理倾向。通常表现为“做不做”“怎样做”的指向。

态度的三个成分之间的关系可由图 5-1 来表示。

从图 5-1 中我们可以看出：

第一，这三个成分是互相依赖、协调一致的。人们对周围事物的知觉会影响到对它们的评价，从而会产生某种行为意图，例如，有人知道画面清晰是电视机的一个主要特点，而长虹电视机具有清晰的性质(认知)，这使他对长虹电视机产生好感(情感)，如果他要买电视机的话，就会倾向于买这个牌子的(行为意向)。

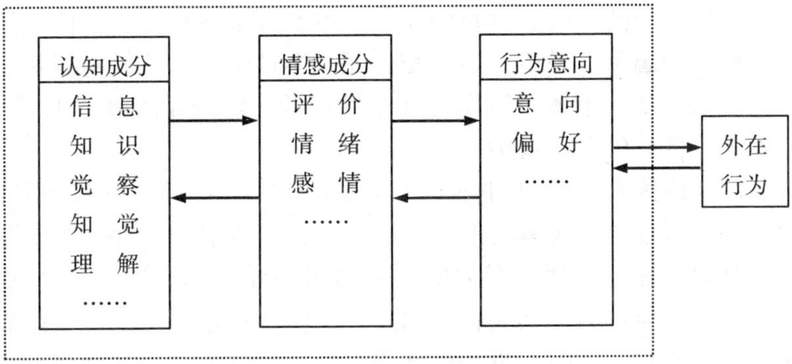

图 5-1　态度的三个要素之间的关系

资料来源：根据相关资料整理所得。

第二，赞成或反对的情感成分是态度的关键。注意，与这个成分有关的箭头是双向的，这表明，认知能够产生情感，同时，情感也能影响认知。我们常常可以看到类似的例子：人们对自己非常喜欢的好朋友，往往会看不到其身上的缺点。同样，情感常常导致行为意图性，而行为意图性和行动本身，也影响情感的评价。

第三，态度只在某种条件下与实际行为相联系。一方面，从态度到实际行为的转换常常通过行为意图性来实现。所以，态度中的行为意向成分，应该能引起和决定行为。积极的态度引起积极的行为反应，消极的态度引起消极的行为反应。根据态度在一定程度上可以预测行为。研究发现，确实可以根据人们的态度来预测对政治候选人的选举行为、宗教行为、家庭计划的决策、饮料的消费等行为。

态度的三种构成要素之间关系比较复杂。一般说来，它们相互间是协调的，但也可能不尽一致。例如：甲认为乙的工作很不错(认识上)，但总不喜欢乙(情感上)，甚至于不想见到乙(行为意向)。与此同时，认知、情感、行为意向三要素之间的相互关联程度也不完全相同。研究表明，情感与行为意向的相关程度，要高于认知与行为意向或情感与认知之间的相关度。而且，认知因素的独立性要高，与其他两种因素之间的相互影响也较小。

另一方面，有了某种行为意图性不等于有某种实际行为。态度与行为的不一致现象也常常发生。其主要原因是，首先，行为不仅仅由态度决定，而且还由当时的社会环境中的许多因素决定，如社会规范、物理环境等。其次，与单一行为相联系的不止是一种态度，还有许多不同的态度与这种行为相联系，例如，工作行为就受到许多态度的影响。再者，总的态度不等于具体的态度。例如，某个个体对劳动的总的态度是积极的，但不等于他对劳动中任何具体的细小任务都抱积极的态度。最后，不只是态度，而且个人的特征和需要也与行为有着联系，例如，某一个体对工作态度是良好的，但由于他缺乏必要的能力，因而不能表现出良好的工作成绩。

要从态度来预测行为或说明行为，有几个条件：第一，态度的强度，态度越强烈和明确，态度与行为越可能一致；第二，态度的稳定性，态度可能随时间而改变，时间越长，态度与行为的关系越可能不一致；第三，态度的具体性，态度越具体，与行为的相关程度越高。此外，情景的压力、个体的行为意向、个体对态度的自我觉察，也和态度与行为一致性有关。法西奥(R. Fazio)和克劳斯尼克(J. A. Krosnick)于1989年提出态度易接近性的概念，认为那些已发现与行为紧密联系的态度，对个体来说，都具有较高程度的易接近性，如强烈的、具体的、重要的和能自我觉察的态度。

可见，态度与行为两者的关系比较复杂。态度中的行为意图性和外在行为是有区别的，我们在用态度来预测行为时要特别小心谨慎，态度与行为没有一一对应的关系。

三、态度与行为的一致性

心理学家长期致力于态度与行为一致性问题的研究，但态度与个体行为的对应关系并不明确。一般情况下态度能够预测行为，个体行为受到态度的支配和指导。由于态度结构的复杂性，以及态度与行为的关系非常复杂，态度可以某种程度地预期个体的行为意图却不能决定行为。因此，态度与行为并不是一一对应的线性关系，还存在许多变量调节着二者的关系，特别是行为发生时的情境因素。

(一)计划行为理论

Ajzen(1989)提出计划行为理论，解释态度是否能够预测行为，以及何时和如何预测行为的理论模型。该理论在态度与行为之间涉及个体和社会环境等综合因素，能够较全面地解释态度和行为的关系。该理论认为，个体的行为不仅受行为意向的影响，还受到个体的执行能力、机会以及资源等综合背景环境的限制，只有在这些条件充分满足的条件下，行为意向才可以直接决定行为，也就是说个体意志不能完全控制个体行为。

个体行为意向主要受到行为态度、主观规范、知觉行为控制三个变量的影响。行为态度是指个体对某一特定行为的评价，也就是个体对执行某一特定行为的喜好程度。主观规范是指个体在决定是否执行某一特定行为时所感知到的社会压力，它较多受到周围社会环境和他人因素的影响。知觉行为控制是指个体能否成功地执行某一行为的胜任感，是个体对执行该行为时所需要的能力、资源以及机会等因素的主观判断。知觉行为控制不仅涉及个体在执行该行为时的知识、技能和纪律等内部控制因素，还与个体感知到的外部因素有关，如资源、时间的限制以及他人的合作程度等。

行为意向随着态度的积极、重要他人的支持以及知觉行为控制的增大而增大。虽然个体拥有大量有关行为的意向，但只有在特定的时间和环境下才能被提取。该理论还认为，个体因素以及社会文化等环境因素通过行为信念间接地影响行为态度、主观规范和知觉行为控制，最终影响行为。计划行为理论认为个体的态度或规范都不能单独地决定行为。只有在态度、主观规范和知觉行为控制的相互作用之下，才能控制行为。该理论具体内容如图 5-2 所示。

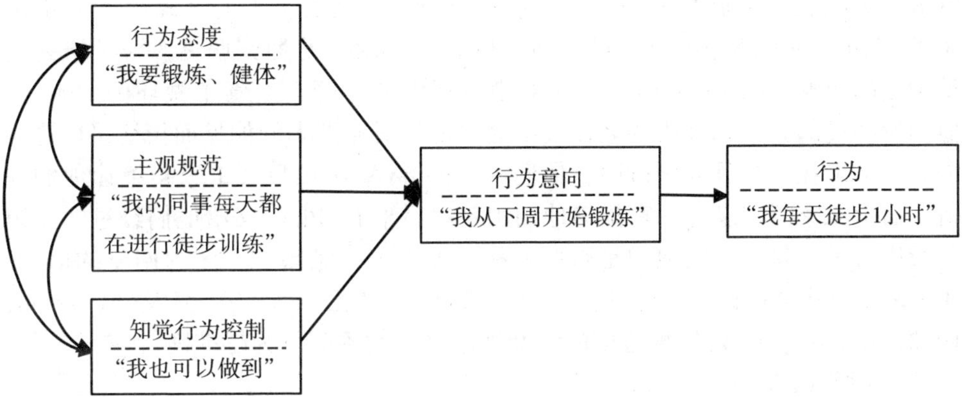

图 5-2　计划行为理论模型

资料来源：陈志霞．社会心理学，北京：人民邮电出版社，2016.

态度的计划行为理论已被广泛应用于人类行为领域，如环保行为、产品选择行为、优惠券使用行为、骨髓捐献等。例如，某学业落后的学生想提高自己的学习成绩，他对提高学习成绩的态度是积极的，主观规范也是非常积极的，父母、家长和同学都希望他的成绩能够大幅提升。但如果知觉行为控制比较低，他会觉得自己很多知识都已经落下了，一时想把这些补上可不是件容易的事情，因而对努力学习提高成绩可能就会产生消极的态度。最终，该生努力学习的行为可能就不会发生，或者仅尝试一下就放弃。行为态度、主观规范及知觉行为控制三个因素对行为的影响不是叠加的关系，如果一个成分强烈地反对行为，行为意向也会变低，行为也可能不被执行，或者仅尝试执行一下行为。

(二)态度预测行为的影响因素

人们的态度与行为有着非常紧密的关系，所以我们经常从他人的态度来预测其行为。比如张三对李四持有消极的态度，我们就很容易预测在选三好学生的时候，张三不会投李四的票。但是态度与行为之间并非一对一的关系，态度只是一种行为意图，它并不等于实际行为。为了说明这一点，学者们做了大量的研究工作，最后得出的结论也各不相同，二者的平均相关系数从 0.20 到 0.73 不等。态度与行为之间的关系并不是固定不变的，它受到大量其他因素的影响。通过态度预测行为的时候，以下几个方面的因素尤其重要：

1. 态度的特殊性水平

在通过态度预测行为的时候，我们首先应该看看态度是指向一般群体还是特殊个体。比如在 La Piere 的研究中，美国人对亚洲人的态度与对某一个亚洲人的态度在特殊性上不同，因此用态度预测行为时，后者更准确一些。La Piere(1934)的研究就想说明，用态度预测行为到底有多大的准确性。20 世纪 30 年代初，绝大部分美国人对亚洲人持有深度的负性种族偏见。为了研究这种偏见的影响，La Piere 邀请了一对来自亚洲的年轻夫妻驾车做环美国旅行，他们所经过的旅馆和饭店的老板会不会以他们对亚洲人的偏见而拒绝接待这对夫妻？结果在 3 个月的旅行中，他们经过的 66 家旅馆只有 1 家拒绝让他们住宿，而 184 家饭店没有一家拒绝他们用餐。后来 La Piere 又给他们经过的旅馆与饭店写了一封信，问他们是否愿意接待亚洲人。结果在 128 封回复的信中，90%说他们不会接待。显然他们的态度与行为发生了矛盾。研究者(Newcomb, 1992；Weigel, 1974)发现态度的特殊性越高，其预测行为越准确。

2. 时间因素

时间因素也影响我们用态度预测行为的准确性。一般说来，在态度测量与行为发生之间的时间间隔越长，偶然事件改变态度与行为之间关系的可能性越大。比如 Fishbein(1974)发现在总统选举中，1 周前的民意调查结果要比 1 个月前的民意结果，对预测谁能当选更为准确。所以，在通过态度预测一个人的行为时，必须知道他的态度是什么时候的态度。如果时间太久，我们在预测时就要很小心谨慎。

3. 自我意识

内在自我意识高的人较为关注自身的行为标准，用他们的态度预测行为有较高的效度；而公众自我意识高的人比较关注外在的行为标准，难以用他们的态度对其行为加以预测。

Froming(1982)等人做了一个实验，实验开始时，研究者测量了大学生对体罚的态度，然后从这些被试中挑选出那些对体罚持反对态度，并且认为其他人也会反对体罚的人，这样操作是为了保证这些人是内在自我意识较强的人(认为别人的看法和自己一致)。几个星期以后，让这些人电击他人，实验类似于 Milgram 的电击实验，以被试选择的平均电击强度作为因变量。

实验设置了三种情形，第一种条件下在被试面前放了一面镜子(内在自我情景，放镜子是为了提高他们的自我认同)，第二种条件下在被试的面前有少量的观众，实验过程中这些观众把被试评定为有效的“老师”(公众自我情景)，第三组为控制组，既没有镜子，也没有观众评价。结果显示，内在自我组比控制组实施电击强度低，而公众自我组比控制组实施更高的电击(如图 5-3 所示)。

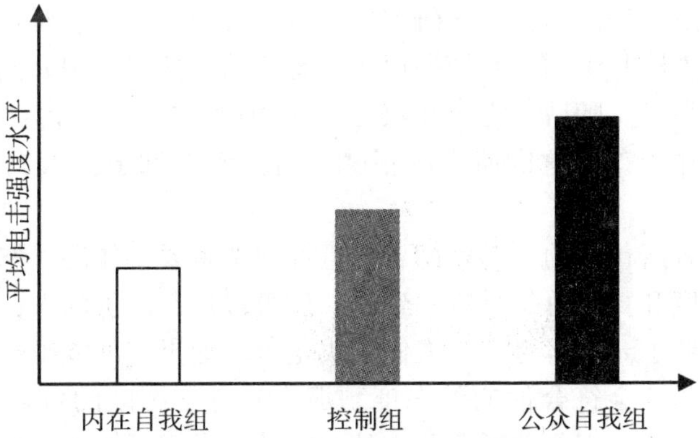

图 5-3　自我意识与侵犯行为的关系

资料来源：根据相关资料整理所得。

4. 态度强度

与弱的态度相比，强烈的态度对行为的决定作用更大(Petty，1992)。但是怎样才能使态度变强呢？Davidson(1982)发现，对态度对象仅仅要求更多的信息就足以使人们态度的强度增加。在一项研究中，Kallgren(1986)先问了被试对一些环境问题的态度，然后让他们参加环境保护活动，结果发现对环境问题有丰富知识的被试的态度与行为的一致性较高。

增加态度强度的另一个途径是让个人参与到态度对象中来，让人们参与某些事情是增强其态度的有效手段，反过来我们也用人们的参与度来预测态度与行为的一致性。

5. 态度的可接近性

态度的可接近性(attitude accessibility)指态度被意识到的程度，越容易被意识到的态度，对我们来说它的可接近性就越大。一般说来，来自直接经验的态度对行为的影响大，就是因为这类态度的可接近性大。Fazio 和 Williams 等人(1984)测量人们对里根总统的态度的可接近性，其所用的指标是被试回答与里根有关的问题时按键的反应速度，反应越快，说明可接近性越大。3 个月之后，当总统选举结束以后，再问这些被试选了谁，结果表明可接近性大的被试态度与选举行为之间的相关系数为 0.89，可接近性小的被试的相关系数为 0.66。

当可接近性很高时，一看到或想到某个事物时就对它有某种态度；而当可接近性很低时，人对该事物的态度呈现要慢得多。因此，可接近性高的态度更有可能预测人的行为，因为当人们要求有所行动时，他们能更快地想到自己的态度。Fazio、Powell 和 Williams(1989)通过观察人们对物品的态度和行为证明了可接近程度所扮演的角色。在研究中，研究者首先请人们对几种产品作态度评估，比如对不同品牌的口香糖做评价。态度的可接近性用人们回答态度问题的反应时间来衡量。随后研究者在桌上放了 10 种产品，告诉被试他们可以任选 5 种带回家作为参加这次研究的报酬。研究者想知道：人们会选择哪些产品呢?

正如研究者所预测的，态度的可接近性起了重要的作用：态度的可接近性高的人，其态度和行为总是高度一致的，而可接近程度低的人，态度和行为的一致性就相对低了。换言之，当人们做决定时，如果态度能很快地呈现在大脑中，人们的行为才会符合他们的态度。那么，对于态度的可接近性低的人而言，是什么决定了他们要选择哪些产品呢?结果发现可接近性低的人更多的是受到环境因素的影响，他们会选择那些碰巧在桌子第一排的产品，产品离他们越近，也就越有可能被选中。这个研究说明，环境因素在态度可接近性较低的时候起着重要的作用。现在你可能会理解为什么企业要把自己的产品放在超市最显眼的位置了。

6. 行为的主动性水平

Paulson 和 Lord 等人(2012)的研究发现，行动是主动的还是被动的也会影响态度和行为的一致性。主动的行动一般指那些针对态度对象需要付出努力而且明显直接的行为，而被动的行动则指那些隐蔽、间接、不需要花费多大的精力的行为。比如和理解他人相比，帮助他人显然是更主动的行为。Paulson 等人认为，当人们的态度所指向的行为与被测量的行为在主动性上匹配时，态度和行为的一致性会升高。

在一项实验中，被试首先报告自己对男同性恋人群的态度，接着写出根据这些态度他们有可能做出的行为。这些列出的行为的主动性水平会被评分，从而将被试分为主动型和被动型两类。几周后，实验者为被试列出了若干针对同性恋学生的主动和被动行为，属于主动行为的有：签署支持同性恋的请愿书或反对的请愿书；被动行为有：一视同仁或者另眼相看。被试需要为自己做出这些行为的意愿程度评分。结果发现，支持同性恋的被动型被试更可能一视同仁地对待同性恋群体。

7. 心境的影响

Holland 和 Vires(2012)等人研究了心境的调节作用。以往研究证明了在悲伤状态下，人们会采用更精细的加工方式，消耗较多认知资源；而在高兴状态下，人们的加工过程则更多是自动的，不需要主动控制的。在实验中，他们用内隐联想测验(implicit association test，简称 IAT)测量被试的内隐态度。在关于献血态度的研究中发现，内隐态度在快乐心境的条件下可以很好地预测行为，对献血持消极态度的被试最后表现出较小的献血倾向，而持积极态度的被试献血热情很高。但是悲伤心境的条件下，态度对行为的影响很小。基于信念的态度则在悲伤心境的情况下可以更好地预测行为。

第二节 态度理论

一、认知失调理论

(一)认知失调理论的内容

认知失调理论(cognitive dissonance theory)由费斯廷格(L. Festinger)于1957年创立。这个理论试图解释态度和行为之间的联系。该理论把人的认知元素作为基本单元，有关的环境、个体、个人的知识、观念、意见、需要及信念都是一个认知元素。

认知元素是相对于个体的整个认知结构而言的。任何两个元素之间的关系，可分为协调、不协调和不相关三种。任何两个元素的不一致，也就是说个体感到两个或多个态度之间或者行为与态度之间的不和谐，谓之失调。譬如，一名公司决策者坚信任何公司都不应该污染空气和水，不幸的是，为了使公司获得最高的经济效益，他不得不做出将公司的废弃物倒入当地的河流中的决策。很显然，为了公司的利益所制定的决策违背了这位决策者对于污染的态度，他面临着高度的认知失调。费斯廷格认为任何形式的不一致都是令人不舒服的，个体将试图去减少这种不协调和不舒服。当出现不一致时，个体会采取措施，要么改变行为，或者为这种不一致找一种合适的理由，以减少这种不协调，以便回到态度与行为重新一致的平衡状态。费斯廷格认为，降低不协调的愿望由以下三个因素决定：导致不协调的因素的重要性；个人认为他对于这些因素的影响程度；不协调可能带来的后果。

如果导致不协调的因素相对而言不太重要，则改变这种不平衡的压力就比较小。在上面的例子中，如果决策者认为这种不协调的行为不太重要，考虑到公司的生存问题，每一个公司决策者不得不经常将公司的利益放在环境和社会利益之上，这样他也就缺乏改变这种不一致的强烈愿望。如果他认为这种不协调是一种不可控制的结果外力强加的，并且他个人根本不能控制，他就不会有太大的压力去减少这种不协调。例如，如果不协调产生的行为是上级领导指令的结果，这种减少不协调的压力就将比由个人自发的行为所带来的不协调要小，因为尽管失调存在，但它可以被合理化或被辩解。如果不协调可能带来的后果不甚严重，那么改变这种不协调的压力也就不大，或者他可以找一个适当的理由来减少这种不协调。如上例中，污染的决策者也许会认为他们生产的产品的社会利益要大于河水污染给社会造成的损失，以便使认知回到平衡协调的状态。

(二)关于认知失调理论的研究

Festinger 的认知失调理论在解释许多领域的态度问题上取得了很大的成功，其中以下几个方面的研究，从一定程度上为认知失调理论提供了实证支持。

1. 不充足理由与认知失调

假想让你完成一项非常无聊的工作，在完成之后给了你很高的报酬，你对此项工作的态度会改变吗？为了弄清这个问题，Festinger 和 Carlsmith(1959)做了一个非常有名的实验。他们让被试做两项极为无聊的工作：第一项工作是解开或绕线，第二项工作是在木板上摆弄 48 根小木棍，每项进行 30 分钟。之后告诉被试说这项研究的真正目的是，想验证完成该工作的绩效如何受他人预先对此工作评价的影响。实验者还给被试说由于人手不够，希望被试能够提供帮助，具体任务就是告诉下一个进来的人这项工作很有意思(撒谎)。被试被分成三种情况，一是没有任何报酬，二是给 1 美元的报酬，三是给 20 美元的报酬。实验结束后主试询问了被试对这些任务的喜欢程度，结果如图 5-4。

从事无聊工作时，Festinger 和 Carlsmith 预测不充足理由组(给 1 美元而撒谎)将经历最大的认知失调，并产生最大的态度改变；而充足理由组(给 20 美元而撒谎)没有产生认知失调，所以态度发生最小的改变。预测得到了支持。

在这项研究中，Festinger 和 Carlsmith 认为撒谎的被试可以通过两种方法减少认知失调：一是增加第三个认知以使态度与行为之间的不一致性减少；二是改变他们对工作的态度。给 1 美元的被试之所以态度改变大，是因为他们感受到的认知失调高，而给 20 美元的被试用高的报酬来解释自己的撒谎行为，

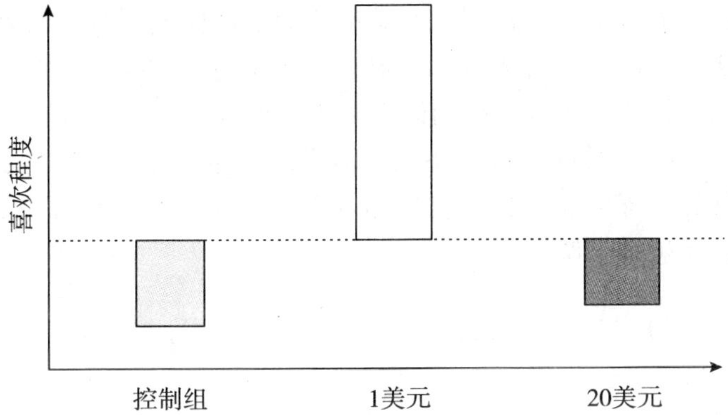

图 5-4　不同报酬下被试对无聊工作的评价

资料来源：Festinger, L. A theory of cognitive dissonance Evanston, IL: Row Perterson, 1957.

高的报酬成了解释违背态度行为的充足理由(sufficient justification)，相当于增加了一个新的认知用来解释态度与行为之间的不一致性，因此不太需要改变态度。1 美元太少，不能成为违背态度行为的正当理由，而是不充足理由(insufficient justification)。

与小的奖励可以引发人们对不喜欢工作的兴趣类似，较轻的惩罚也会成为人们不做某项自己喜欢的事情的不当理由。Aronson 和 Carlsmith(1963)在研究儿童游戏行为的实验中证明了这一点。研究中，实验者给了儿童一堆玩具，其中有一个玩具不许他们玩，如果孩子玩了就会受到轻或重的惩罚。结果发现：玩了这些玩具并受到较重惩罚的孩子并不改变对玩具的喜欢程度，并且如果有机会的话他们还会再玩这些玩具；而玩了这些玩具受到较轻惩罚的儿童却改变了自己对玩具的态度，在有机会的情况下他们也不再去违背大人的意愿而去玩这些玩具了。可见，在第一种情境中，较重的惩罚成了儿童解释自己行为的依据，而在较轻惩罚情况下，找不到这样的理由，只好改变态度。

2. 自由选择与认知失调

另外一个与认知失调有关的因素是人们做了与态度不一致的行为时的自由选择性。有选择时认知失调高，态度改变也大；而无选择时人们体验到的失调少，态度也不会有大的改变。Linder(1967)及其同事就证明了这一点。在研究中他们让大学生写一篇文章，支持禁止有反社会倾向的人在校园发表言论。实际上，正在州议会讨论的这项法案遭到了大部分人的反对。实验采用 2×2(报酬×选择)的因子式设计：报酬有 0.5 美元和 2.5 美元；选择分为有选择和无选择。在有选择情况下，向被试强调他们有拒绝写文章的自由；在无选择情况下，没有提到被试有拒绝的权利，只是让他们写这样的文章。结果正如认知失调理论所预期的，在有自由选择时，报酬为 0. 5 美元的被试发生了最大的态度改变，而报酬为 2. 5 美元的一组则没有发生态度改变。在没有选择情况下，认知失调理论不适用，但符合行为主义的强化原理：行为的结果受到的强化越大，人们对行为的态度也越积极。如图 5-5 所示：只有在有自由选择的时候，人们才能体验到认知失调。

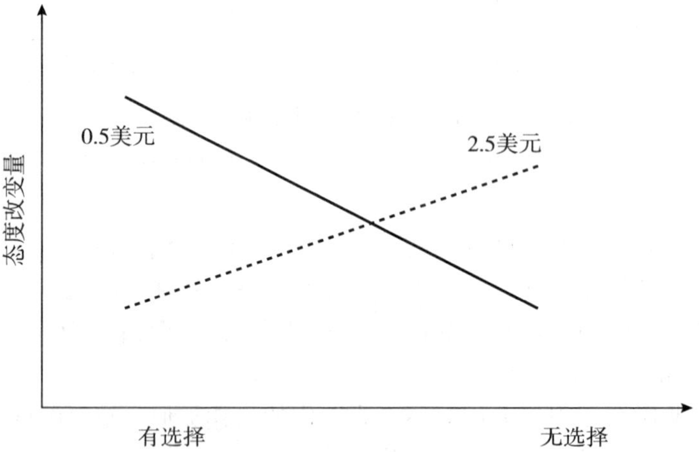

图 5-5　自由选择情境下产生的认知失调

资料来源：Linder D E, Cooper, & Jones E. Decision freedom as a determinant of the role of incentive magnitude in attitude change. Journal of Personality and Social Psychology, 1967, 3.

3. 努力与认知失调

努力与认知失调的关系用 Axsom(1989)的话来说就是：你为某件事情的付出越多，你将会越喜欢它。实际上早在 1959 年，心理学家 Aronson 等人就用实验证明了这一点。在研究中他们让自愿参加实验的女大学生讨论有关性的话题(这个问题在 20 世纪 50 年代是人们忌讳的一个话题)，同时把被试分为高嘲笑组(被试在公共场合大声念一些淫秽的词)、中等嘲笑组(被试在他人面前读一些与性关联的词)以及控制组。在实验开始之前，研究者告诉被试，为了保证他们讲的是自己的心里话，他们需要参加一个“尴尬测验”(embarrassment test)，实际上这样做的日的是为了上面的分组。参加完测验之后，他们让被试戴上耳机，加入一个团体，一起谈论有关性问题。讨论完之后，研究者让被试用 0~100 分评价自己对讨论和小组其他成员的喜欢程度。结果发现：高嘲笑组(97)的被试对小组讨论的评价要远远高于低嘲笑组(82)和控制组。Aronson指出，努力做一件不好的事情，必然带来较高的认知失调，而为了减少失调，人们只能改变自己对这些事情的态度，从不喜欢变得喜欢。

4. 决策后失调

人们在任何一个决策做出之后均会产生失调，这种失调就叫做决策后失调(postdecision dissonance)，它可以通过改变对最终选择的评估来减少。Brehm(1965)用实验证明了这种现象。在实验中他先让女性被试看8种东西，如闹钟、收音机、电热水瓶等，然后请她们写出对每件东西的喜欢程度。接着再从其中拿两样东西让被试看，并向她们说她可以拿走其中任何一件她所想要的，最后再请她们对每件产品重新评定一次。结果发现，在第二次评定时，被试强烈地倾向于增加对她所选择物品的评估，而降低对放弃物品的评估(如表5-1所示)。

表5-1 **决策后失调的减少**

情境	所选物品	放弃物品	失调降低总数
高失调	+0. 32	-0. 53	+0. 85
低失调	+0. 25	-0. 12	+0. 37
无失调	0. 00	无	0. 00

注：表中高失调是指对两件物品最初评定很接近，低失调指两件物品最初评定差别很大，无失调是指没有选择权。

资料来源：根据相关文献整理。

总之，当人们无法为自己的行为找到外部的正当理由时，就会尝试寻找内在的理由，以使自己的态度和行为更为一致。认知失调理论对此作了很好的解释。在很多情况下，当人们对自己的行为无法找到明显的外在正当理由时，往往是"说什么就信什么"(saying is believing)，这种现象被称为"反态度倡导"(counter attitudinal advocacy)，即一种诱导人们公开表达一个违背自己意愿的观点或态度的过程。比如你想改变你的朋友对抽烟的态度，那么你可以请他作一次反对吸烟的演讲。但是这种通过改变行为而改变态度的方法，运用在大众传播上就有困难了。因此为了改变尽可能多的人态度，还需要借助于其他态度改变的技巧，例如采用说服的办法。

二、自我知觉理论

自我知觉理论(self-perception theory)由边姆(D. J. Bem)在1972年提出，

主张当我们对某一目标对象态度未明的时候，我们会透过自己的行为和行为发生的情境，去了解自己对于目标对象的态度、情感和内部状态。也就是说，我们对自己内部状态的了解，也像他人了解我们一样，都是通过我们的外显行为去了解对于一项事物的态度。此理论与传统认为“态度决定行为”的想法完全相反。

自我知觉理论可以帮助我们界定自己对于一项特定事物的态度，但同时也具有局限性，我们须先厘清是否有外在因素影响我们的行为，也就是行为是否完全出自于自愿选择的结果。当存在外在因素时，我们的行为可能就无法表达自己的态度，譬如说当存在奖赏或胁迫时，我们的行为就并非导因于自己的态度、情感或内部状态，而是出于外在因素的影响。但是，当外部因素极少或甚至没有外部因素影响时，我们可以很明确地透过自己的行为了解对于特定事物的态度，因为所表现出来的行为是自愿选择的。

在现实生活中，我们经常不知道自己的态度是什么，而只是根据我们的行为和行为发生的环境推测它们。例如，如果你从一篮子 7 种水果中选择了吃橘子，有人问你对橘子感觉怎么样，你对自己说，“我刚刚选择了橘子，并没有人强迫我这样做，因此，我一定是真的喜欢橘子。”据此，你告诉这个人你喜欢橘子。

我们很容易看到这一理论如何适用于与态度不一致的行为。支付 1 美元给被试，让他告诉另一个人某项任务很有趣。当随后询问这名被试他自己认为这项任务多有趣时，他对自己说，“我告诉人家这项任务很有趣，我只得到 1 美元。1 美元不足以让我说谎，因此我一定是真的认为这项任务有趣。”另一方面，如果得到 20 美元，被试可能会对自己说，“我告诉别人它有趣是为了得到 20 美元；我并不真的相信这一点。”因此，自我知觉理论和认知失调理论都预测，人们做一条矛盾陈述所得到的报酬越多，他们就越不相信它。

注意，尽管认知失调理论和自我知觉理论做出相同预测，但它们的理由完全不同。认知失调理论反映了态度的传统观点，即认为态度是强烈和持久的。当人们进行与态度不同的行为时，他们体验到不愉快的紧张状态，只有通过放弃他们拥有的这些态度才能减少紧张。贝姆的自我知觉理论则认为，我们对态度的表达只是偶然的言语陈述。我们观察我们的行为发生的条件，然后报告我们的态度。

多数心理学家现在认为，认知失调理论和自我知觉理论都是正确的。当人们对态度的经验很少，或者态度涉及模糊、不重要、微小或新颖的问题时，他们可能根据对自己行为的自我知觉来推测态度（Albarracin & Wyer，2000），如自我知觉理论所预测的那样。当涉及的问题更有争议、更重要和持久时，认知失调理论更有可能解释态度和行为。

三、说服模型

(一)Hovland 的说服模型

从 20 世纪 50 年代开始，心理学家就不断地探索说服的问题。Carl Hovland 及其同事已经做过许多有关有效说服的研究。他们早期的研究主要集中在态度改变的过程上，从信息传递和接受的角度看待态度改变问题。图 5-6 是 Hovland 模型的最初形式：该模型主要说明了说服在什么时候产生和怎样产生。按照他们的观点，只有当他人注意到说服信息，理解信息内容，并且接受了这些信息的时候，说服才能发生，而注意、理解以及接受三个阶段任何一个阶段出问题，说服都不能引发态度改变。

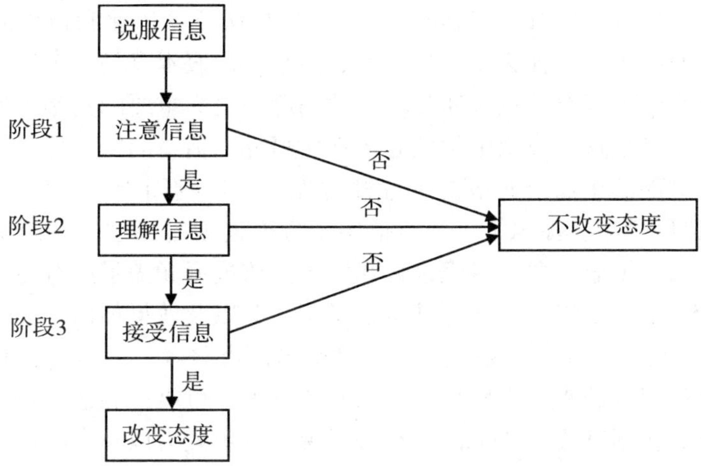

图 5-6　Hovland 的说服模型

资料来源：根据相关文献整理。

(二)说服的中心和外周路径模型

Hovland 的说服模型说明了说服在什么时候产生和怎样产生，但人们为什么要接受说服而改变态度呢？俄亥俄大学的 Petty 和 Cacioppo 提出的认知反应理论(cognitive response theory)说明了这个问题。该理论认为，在对说服信息做出反应时，人们的想法也起着一定作用：如果信息很容易，但同时包含着无法令人信服的论据，那么你会轻易地反驳它而不会被它说服；如果一个信息提供了令人信服的论据，那么你会更加同意它并且很可能被它说服。Petty 和 Cacioppo 以及 Eagly 和 Chaiken 等人在此基础上进一步认为，说服可能通过两种途径产生：当人们有动机、有能力对一个问题进行深入思考的时候，他们更多地使用说服的"中心途径"(central route)：也就是关注论据，如果论据有力且令人信服，那么他们就很可能被说服；如果信息包含无力的论据，思维缜密的人会很快驳倒它。

但有时论据是否充分与否的影响并不重要，因为人们没有足够的动机和能力去仔细思考。如果人们不花太多的时间去推敲信息的内容，这时人们所采用的是"外周路径"(peripheral route)的说服，即关注那些使人不经过很多考虑就接受的外部线索，而不考虑论据本身是否令人信服。当人们注意力发生了转移或者没有足够的动机去思考的时候，熟悉易懂的表达比标新立异的表达更具有说服力。比如说，对于一个不愿思考的人说，"不要把所有的鸡蛋放在一个篮子里"要比"不要在一次冒险中压上所有的赌注"更有影响力。

(三)Sears 的说服模型

Hovland 的说服模型以及认知反应理论只是从信息传递和接受的角度，探讨了说服何时发生和为什么发生的问题。但是，说服本身是一个极为复杂的问题，说服过程中不仅有信息传递和接受的问题，更为重要的则是人的因素，说服者和被说服者是这个说服中的核心环节，另外，情境的因素也不可忽视。为了使说服模型能够更加全面地揭示各种过程以及影响因素，Sears 等人发展了 Hovland 的说服模型，提出了一个包括四个方面的说服模型，这四个方面分别为：外部刺激、说服对象、说服过程和结果。该模型涵盖了所有与说服效果有关的因素，用一句话概括就是：谁对谁说了什么以及效果如何。

如图 5-7 所示：在这个模型中，外部刺激由说服者、说服信息和说服情境组成，其中说服者的影响力取决于他的专业程度、可靠性和他是否受欢迎。说服对象的特点包括其投入或承诺、是否对说服有免疫力以及人格特征。在态度改变的作用过程中，被说服者首先要学习信息的内容，在学习的基础上发生情感转移，把对一个事物的情感转移到与该事物有关的其他事物之上。当接收到的信息与原有的态度不一致时，便会产生心理上的紧张，一致性机制便开始起作用。一致性机制认为有许多种方式可用来减轻这种紧张。说服结果有两个：一是态度改变，二是对抗说服，包括贬低信息来源、故意扭曲说服信息和对信息加以拒绝掩盖。

(四)影响说服效果的因素

从上面的说服模型可以看出，说服效果受到许多因素的制约，这些因素主要包括以下几个方面：

1. 说服者的因素

心理学研究表明，有效的说服和说服者的个人因素有着密切的关系，对一

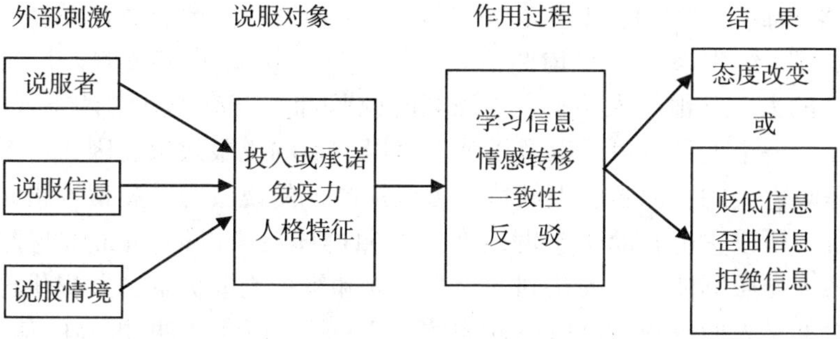

图 5-7　Sears 修改后的说服模型

资料来源：根据相关文献整理。

个说服者来说，他的话别人是不是相信，和以下几个方面的因素有关：

(1)专家资格。在某些方面具有专长的人在说服他人的时候比较有效，Aronson 等人(1963)的研究证明了这一点。在研究中 Aronson 告诉被试他们正在参加一项美学研究，并要求被试评价来自一些较无名气的现代诗里的九节诗句，然后请另外一个人对被试所不喜欢的一节评价，这个人认为这首诗比被试评价的要好。实验中有的被试读到的文章是由一位著名诗人所写，有些被试读到的文章则由一位不知名的大学生所写。结果正如人们所预料的，高可信度的说服者引起了被试更多的态度改变。

(2)可靠性。说服者是否值得他人信任，即他的可靠性如何对说服效果产生影响。如果人们认为说服者能从自己倡导的观点中获益，人们便会怀疑说服者的可靠性，此时即使他的观点很客观，人们也不大会相信。就像"王婆卖瓜，自卖自夸"一样，她的瓜未必不好，但人们因为其意图而不买她的瓜。Walster(1966)等人就证明了可靠性的效果。在实验中他们让罪犯和地方检察官支持增加或者减少执法人员的权力。研究者假设当被试们所支持观点对自己不利时，说服效果最好。结果确实证明了这一点：检察官的说服力在要求增加执法人员的权力时有所下降，而当罪犯要求增加执法人员的权力时，他在说服上的影响力远远大于他要求减少执法人员的权力时的说服力，即当说服者反对与自身利益相同的立场时，说服效果最大。

(3)受欢迎程度。影响说服者说服效果的另一个个人因素是说服者的受欢迎程度。人们经常会改变自己的态度，使其与自己喜欢的人一致。说服者是否受人欢迎由三个方面的因素决定：说服者的外表(physical appearance)、是否可爱(likability)以及与被说服者的相似性(similarity)。

一般说来，外表漂亮的人在说服方面更有优势（Dion & Stein，1978；Chaiken & Eagly，1983）。其中，在 Chaiken 的研究中，研究者让漂亮的人和一般人去说服大学生参加一个请愿活动，结果前者说服了 43%的人，而后者说服了 32%的人。其他的人甚至发现漂亮的说服者可以掩盖其讲话方式的不足。除了漂亮，一个人是否可爱以及乐观也会影响他的说服效果，因为一个可爱的人往往是吸引人的，而吸引人的特征可以提高他的说服力。相似性也是喜欢的重要基础，所以它也有助于态度改变。参照群体（reference group）与此有着紧密的关系。参照群体是个人认同的为其树立和维持判断标准，并提供比较框架的群体。如果人们重视自己所属的团体，它就是一个可信度极高的信息来源，成员信任它，并且相信信息的内容。人们常常改变自己的态度，以与自己相似的人一致。

2. 说服信息的因素

我们想要说服别人，不仅取决于我们自身的特性，而且也与我们说的话里所包含的信息有关，与此关联的因素有以下几个方面：

（1）说服信息所倡导的态度与被说服者原有态度之间的差距。一般说来，差距越大促使态度改变的潜在压力越大，实际的态度改变也较大。但是它们之间的关系并非如此简单，差异大的确会产生很大的压力，但不一定会产生很大的态度改变。有两项因素对这种关系有影响：第一，当差距过大时，被说服者会发现自己的态度不可能改变到消除这种差异的地步；第二，差异太大会使人产生怀疑，从而贬低信息，而不是改变态度。Freedman 等人对此的看法是：在某一限度内，态度改变随着差异的增加而增加，超过这个水平后，如果差异继续增加，态度改变开始减少。但是如果说服者的可信度高，他能产生最大态度改变的差异水平也就越大。

（2）信息唤起的恐惧感。这种说服性信息——通过激发人们的恐惧感来改变态度——被称为引发恐惧的沟通。公益广告常常采取这种方式来说服人们进行安全的性行为、系安全带、远离毒品等。例如，在加拿大销售的香烟要求外包装至少有 50%着有关病态的牙龈或身体的其他部分的生动的图片。它的影响方式与差距相类似：随着信息唤起的恐惧感的增加，人们改变态度的可能性也增加；但是当信息唤起的恐惧感超过某一个界限之后，那么人们可能会采取防御措施，否定该威胁的重要性，无法理性地思考该问题（Janis & Feshbach，1953；Liberman & Chaiken，1992），因而态度反而不发生改变。

（3）信息的呈现方式。它包括说服所使用的媒体和单面与双面说服。从媒体的角度来看，大众传播（mass media）加上面对面（face to face）的交谈效果要好于单独的大众媒体。在说服信息非常复杂的时候，不生动的媒介（书面的信息)的效果较好；而当信息简单的时候，视觉最好，听觉次之，书面语最差。从单面与双面呈现信息来看，当被说服者已经处于争论之中时，双面说服的效果要比单面说服好；当人们最初同意该信息时，单面说服的效果好。

(4)信息的呈现顺序和关联性。前面已经提到，在单加工模型中，先呈现的信息有可能成为评判后续信息的推断依据，从而影响说服过程。信息呈现顺序同样也会影响双面说服的效果。在一项研究中，和只描述酒店温馨的感觉相比，先后提示酒店温馨的氛围和小客房的广告可以引发被试更积极的评价。因为先正后反的信息呈现顺序可以创造一个锚定点，从而使人对一些消极信息做出积极的评价；而先反后正的双面说服效果则要逊色很多。

3. 被说服者的因素

有效的说服也取决于被说服对象，与被说服者有关的因素主要有以下几个方面：

(1)被说服者的人格特性。这包括个体的可说服性、智力和自尊。有些人能被任何形式、任何内容的信息所说服，Hovland 等把这种人格称为可说服性人格；而有些人则是任何信息都难以说服的，这样的人不具备可说服性。智力对说服的影响并不像人们想象的那样——智力越高越难以说服，而是智商高的人与低的人一样可以被说服，只是在论点很难的时候，智商才起作用。自尊心较弱的人往往对自己的不足之处很敏感，不太相信自己，因而易被说服。

(2)被说服者的心情。Janis 和他的同事(1965)通过研究指出，心情好的人更易于接受他人的说服性观点。在一项实验中，他们让有些被试在读说服性信息的时候有东西吃(可以让其心情好)，而另一些被试则无，结果前一组发生了更大的态度改变。Gorn(1982)、Milliman(1986)发现同样的效果也发生在有美妙音乐的时候。Bohner(1992)与 Schwarz(1990)用认知反应论的观点说明了心情的这种效应，他们认为心情好的人在争论出现时卷入较少，不愿去进行较深入的考虑，所以易被说服。心情对说服效果的影响最明显地体现在幽默的作用上，幽默的说服者常常会使他人心情愉快，为了保持自己愉快的心情，人们不太愿意去追究事情的真正原因，经常容易接受他人的观点。

(3)被说服者的卷入程度(involvement)。Johnson 和 Eagly(1989)认为，卷入是一种动机状态，它指向与自我概念相联系的态度，卷入越深，态度改变越难。Petty 等人把卷入分成两种类型：与问题相关的卷入(issue involvement)和与印象相关的卷入(impression relevant involvement)。前者主要强调态度所涉问题与自我概念中重要方面的关联，后者则主要强调个体的态度反应受到他人赞成或反对的影响。

(4)被说服者的动机水平。被说服者的动机水平也会影响说服过程。在

Erb 的一项研究中，学生要评价一项隧洞修建工程，6 个先行论据中，其中第一个有强和弱二种情况，后 5 个保持中等水平。学生需要在高低两种不同动机水平下来评价这个工程。在高动机条件下，学生需要做出支持与否的决定，而在低动机条件下，他们只需描述大概印象。结果表明，在低动机水平下，学生将直接使用先行论据来形成自己的态度判断；在高动机水平下，先行论据会影响之后的论据加工过程，而这个过程再影响最后的态度。

(5)被说服者自身的免疫情况。正如人体对疾病的抵抗一样，过多的预先说服会使被说服者产生免疫力，从而使态度改变变得困难。父母在批评与责备孩子的时候尤其要注意这个问题，因为频繁的责备会使孩子产生免疫力，从而使得以后的说服工作变得很困难。此外，过于强烈的禁止行动同样可能产生反作用，使得对方对被禁止的事产生更多的兴趣。按照抗拒理论的观点，人们不喜欢自己行动和思想的自由受到威胁。当人们感到自己的自由受到了威胁时，一种不愉快的抗拒心态被激发起来，并且人们可以通过从事受威胁的行为(如吸烟)来增加这样的抗拒心理。

4. 情境因素

影响说服的情境因素包括两个：一是预先警告，如果预先告诉或暗示被说服者他将收到与他立场相矛盾的信息，此时这个人的态度将难以改变，预先的警告会使人产生抗拒，但这仅限于讨厌的信息。Apsler(1968)的观点代表了人们对这个问题的一般看法：当个体对问题了解得很多时，预先警告会引起抗拒；而当人们对该问题了解较少时，预先警告反而有助于态度改变。二是分散注意，分散注意力能减少抗拒，因而对改变态度有利。

(五)从双加工模型到单加工模型

说服的外周和中心路径模型可视作为一种双加工模型，这种模型的前提假设是不同类型的信息对应着不同性质的加工过程，外周路径引发的是一种启发式的加工方法，而中心路径则动用了系统式的更精细的加工过程。但是，单加工模型则认为不同类型信息没有本质区别，任何信息都有不同的加工难度和等级。容易加工的信息，比如简短、明显和较早呈现的证据将影响那些不需要付出太多努力的态度判断，而那些难于加工的信息，比如冗长、复杂、隐晦和较晚出现的证据则会需要人们进行更深层次的加工才可影响态度。

传统的双加工模型对线索和论据有不同的权重，先出现的线索会压制之后出现的论据信息。由于在这种模型中，线索总是先于论据出现，我们也无法确认这是源于信息类型的差异，还是因为加工顺序的原因。单加工模型从加工顺序入手，认为不论信息类型，先出现的信息会影响这个态度形成过程。这意味着论据也能作用于线索乃至最后的态度。

Bohner 等人重点研究了线索和论据直接的相互作用。当线索和论据没有相关性时，两者将会独立影响态度，没有交互作用；当两者有相关性时，模棱两可的论据将会被先前的线索稀释，矛盾的论据会压倒之前的线索判断。如果先呈现的信息能够作为后来信息质量的判断标准，这两者就存在相关性。

Brinol 和 Petty 则强调元认知在说服中的作用，提出了一种自我确认模型。他们关注人们自己对说服的认知反应的思考。这些元认知思维在动机和加工水平高时越发有效。元认知观点强调了除认知加工等级本身之外，信息的可信性、接收者本身、信息内容和情境等因素也会通过人们的元认知偏好来影响态度。他们还发现，如果人们的元认知思维来源于人的自我本身，而不是文化等其他外界因素，人们的想法将最大程度地决定态度。

第三节　行为影响态度

社会心理学家教给我们一些知识，那就是思维能影响行为。现在我们转向更令人震惊的想法，即行为决定态度。有时我们确实坚持我们所相信的，但同样我们也会逐步相信我们坚持的东西。行为的心理后效确实在许多社会心理学实验中出现过。下面的例子证实了自我说服，也即态度紧随行为之后。

一、角色扮演

角色(role)这个词来源于戏剧，正如在戏剧中一样，它指的是那些处于特定社会位置的人被期望表现出的行为。当我们扮演一个新的社会角色时，起初我们可能觉得很虚假，但很快我们就会适应，想想那些你刚进入一个新角色的时光，也许是你第一天上班或上大学。比如在你进入大学校园后的第一周，你也许会对新的社会环境非常敏感，努力表现得成熟并避免做出高中时的一些行为。此时此刻你也许感到了强烈的自我意识。你会注意自己的新言语和行为方式，因为这对我们来说是陌生的。但某天我们会惊奇地发现我们已经习惯于虚伪地卖弄自己，也变得十分自然了。这个角色就像我们的旧牛仔裤和 T 恤一样，已经与我们十分匹配了。

在一项研究中，斯坦福大学心理系教授菲利普·津巴多(Zimbardo，1971；Haney & Zimbardo，1998，2009)设计了一个模拟的监狱实验，要求大学生志愿者在其中待一段时间。津巴多想知道，到底是邪恶的犯人和恶毒的狱卒导致了监狱的残酷性，还是狱卒和犯人的角色令即便富有同情心的人也变得十分怨恨和冷酷。是人们使这个地方变得暴力了，还是这个地方使人们变得暴力了？

津巴多用抛硬币的方式，指派一些学生做狱卒。他给他们分发制服、警棍和哨子，并且命令他们按规则行事。另一半的学生则扮作犯人，他们穿着令人羞耻的囚服，并被关进单人牢房里。在经过了一天愉快的角色扮演之后，狱卒和犯人，甚至研究者都进入了情境。狱卒开始贬损犯人，并且一些人开始制定残酷的污辱性规则。犯人崩溃、造反，或者变得冷漠。津巴多(Zimbardo, 1972)报告说："人们越来越分不清现实和幻觉、扮演的角色和自己的身份……这个创造出来的监狱……正在同化我们，使我们成为它的傀儡。"随后津巴多发现社会病理学症状正在出现，他不得不在第六天放弃了这个本来计划为期两周的实验。

关键问题在于我们并非无力抵制我们所扮演的角色。在津巴多的模拟监狱中，在阿布格莱布监狱中(狱卒侮辱伊拉克战犯)以及其他产生暴行的情境中，有的人变成了虐待狂，而另一些人却没有(Reicher & Haslam, 2007; Mastroianni & Reed, 2006; Zimbardo, 2007)。盐溶于水，沙却不会。所以约翰逊(Johnson, 2007)指出，如果被置入一个烂苹果箩筐里，有的人会变成"烂苹果"，有些人则不会。行为是个人和情境的共同产物，监狱研究吸引来的也许正是那些具有潜在攻击性的志愿者们(McFarland & Carnahan, 2009)。

角色扮演研究带来的启示，不是人有时会成为毫无主动性的角色机器，而是虚幻(一个假想的角色)如何微妙地转化为现实的议题。在一个新的职业生涯中，比如教师、军人或商人，我们扮演的角色会塑造我们的态度。

二、从语言到信念

人们经常通过措辞来取悦听众。他们传播好消息比坏消息要快得多，并且会根据听众的立场来调整要说的内容(Manis & others, 1974; Tesser & others, 1972; Tetlock, 1983)。当让人们口头或者书面上支持他们所怀疑的事情时，他们常常会为自己的欺骗行为感到不安。不过，他们会开始相信自己所说的话—假如他们不是受贿或被逼才这样做的。当一个人的话语缺乏令人信服的外在解释时，言语就会变成信念(Klas, 1978)

托里·希金斯及其同事(Higgins & McCann, 1984; Higgins & Rholes, 1978)证实了言语是如何变为信念的。他让一些大学生阅读有关某人的人格描述，然后对一个听众总结该描述，这个听众一开始就很明确地喜欢此人或者不喜欢此人。当听众喜欢此人时，这些学生会总结一个更积极的评价。说过好话以后，他们自己也会更喜欢此人。让他们回忆自己读过的内容，他们会记起比实际更多的积极描述。简而言之，我们似乎倾向于根据听众来调整我们的讲话内容，并且之后也会相信这些歪曲的信息。

俄勒冈州大学的心理学家海曼(Hyman, 1981, p. 86)描述了扮演一个看手相的人怎样使他相信了手相术。

> 我开始看手相的时候还很年轻，那时候是靠这个来赚钱。最开始的时候我并不相信手相术，但是当我靠卖弄这个来赚钱，我不得不表现出我相信它是真的。于是在几年之后，我变成了一个手相术的坚定拥护者。有一天斯坦利·杰克斯，一个我十分敬重的职业警探对我说，如果我故意按照手相所显示的相反信息来说那将会是一个非常有趣的实验。我在一些顾客身上试验了一下，令我惊讶的是，我看的手相和以前一样成功。看手相的人和顾客竟然可以相信一些事实并非如此的东西，从那以后，我开始对这种劝说的强大力量感兴趣了。

三、登门槛现象

大多数人都有这样的体会吧，许多时候在答应帮助某一个团体或一个组织以后，我们最后的参与度会比最初设想得还要多，我们会发誓将来再也不答应这样的请求了。这是怎么发生的呢？与"行为决定态度"的理论一致，实验表明，如果想要别人帮你一个大忙，一个有效的策略是先请他们帮一个小忙。这一登门槛现象(foot-in-the-door phenomenon)被证实十分有效。研究者假扮成安全驾驶的志愿者，他们请求加利福尼亚人在院子前面安置巨大的、印刷比较粗糙的"安全驾驶"标志。结果只有17%的加利福尼亚人答应了。然后研究者就请求其他人先帮一个小忙：问他们可以在窗口安置一个3英寸的"做一个安全驾驶者"的标志吗？几乎所有人都欣然答应了。两周后，76%的人同意在他们的院子前竖立那个大而丑陋的宣传标志(Freedman & Fraser，1966)。一个挨家挨户跑来跑去的项目助理后来回忆道，不知道自己曾经拜访过哪些住户，"我完全糊涂了，有些人如此容易就被说服，而有些人却又如此地顽固不化"(Ornstein，1991)。

还有一些研究者通过利他行为证实了登门槛现象的存在：帕特里夏·普利纳与其合作者(Pliner & others1974)发现，在直接接触的情况下，多伦多郊区46%的住户会乐意向癌症群体捐款。而如果在前一天让他们佩戴着一个宣传广告(如果他们都愿意这么做)，那么募捐者的数量可能会是前者的两倍；安杰拉·利普兹(Lipsitz & others，1989)发现，在献血结束后，用下面的话提醒献血者："我们希望以后还能再见到你，好吗？(暂停等待回应)"，献血者再次露面的几率会从62%增长到81%；在互联网聊天室里，保罗·马基与其同事(Markey & others，2002)发出了求助的请求("我的电子邮件出问题了，你能帮我发一封电子邮件吗?")如果先请对方帮一个小忙("我刚刚开始学习电脑，你可以告诉我怎么来看别人的文件吗?")，那么其获助次数会由2%增加到16%；尼古拉斯·吉根和塞球·雅各布(Gueguen & Jacob，2001)通过邀请法国的互联网使用者签署反地雷的请愿书，从而使他们为儿童地雷受害者组织募捐的比率达到了原来的3倍(从1.6%到4.9%)。

请注意，在这些实验以及其他100多个表现出登门槛现象的实验中，人们最初的顺从行为——在请愿书上签字，佩戴一个宣传广告，陈述个人的意图——都是自愿的(Burger & Guadagno，2003)。我们不断发现，当人们承诺公众行为并且认为这些行为是自觉做出的时候，他们会更加坚信自己的所作所为。

社会心理学家罗伯特·西奥迪尼(Robert Cialdini)把自己形容为"易受骗者"。"在我的记忆里，我一直都是被小贩、募捐者或这类那类的骗子利用的傻瓜。"为了更好地了解为什么个体会对别人说"是"，他在各种销售、募捐和广告组织中接受了三年的训练，并最终发现了人们是如何利用"影响力"这个武器的。他也将这种武器引入到简单实验的测试中。在其中一个实验中，西奥迪尼与其合作者(Cialdini，1978)发现了另一种登门槛现象，即一种被一些轿车经销商灵活应用的低价法策略(lowball technique)。在顾客因为价格便宜答应买下一辆新轿车并开始办理买卖手续的时候，销售人员会在一些可选项上加价或与老板协商(老板表现出不愿意做这一买卖，因为"我们已经赔钱了")，从而消除价格优势。据说，相比刚开始，更多的顾客会在高价下坚持购买。航空公司和旅店也运用上述策略，通过少量的座位或房间吸引大量的订单，然后，当座位或房间不够时，他们希望顾客能够接受更高的价位。

图5-6　低价法策略

资料来源：Cialdini R B, Cacioppo J T, Bassett R, & Miller J A (1978). Lowball procedure for producing compliance: Commitment then cost. Journal of Personality and Social Psychology, 36.

西奥迪尼与其合作者发现这种办法确实管用。当他们邀请选修普通心理学课程的学生在上午 7 点整来参加一个实验时，仅仅有 24%的学生露面。但是，如果让这些学生在不知道时间的情况下先答应参加实验，然后再告诉他们实验在上午 7 点开始，结果来参加的人达到 53%。

市场调查人员和推销员发现，即使顾客意识到存在一种利润动机，上述这种法则仍然有效(Cialdini，1988)。一个最初没有损失的承诺，如返还一张写有更多信息的卡片和一件赠品，答应去听一个有关投资的报告，经常会让我们做出更大的承诺，售货员有时会尝试将人们捆绑在购买协议上以发挥小承诺的威力。现在美国许多州已经立法，面对那些上门推销人员，顾客可以有几天的时间来考虑他们是否要做这笔交易。为了对抗这种法律效应，许多公司使用了特别的销售培训项目，称为“防止顾客撤销协议的非常重要的心理辅助”(Cialdini，1988)。他们只是简单地让顾客而非销售人员来填写合约，在顾客自己填写完以后，他们通常会坚持自己的承诺。

登门槛现象的确很值得研究。某些人试图诱导我们——在经济、政治或性方面——表现出顺从，现实的教训在于，在我们答应某一个小要求之前，考虑一下之后会发生什么。

图 5-7 登门槛现象

资料来源：Cialdini R B, Cacioppo J T, Bassett R, & Miller J A (1978). Lowball procedure for producing compliance: Commitment then cost. Journal of Personality and Social Psychology, 36.

四、自我展示

上述许多研究证实了行为对态度的影响作用，社会心理学的研究者提出了以下几个可能性原因。

自我展示理论认为，出于某些重要的原因，我们会表现出一定的态度，以使我们看起来表里如一。我们当中有谁不在意别人对自己的看法吗？我们在衣着、食品、化妆品和整形手术上花费了大量的金钱，那都是因为我们在意其他人的看法。给别人一个好印象，常常能给自己带来社会和物质上的回报，能让自我感觉良好，甚至能让我们的社会身份更有保障（Leary，1994，2001，2004b，2007，2010）

没人愿意让自己看起来自相矛盾。为了避免这一点，我们表现出与自己行为一致的态度。为了看起来一致，我们也许会假装表现出某种态度，虽然那意味着有些做作或虚伪，但为了给他人留下好印象是值得的。或者说，是自我展示理论所建议的。

我们希望自己看起来一致的愿望能够解释为什么我们表达出与行为保持一致的态度吗。在某种程度上，的确是可以的——当用假的测谎仪去阻止人们为了印象管理而说谎时，人们表现出的态度改变会小得多。（Paulhus，1982；Tedeschi & others，1987）。

小　结

1. 态度（attitude）是指个体对客观事物、人或事件以一定方式做出反应时所持的评价性的、较稳定的内部心理倾向。要对态度有全面的认识，则必须了解态度的构成要素和态度如何形成、如何改变及态度对行为的影响。态度由认知、情感、行为意向构成。计划行为理论模型阐述了个体行为意向的生成机制。同时，态度预测行为主要受到态度的特殊性水平、时间因素、自我意识、态度强度等因素影响。

2. 态度与行为密切相关，因此了解态度如何转变是非常重要的。态度的转变理论主要有认知失调理论和自我知觉理论。说服模型也可以解释人们态度的转变，其中，影响说服效果的因素主要有说服者的因素、说服信息的因素、被说服者的因素和情境因素。

3. 行为影响态度所表现出来的形式有角色扮演、从言语到信念、登门槛现象，这表明行为的心理后效确实存在，即态度会紧随行为之后。

第六章　群体影响(上)

学习目标

通过本章的学习，需要掌握群体的概念、结构；理解群体的行为及其对个体行为的影响；了解群体动力理论、群体士气的概念及其对生产率的影响；明确从众的概念，影响从众的因素以及个体如何抵抗从众的压力；了解社会协同与社会标准行为；掌握社会助长与社会抑制行为的概念与影响机制。

第一节　群体与群体行为

一、群体的概念

在社会心理学中，群体(group)作为一个专门的学术性范畴有其特定的含义，即指为了实现特定目标，两个或更多的人互相影响、互相依赖而形成的人群结合体。在这一群人中，每个成员之间相互依赖，在心理上彼此意识到对方的存在；各成员间存在面对面的直接接触，在行为上相互作用，彼此影响；各成员在心理上意识到对方，有“我们属于同一群体”的感受，彼此间有共同的目标或需求。

许多学科也对群体进行了研究，而在社会心理学的研究意义上，简单的统计集合体、喜欢看电视新闻的观众、同乘一辆公共汽车的乘客、围在路边看热闹的人群、在电影院中观看同一部电影的观众等不能归为群体之列，因为其成员不存在依附关系、不发生互动，在多数情况下，彼此间无丝毫影响。学校篮球队、家庭、工厂中的班组等，则可称为群体，因为其成员常常是为了共同目标而组合在一起，彼此间不但有面对面的接触，而且有频发的互动以及多方的影响。

可见，只有满足一定标准的人群才能称为群体。

第一，构成所谓群体的个体之间必须具有频繁的互动，即成员之间有生活、学习和工作上的交往，有信息、思想、感情上的交流。也就是说，群体成员之间存在一定的沟通，这种沟通可以是无限的，也可以是有限的。有某种形式的沟通，是构成群体的必要条件。

第二，构成群体的个体之间以某种方式相互依赖，形成有结构的人群联系。在任何一个群体中，每个成员都占有一定的地位，扮演着一定的角色，并由此构成一定的等级体系和人际关系网络。在这样一个个体有机联系、相互作用并构成的整体中，人们进行着交往活动，发生着互动和联系。

第三，成员间的关系必须是相对稳定的，持续一段较长的时间，如数个星期、数个月或数年。尽管有时由于某种特殊的原因，在很短的时间内几个不相识的人会组成一个群体，如在街上追逐歹徒的一群人，但这只是一个松散的群体，不能算作真正意义上的群体。

第四，成员具有相同的目标和利益。目标是人们想要达到的境地和标准，任何群体都有一定的目标，这种目标是群体进行活动的方向和目的。没有目标，群体就没有动力，更谈不上存在和发展。正是因为群体成员有着共同要追求的目标，并且彼此互相依赖各自的绩效来取得群体的成功，才使得群体得以存在。通常，群体的目标是单个个体无法达到的。

第五，成员要明确意识到自己是属于某一群体的，以及该群体的界限。同时，群体成员要在心理上发生共鸣，产生一定的情感和相互依赖的关系，成员间的活动发生相互影响，并能彼此相容，建立起共同的心理意识。

第六，成员具有共同的价值和规范。群体价值就是对社会现象的一致看法和评价，它是在一致态度的基础上形成的，并由群体在社会关系中的地位和环境所决定。群体的价值和规范是群体成员必须要遵守的，它使群体成员的共同活动得以协调进行。群体成员如果违反了它，就会受到惩罚，被背弃或者孤立，甚至还有可能被驱逐出群体。

一切密切结合在一起的家庭是一个群体；有时由于特殊原因短暂结合在一起的几个陌生人也可以形成一个群体，如几个人同乘一辆缆车上山，由于意外事故，车被困在半山腰，在这突如其来的情况下，本来素不相识的人组成暂时性的群体，有的人出主意，有的人修机器，有的人向外呼喊求救。这些本无任何关联的人，为了共同目的，彼此互动起来。在一个十分短暂的时间内，几位陌生人形成了一个临时群体，他们平安脱险后，互动即告结束。群体可以有不同的持续时间，可像家庭那样数代延续下去，也可以在数天或数小时内解体。

规模也是群体的一个重要方面。夫妻两人组成的家庭是最小规模的群体，数百人组成的车间也可归为群体之列。社会心理学研究所关心的主要是 2～50 人组成的群体。数百人聚集在一起而形成的大规模群体，其成员不可能熟知每一个人，不可能发生充分的互动，也难以产生群体归属感。

群体是介于个体与组织之间的集合体。个体在群体中的活动，巩固了群体的关系，增强了群体的凝聚力，鼓舞了群体的士气。群体精神造就了群体成员，促进了其能力的发展和发挥。群体和个体的关系是互相促进、互相增强的。组织是一种社会内部关系的结构或体系，是权力的表示，是社会秩序的基础，群体和个体是社会组织下同层次的组成部分。

二、群体的结构

群体作为一个人群集合体，并非是个体的简单叠加，而应该是有人与人之间相互信赖、相互作用，并且还需要具有共同的需要和追求。对群体的这种界定决定了群体具有其特有的结构性特征，也即一个群体内保持长期关系的相对稳定的形式。群体结构包括许多维度，如群体的规模、规范、角色、地位等。

(一)群体规模

群体的规模涉及群体内成员的数目，国内外针对群体规模的研究主要集中在对大小群体划分标准的确定上。国外社会心理学对大小群体的界限问题进行了一系列研究，即大小群体最少和最多应为多少人。美国心理学家詹姆斯曾对符合小群体特征的9129个群体进行了分析，他指出，在多数情况下，小群体的人数应该为2~7人，并认为这是小群体规模的最佳人数。

还有一些心理学家认为，小群体的下限应为3人。这样群体就按照规模被划分为2人群体、小群体和大群体。社会学家斯麦尔比较了2人群体和3人群体。他指出，在2人群体中，任何一人的退出都可导致群体的解体，这一事实迫使2人群体成员的不断参与，相互依存。2人群体成员间因此产生了特殊的亲切感、责任感、压力感。在3人群体中，即使一个退出，群体仍然存在，彼此间的亲密感、责任感都没有那么强烈；同时，成员间关系不再像2人群体那样面对面和公开，有了一定的匿名性和隐私性，“三个和尚没水吃”，就是3人彼此推卸责任的结果。2人群体的另一个特点是，任何人都无法扮演中间人的角色，不存在多数派、少数派的问题；而3人群体不仅可以居间调停，还会出现少数服从多数的局面。

在群体中，群体成员的多少直接决定着群体内人际关系的数量。2人群体追求的关系是简单的面对面接触，3人群体成员之间的关系就不再是简单的面对面接触了。群体每增加一个成员，彼此之间关系复杂很多倍，不仅有两个人关系，还有个人与群内小群体之间的关系、群内小群体与小群体之间的关系。夫妻二人组成的家庭，彼此之间只有一个关系，有了一个孩子后，3人家庭就存在3个关系，小孩结婚后，4人家庭则有6个关系。如果有了第三代，关系就会增加到10个。这些关系多数是潜在的，并不一定发生，但又随时有可能发生。群体成员的多寡、人际关系的变化直接影响到群体凝聚力的变化。

关于小群体规模的上限问题，学术界一直存在分歧。有人认为 7 人最佳，也有人主张 20、30 甚至 40 人。但不管以何种标准为上限，随着群体规模的增大，会导致以下变化：首先，成员平均参与群体活动的程度变小。以语言训练班为例，学员越多，每个人发言的机会越少。同时，群体规模的扩大，还会增强成员的拘束感，促进成员收敛自己的行为，进一步影响成员的参与程度。其次，将导致机会分配的失衡，出现少数人一统天下的局面。再次，规模扩大超过一定限度，将影响群体功能的发挥。成员太多，彼此间差异大，摩擦增加，群体内人际关系难以协调，群体难以正常发挥功能。最后，随着群体规模逐渐变大，成员间沟通的机会越会减少，人际关系开始转向群体内部沟通，成员间更多以间接方式交往。

所以，如果群体成员能知觉到其他成员的存在，但是不能直接地面对面沟通，只能通过间接方式进行沟通，这样的群体就属于大群体。

对于理想的群体规模，心理学家给出了这样一个标准，就是根据群体所要完成的任务的性质。如果群体要完成生产性的任务，由 12～14 人构成的群体较为有效；而 5～7 人的群体更适合于从事研究开发类的活动。

（二）群体规范

1. 群体规范的定义

群体是众多个体以一定方式维系而组成的，群体一旦形成，就需要有一定的行为准则来规范其成员的信念、价值观和行为，以保障群体目标的实现和群体活动的一致性。这种群体所确立的一套规定成员如何做的行为准则和标准（group norm）就是群体规范。麦格拉斯（J. E. McGrath）认为群体规范包括四方面内容：看待有关目标对象的参考框架；规定目标对象“正确”的态度或行为；有关上述这些态度和有关对容忍偏离规范的情感；积极和消极的约束，凭借这些约束对正当的行为进行奖励和对不正当的行为进行惩罚。可见，群体规范规定了群体成员的行为方式，是一种约束性力量，使得群体目标能够得以实现。群体规范规定了成员的行为范围、成员应该具备的态度，让群体成员知道自己在一定的环境下，什么可以做，什么不可以做。从个体的角度看，群体规范意味着在某种情境下群体对一个人的行为方式的期望。当群体规范被群体成员认可并接受后，它们就成为以最少的外部控制影响群体成员行为的手段。

群体规范作为一种标准化的观念，所涉及的对象是非常广泛的，内容也是多种多样的。群体规范从广义上讲，包括制度、道德、文化、语言、风俗等；从狭义上讲包括厂规、守则、纪律等，设计的内容非常广泛，其中既有明确规定的准则条文，也有自发形成、无明文规定的行为模式。群体规范作为联结组织或群体和个人行为的媒介因素之一，像棱镜一样折射着组织或群体对个人的一切影响，直接引导和限制着个人的态度和行为。

2. 群体规范的形成

群体规范的形成有一定的心理机制。人们在共同的生活中，对于外界事物的经验，具有一种将经验格式化、规范化的自然倾向，这种规范化的经验被称为定型，它有助于人们在重新遇到此类事物时尽快做出反应。群体规范就其形成过程来说，属于定型。另外，群体规范的形成还受暗示、模仿、从众、服从等因素的影响，是群体成员为着目标的实现而发生相互作用的结果。群体规范是在这两种因素的基础上产生的。

美国社会心理学家谢里夫(M. Sherif)①认为，由于群体中人与人相互作用的结果，逐渐形成了成员共同的判断标准或依据原则，从而使各成员的判断趋于稳定，这个过程就是群体规范形成的基本过程。

谢里夫设计了一项实验，用以说明群体规范的形成过程。他让被试单独坐在暗室里，观察在他们面前的一段距离内出现的一个固定光点，光点出现几分钟后就熄灭了，这时让被试判断光点移动的方向。实际上光点并没有动，但在暗室中由于视错觉，人们都觉得光点在移动。这样的实验重复几次后，每个人都建立了个人的反应模式，有人觉得光点向右上方移动，有人觉得向右下方移动，还有人觉得向左下方移动等，各不相同。主试问被试，在他们看来，光点移动了多远。问过几次之后，被试的判断也基本固定了，有人说 2 英寸，有人说 3 英寸，等等。然后，被试又重新分组，再做一次实验，这次允许他们听别人的判断，并相互讨论。结果发现，经过几次实验后，被试对光点移动方向和移动距离的判断开始向一个新的群体平均数集中。最后，对每个被试又单独施测一次，但他们的估计仍是整个群体的估计数。谢里夫认为，这一结果说明了群体对个人在社会知觉水平上的影响，个人逐渐形成了以团体的眼光来看光点移动的态度。这一实验结果与人类学资料结合起来，说明个人的知觉习惯是对社会文化习惯的适应。从群体规范的角度来看，当一个群体面临模糊不清的事态时，会出现可供了解和把握事态、采取适当方式予以处理的共同判断标准——群体规范，而且各个成员会依据这一规范采取相应的行动。谢里夫的其他实验还表明，在形成群体的初期，成员之间的差异性是明显的，但是随着时间的推移，成员之间的差异性就会逐渐消失，一致性会明显表现出来(见图 6-1)。

---

① 加纳德·墨菲. 近代心理学历史导引. 林方，等，译. 北京：商务印书馆，1980：6、7.

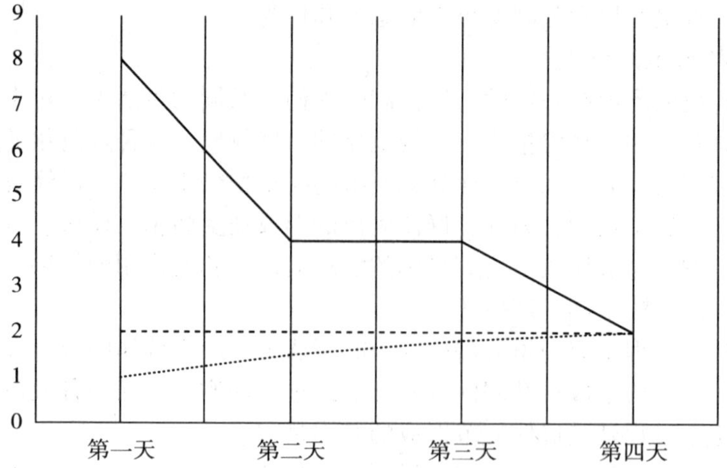

图 6-1　群体规范的形成

资料来源：M Sherif et al. Social Psychology. New York：Harper & Row，1969：361.

谢里夫的研究结果具有重要意义，后来又有许多人将这一观点应用于群体研究。在对霍桑电厂接线车间的研究中发现，群体工作时，会产生一种关于群体忠诚的非正式的、非书面的规章。根据这种规章，一个好伙计，既不能干活干得太快，使管理部门增加定额，也不能偷懒耍滑，完不成自己的任务；一起干活的工人违反了厂规，不应告密；不能势利眼、对同伴们表现出高高在上的样子。大家希望一个群体成员都遵守这些规范，如果一个工人违反其中一条规范，就会受到其他成员的排斥和打击。

群体规范在三种条件下产生：第一，群体成员在共同的工作生活中，由于对某些问题确实具有共同的认识、判断和标准，因而发生类化过程，大家彼此接近、趋于一致，从而导致形成某种模式和标准，这样在遇到同类问题时就可以尽快做出反应；第二，群体在运作的过程中，尽管开始对某些问题有不同的看法和做法，但在长期的相互作用和交往过程中，发生相互之间模仿、暗示和顺从等心理行为过程，从而使群体成员的意见趋于同化和统一；第三，规范也可以由群体领导人根据该群体的情况制定。

3. 群体规范的功能

群体规范一旦形成，就要开始对群体成员产生影响。不仅如此，这种作用还是持久的、深入的，它是成员在社会生活中遵守共同的行为准则，沟通思想、交流感情，共同生活和生产，没有群体规范，共同活动就不可能进行。

一般来说，群体规范有以下功能：

第一，群体支柱的功能。群体的存在形式是它的整体性，而这种整体性就表现在群体成员的行为、感情和认知的一致上。群体规模就是这样一种一致性的标准，它统一着群体成员的意见和看法，调节着他们的行为。群体规范是一切社会群体得以维持、巩固和发展的支柱。一个群体的规范越标准化，群体规范越能被群体成员所一致接受，成员的活动就越协调，群体成员之间的关系就越密切，躯体也就越整合、越集中，群体也越团结。

第二，评价准则的功能。群体规范是群体成员的认知、评价的标准和行动准则。当个体一旦成为群体的一员，就会在判断和评价上形成标准要求，约束群体成员与规范保持一致。群体规范虽然不像社会习俗、道德、法律那样明确、具体、广为人知，却与群体成员有着更为直接和密切的关系，就像生活在法律规定婚姻自主的社会中还要听从父母之命一样，群体规范往往是群体成员更为直接的行为准则。

第三，对群体成员的约束功能。群体规范的约束作用主要表现在群体舆论中。这种群体舆论是大多数成员对某种行为的共同评论意见。当某些成员的行为与群体规范相矛盾时，多数成员会根据群体规范对这种行为做出一致的判断或结论。这种带有情绪性的共同意见，对个人行为具有约束作用，使其不至于违反群体规范。

第四，行为矫正功能。群体成员如果违反了规范，就会受到群体舆论的压力，迫使他们改变行为，与群体成员保持一致，因而群体规范有行为矫正功能。

4. 群体规范的分类

群体规范可以分为正式规范与非正式规范。正式规范指在正式群体中明文规定的行为准则，如认真学习、工作，服从上级，尊敬师长等。正式规范存在于正式群体中，并且往往用文字形式固定下来，由上级或同事监督执行。若违背的话，根据情节的轻重，由群体正式给予批评、警告和处分等。非正式规范是群体成员间相互约定的、自发形成的，大家一致同意却没有明文规定的规范。这种规范虽然没有被正式规定下来，但却能被每个人意识到，并自觉地遵守。人们如果违反了这种规范，往往会受到舆论的指责，或众人的冷眼排斥，这就给人在心理上形成一种压力。非正式规范有时甚至与主体文化规范相矛盾，而它对群体成员行为的制约能力往往还要胜过正式规范。

群体规范还可分为一般社会规范和反社会规范。群体内部大多数规范是与社会主体文化规范相一致的，但也有些是不被社会所承认的反社会规范，例如犯罪团伙中的哥儿们义气、大胆、好斗等。这些犯罪团伙成员的行为准则，在多数情况下是与主体社会文化规范相抵触的。而且由于这种反社会规范不被社会所承认，并遭到社会的反对，所以维护这种规范，要靠比较森严的“纪律”，若违反了它，往往要受到团伙成员的处罚制裁。

群体规范是群体成员的行为准则，因此，人们可以依据它对群体成员的言行影响，做出肯定或否定的判断。同时，可以使群体成员明确自身言行的准则，知道在群体内应该怎样行事。群体规范明确了群体成员行为的奖惩标准，保障了群体成员行为的一致性，从而维护了群体的稳定，发挥了群体的正常功能。群体规范对一个有效的群体而言，是必要不可缺少的。

(三)群体中的地位和角色

1. 地位

任何处于社会中的个体都要属于特定的社会地位，而这一社会地位则赋予了占据这一地位的个体以一定的权利和义务，从而规范个人的行动以及他与占据着社会系统中其他地位的人们之间的互动。在群体中，地位(status)代表了群体对于某一个体所估计的价值，它具体包括弥散身份特征和特定身份特征。弥散身份特征指诸如年龄、性别、种族、民族、教育水平和身体吸引力等，间接显示成员完成群体任务能力水平的身份属性，而特定身份特征则是直接显示群体成员地位的属性，例如身高就是篮球队员的明确身份特征。在很多情况下，特定身份特征提供了比弥散身份特征更为可靠的推论特征。

在新形成的群体中，身份特征深深地影响着成员间的互动。特别是那些在更广阔的社会大环境中具有较高身份的人，更容易在群体中获得高地位。较高地位身份特征的成员会比其他成员获得更多的尊重、较高的自尊水平，更有可能被选为群体领导，群体对他们关于群体问题解决的贡献，评价更为积极；他们被赋予更多的机会参与群体协商，并对群体决策施加更多的影响。另一方面，即使个体原来并不具备较高的地位，但是由于他具备形成某一重要职责的能力，并在群体中很成功地行使了该职能，为群体做出了贡献，也会在群体中获得相对较高的地位。

2. 群体角色

角色指的是人们对在某一社会环境中拥有特殊位置的人所期待的一系列的行为模式。每个人在所处情境中都要扮演各种不同的角色。一个女性，在家庭中会是女儿、妻子和母亲，在公司的经理面前她是下属，在购物时她又是消费者，等等。群体同样对处于群体中的成员具有各种各样的角色期待，要求群体成员不能都以相同的方式行为。随着时间的推移，会出现这样的现象，有些成员比另一些成员对群体目标的贡献多一些，有些成员在心理上更忠诚于群体，在执行群体功能上有些成员表现出能力上的优势，这样，群体角色便形成和发展起来了。

在绝大多数群体中，首先出现的角色是任务专家或任务领导者。某一成员在完成群体目标方面更有优势，人们往往听从他的指导和建议，由于他的独特贡献，在群体中的地位就上升了。他因此会获得更多的尊重和利益。另外一种领导随着群体的形成也会产生，他们被称为人际关系领导或维持"士气"的专家，他们擅长缓和人际矛盾，调节群体气氛，关心成员的情感。同时，其他成员也在分化。处于不同岗位的个体扮演着不同的角色，为群体做出不同程度的努力。

角色是人们对处于某一地位的人的潜在绩效与贡献的期待，它实际上也可以被称为心理契约(psychological contract)。谢恩(E. H. Schein)认为，在正式群体中，每个成员相互之间存在的没有明文规定的一整套期望就是契约。① 这些期望可以是人们对物质利益的要求，而对精神上、心理上的期望就构成群体内部的心理契约。

心理契约的研究多运用在正式群体中。心理契约涉及群体(组织)双方相互关系中必须为对方付出什么，同时对方又必须为自己付出什么的一种主观信念，核心内容是双方相互的责任和义务。

第一，心理契约的内容与书面合同或口头协议相关联，是对客观约定的主观感知。

第二，心理契约还以对方的行为作依据。

第三，契约双方认可的通行做法或惯常做法(类似于契约法中的惯常约定)也是判断心理契约内容的依据。

群体中的心理契约是个体如何在群体中相处的问题。心理契约不仅对群体内部成员之间的发展有影响，同时还会影响着群体之间的关系。各种期望总是存在于群体间的合作与竞争之中。如果竞争违反了规则，就可能产生相互不信任感，导致不良竞争的出现。

(四)群体界限

群体界限是群体结构的重要特征之一，没有界限就无所谓群体，就无法辨别成员与非成员。许多特征都可以成为划分群体的界限，如肤色、校服、校徽、共同居住的宿舍楼、共同上班的车间和办公室等。只有以群体界限为标准才能区分内外、我们、你们、他们，群体规范才能有效地发挥其行为准则的功能，群体凝聚力才有可能形成和发展。

正式群体一般都有明确的界限，其成员资格往往由组织确认的形式固定下来。非正式群体在多数情况下也得到组织的确定，但有时又依赖于其成员的心

---

① Schein E H. Organizational Psychology. Englewood Cliffs: Prentice Hall, 1980.

理认同。

一些研究认为，与外界的冲突是群体产生与维持其界限的最好方法。此外，群体内部的冲突有时也有助于明确群体的界限。例如，某成员不按群体规范行事，最终受到其他成员的一致排斥，被驱逐出群体，实际上这就是再次明确群体界限的举动。

三、群体行为的含义

(一)群体动力理论

美国心理学家库尔特·勒温(Kurt Lewin)提出了群体动力理论来解释人的行为，认为人的行为是个体内部需要和外在环境相互作用的结果。具体而言，勒温创造性地将物理学中的"磁场"理论运用到心理学中，提出了"心理场"的概念，并将人过去和现在形成的内在需求看成是内在心理力场，将环境因素看作外在心理力场。勒温指出人的心理和行为由内在的心理力场和外在的心理力场共同作用决定，不过前者起主导作用，后者是起催化剂和导火索的作用。当人的需要没有得到满足时，会产生内部力场的张力，促使个体实施能够满足需要的行为，而环境会诱发或促进相关行为的实施。他还认为，个体所处的群体环境是处于均衡状态的各种"力场"。

勒温将他的观点概括为著名的行为公式，个人的行为是其自身的内部特征及其所处环境的函数。用函数式表达如下：B=F（P，E），其中，B 表示个体行为的方向和强度，F 表示函数关系，P 表示个体的内部特征，E 表示个体所处的环境。

最初，勒温的"场"理论只用于研究个体行为，后来，他将"场"理论用于研究群体行为，并提出了"群体动力"(group dynamics)的概念。所谓群体动力理论，就是要研究影响群体活动动向的诸要素及其产生的合力。群体动力理论的提出，对组织行为学的形成和发展有着重大的影响，尤其是在群体行为研究方面。

勒温及其后继者通过实验方法，发现了多种群体动力，其中包括群体领导方式动力、群体组织形式动力、群体结构性动力和群体多数动力。

1. 群体领导方式动力

群体领导方式动力强调群体领导方式对群体行为的影响。根据勒温的研究，如果群体领导采取不同的领导方式，如民主式、专制式、自由放任式，会引发下属不同的行为表现。具体表现为在专制式领导方式下，成员容易出现攻击性言行、出风头行为、推卸责任、对群体行动缺乏满足感、更多使用"我"而非"我们"；而在民主式领导下，成员的行为则刚好相反。但是这一变化并非来自成员，只要领导风格发生变化，成员的行为方式也会立即随之变化。

2. 群体组织形式动力

群体组织形式动力是心理学家谢恩(E. Schein)，在研究第二次世界大战欧洲战场被德国俘虏的美国士兵和在朝鲜战场被中国俘虏的美国士兵时发现的。谢恩发现，同样是被俘虏的美国士兵与朝鲜战场上被中国俘虏的士兵相比，在德国的美军战俘有更高的反抗情绪和逃跑率。他认为这种差异源于中德两国采取了不同的群体组织形式来管理战俘。在纳粹德国的战俘营中，战俘的管理仍按照原有建制来进行。士兵被俘虏后仍是士兵，军官被俘虏后仍是军官，前者仍受后者领导。这种管理方式最后导致战俘群的凝聚力，在关押期间的斗争中不断上升，非常不利于德国人进行管理，而在中国战俘营中，战俘在饮食、医疗条件方面与看守人员一致，而且采用了打乱原有建制的方式来管理战俘，有意识地让被俘士兵管理被俘军官，并采用战俘经常调动而组成新的战俘群等措施。在这种情况下，军官的号召力、整个群体的凝聚力就大大被削弱了，从而导致了较低的反抗情绪和逃跑行为。

3. 群体的结构性动力

威尔逊等人将36名大学生分成两组进行试验，甲组是安全需要较高而自尊需要较低的学生，乙组是自尊需要较高而安全需要较低的学生。结果表明：甲组在平等型群体中的生产率低，而在层次型群体中的生产率高，而乙组刚好相反。可见，成员行为取决于个人需要类型和群体领导方式如何搭配。

4. 群体多数动力

社会心理学家阿施(S. E. Asch)于20世纪50年代通过多次实验证明，群体中只有1个成员故意给出错误答案就会产生群体压力，被试者接受错误答案的概率达到13.6%，若有3个成员故意答错，被试者接受错误答案的概率就会上升到31.8%。另一些行为科学家就群体凝聚力和生产率的关系进行了研究。他们发现，群体目标与组织目标的一致性，能影响群体凝聚力与生产率之间的关系。若二者一致，高凝聚力会极大提高生产率，但低凝聚力也能提高生产率；若二者不一致，群体凝聚力高反而会使生产率下降，凝聚力低则不会对生产率产生影响。

群体动力理论的主要意义是让人们综合多种因素去思考个体的行为，强调个体内因、群体特征、环境之间的相互作用关系，使得人们在探讨群体行为时，逐渐认识到个体、群体和社会三类要素相互作用的重要性，并在心理学和社会学之间架起一座桥梁。其主要局限在于，过于偏重群体内人与人之间的心理关系，忽视了其他关系，没有看到群体行为产生和变化的根本动因，在研究对象方面均未达到普遍意义。

（二）群体对个体行为的影响

群体互动会产生许多戏剧性效果，让个体采取不同的行为或者产生不同的行为倾向。

1. 社会协同效应

社会协同效应是指由两个以上的个体所组成群体产生的效果，不同于每个个体单独作用的总和。从理论上讲，协同效应有正向和负向之分，在群体内互动过程中，会产生多种独特的群体心理现象，它们或使得群体内部各种因素有效配合，从而产生“1+1>2”的效果；有时，它们也会使得群体内部因素相互阻碍，从而出现“1+1≤2”的效果。不过，在大多数情况下，社会协同行为会导致正向的影响效果，群体互动的结果小于个体努力的累加之和的负向的协同效应较少出现。正因为如此，在实验室里经常使用研究小组来完成工作任务，因为研究小组可以利用各个小组成员的多种知识和技能，通过专业分工与合作，从事研究者个人无法单独从事的一些研究任务。

在某种意义上讲，正因为有社会协同行为，所以在组织之中，才有群体或团队存在的合理理由和价值。

2. 社会标准作用

社会标准行为也被称为社会趋同行为，是指成员在群体共同活动中对事物的知觉和判断，以及工作的速度和效率趋于统一化的倾向。比如，为了避免发生人身伤害事故和其他事故，群体中的成员会受到安全行为的相互摹仿、危险的提示、冒险心理的克服等心理因素的制约。经过一段时间后，就会产生一种类化过程，即彼此接近和趋同，表现为群体成员的安全行为和安全态度的一致性，逐步形成群体内的安全行为标准和行为准则。其结果，是形成了群体的各种安全规范。

产生这种效应的原因，首先是个体在群体为了保证自己的利益不受到损害，将注意力转移到群体规范和标准上，以免触犯群体规范的条文而受到惩罚；其次与群体成员之间的相互效应、相互感染、盲目跟从有关；最后是受到群体压力的影响。群体规范形成后，群体成员会自动地、不加思考地与群体行为保持一致。所谓自动和不加思考，实际上是群体规范内化的结果。群体借助规范的力量形成了一种对其成员心理上的强迫力量，以达到对其行为的约束作用，这种力量就是群体压力。个体往往希望在群体寻求归属感和安全感，如果某个成员的行为与其他成员有太大的差别，会受到其他成员的孤立、被排斥，这种无所归属的失落感是对个体最直接和强悍的心理威胁，因此，群体成员会尽量将个人的行为变得大众化，同一群体中的成员行为趋于一致。

3. 社会顾虑倾向

社会顾虑倾向是指个体在群体面前会“怯场”，表现不自然、有顾虑，即在群体成员面前的行为表现与一般情境不尽相同的现象。比如瓦伯纳和阿尔伯曾以大学生为对象，要他们在不同的观众面前上台表演，发现这些大学生在有观众时的表现，与他们私下时的表现有很大差异，在观众面前容易犹豫不安。社会顾虑倾向的程度是因人而异的，研究者通过研究认为这与小时候父母的教育方式有关。一般来说，性格内向的人比性格外向的人的社会顾虑倾向更为明显。

4. 从众行为

群体中最容易出现的一种现象就是从众行为，这种现象是指群体成员在群体的压力下，倾向于放弃自己的意愿，采取与群体大多数人一致的观点、态度和行为。从众行为的产生是由于群体压力的存在，无论这种压力是实际的压力还是想象中的压力，其效果一致。与权威命令不同，群体压力不是强制个体改变行为，而是大多数人的一致意见形成了一种心理态势，迫使个体调整自己的行为。一般情况下，当一个群体成员发现自己的意见和行为与群体中的大多数人的意见不一致时，就会感受到这种压力，并促使他改变自己的行为来“随大流”。社会心理学家阿施用了一个非常巧妙的研究证实了从众行为的存在。

为了证明群体压力之下会产生从众行为，阿施于1951年设计了一个经典实验。他把7个被试编成一个组，让他们坐在会议桌周围，看实验者手中的两张卡片，一张卡片上有1条直线(标准线段)，另外一张有3条长度不等的直线。随后要被试们比较三条线段中哪条标准线段长，并要求每个被试大声报告结果。

在7名被试中，只有1名是真被试，其余6名都是假被试。实验中，阿施先作了布置，要求前6名假被试做出一致的错误判断，然后让真被试做判断。正常情况下，大家都能做出正确判断，被试做出错误判断的概率低于1%。但在上述刻意的实验安排下，结果发生了戏剧性的变化。阿施发现，37%的真被试选择了与假被试一致的答案。也就是说，在相信自己的眼睛，还是同伴的判断时，有超过1/3的人选择了同伴们一直推荐的错误答案。见图6-2。

从阿施的实验结果可以看出，群体能够给群体成员造成压力，迫使他们的反应趋向一致。从众行为对群体的积极作用就是，群体中的一致性有助于群体规范的社会化，促使群体成员接受群体的行为模式和观点；而其消极作用就是在巨大的群体压力下，聪明且善良的人也会把黑说成白。既然这么明显的线段都会出现虚假一致的情况，那么在模糊不清的情形下，个体会如何扭曲自己的判断呢？

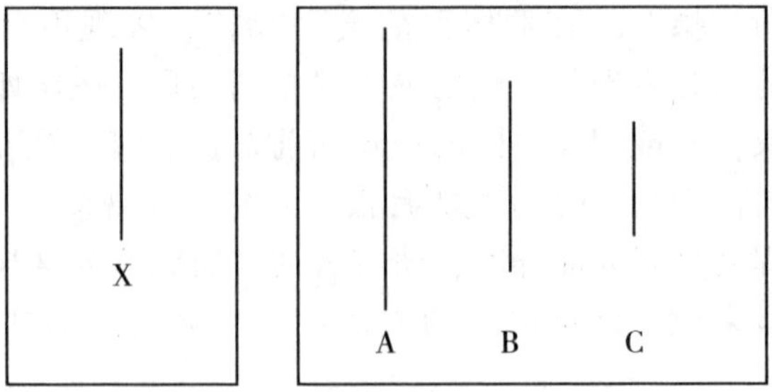

图 6-2 阿施实验中使用的卡片

资料来源：斯蒂芬·P. 罗宾斯，等. 组织行为学. 孙健敏，等，译. 北京：中国人民大学出版社，2010.

不过并不是所有人都会在群体压力下"随大流"，有些人能保持自己的独立性。导致这种差异的因素包括群体性质和个人特征两个方面。

(三)群体士气

1. 群体士气的定义和特征

"士气"一词最早使用于军队，表示士兵的战斗意志和集体精神。在组织行为学中，"士气"是指群体成员对群体的认同与满意，并愿意为实现群体目标而奋斗的精神状态。这一定义来自心理学家 G. R. 史密斯(G. R. Smith)，他认为群体士气(group morale)是群体成员"对某个群体或组织感到满足，乐意成为该群体的一员，并协助达成群体目标的态度"。根据这个定义，"士气"不仅代表个人需求满足的状态，而且包括愿意为实现群体目标而努力。成员对群体满意，就愿意为组织目标奋斗，士气就高。相反，成员对组织不满，就不愿意为组织目标去奋斗，士气就低落。根据心理学家克瑞奇(D. Krech)等人的观点，一个士气高昂的群体具有以下七种特征。

(1)群体的团结主要来自内部凝聚力，而非源于外部压力；

(2)群体内的成员没有分裂成为互相敌对的小群体倾向；

(3)群体本身具有适应外部变化的能力，并具有处理内部冲突的能力；

(4)群体成员之间有强烈的认同感和归属感；

(5)群体内每一成员都清楚群体的目标；

(6)群体内成员对其目标及领导者，都持支持的态度；

(7)群体内成员都承认群体的存在价值，并具有维护它继续存在的意向。

2. 群体士气与生产率的关系

群体士气与生产率并非如人们所料，存在密切的正相关关系，因而如果希望通过提升员工士气，来提升群体的生产效率，很难得偿所愿。相关研究表明，群体士气的高低与生产率水平之间并不存在正比例关系，群体士气只是生产率提高的必要非充分条件。士气与生产率之间的关系，受到外部客观因素的影响，例如，材料供给情况、设备的自动化程度、人员素质的高低等。

美国心理学家戴维斯(K. Davis，1962)仔细研究了群体士气与生产率之间的关系。他认为士气与生产率的关系可能出现三种情况，即：高士气、高生产率，高士气、低生产率，低士气、高生产率，并用图示方法描绘了这些关系(见图 6-3)。

(1)士气高，生产率低(如 A 线所示)。在这种群体中成员能够获得很高的满足感，但是由于成员的目标与群体的目标不一致，而且群体内缺乏紧张工作的气氛，最终导致了大家颇具默契的怠工现象。如果士气高的群体与组织目标相悖时，就会阻碍群体的生产业绩。

(2)士气高，生产率高(如 B 线所示)。这是群体最希望达到的效果。这种情况下，群体成员既能在群体中获得自身的满足感，同时个体目标又与组织目标一致，这样员工就会努力工作以实现组织目标。

(3)士气低，生产率高(如图 C 所示)。这是由于管理者过分强调物质条件和金钱刺激，是员工暂时获得了某些物质需要而达到较高的生产效率，然而忽略了员工的心理需求，生产率高的情况也只能是暂时的。

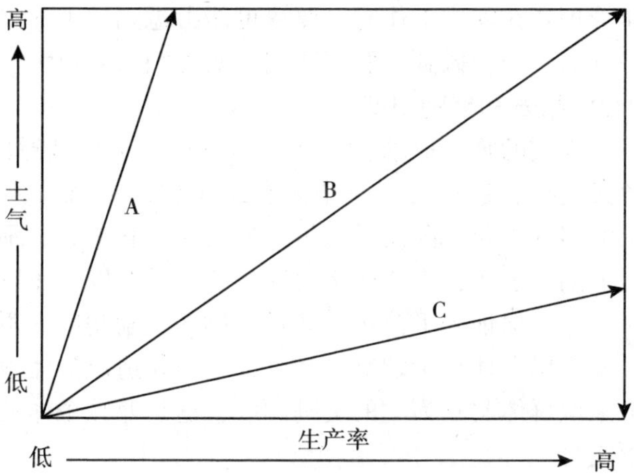

图 6-3　士气与生产率的关系图

资料来源：关培兰. 组织行为学，武汉：武汉大学出版社，2008.

虽然高昂的士气与高的生产率之间没有稳定的因果关系，但士气确实是提高组织生产率的一个可行的途径。高昂的群体士气，不但可以因成员的满足和认同而使成员激发出强烈的工作热情，致力于组织目标的实现，同时，高昂的群体士气也有利于赢得外界的支持。因此，在企业中，管理人员要时刻注意了解员工士气，以期能够尽早发现问题，保持高昂的士气。

3. 群体士气的影响因素

既然提升群体士气有助于群体的良性运作，是提升群体工作效率和成果的必要条件，那么管理者就需要了解在组织中影响群体士气的方法和措施。一般而言，影响群体士气的主要思路无外乎提升群体成员的认同感和满意感，促使个体目标与群体目标保持一致。具体的影响因素主要包括以下几个方面。

(1) 成员对组织目标的赞同度

正如士气的定义所言，士气体现的是群体成员为实现群体目标而努力的一种意识，它代表了群体成员与群体成就之间休戚与共的一种心理默契。只有当个体成员的目标与群体目标一致时，这种心理默契才能发挥出最大能量，此时的个体对组织有很强的认同感，愿意为实现群体目标而付诸行动。

(2) 成员对工作的满足感

群体成员对工作的满足感有助于提升群体士气。工作满足感是指当个体对工作的期望与现实相符时，所产生的积极心理状态。一般情况下，个体从事合乎自己兴趣爱好的工作，个人能力与之相匹配，或者工作具有一定的挑战性时，个体容易发挥自己的才能，获得成就感和满足感，此时个体的士气必然会上升，因而企业管理者在安排工作时，要尽可能考虑到员工的兴趣爱好、个人能力以及某些特殊的专长，做到人职相匹配，实现“物尽其用、人尽其才”。

(3) 合理的经济报酬和奖励制度

金钱虽然不是人们的唯一追求，但却是影响员工工作满意度的重要因素。金钱除了货币意义之外，还代表了一个人在组织中的成就、贡献以及社会地位，可满足员工的多种需要，因而受到员工的关注。薪酬和奖励系统无论在程序上还是在结果上的不公正，都会严重侵蚀员工的满意度，所以在设计经济报酬和奖励制度时一定要保证公平公正。而且，群体奖励制度的不同，会导致群体士气的差异。采取以个体为主的奖励制度，就容易造成群体内竞争，降低群体的士气；如果采取群体奖励为主的奖励制度，适当兼顾个体的制度则利于提升群体成员的士气。

(4) 良好的工作环境

工作环境的优劣会对工作效率的提高产生很大影响。近年来，心理学界在对环境、工作疲劳进行大量的研究后，认为不良的工作环境容易使员工产生生理或心理上的疲劳，甚至引起某些慢性疾病，从而降低工作效率。相反，适宜的工作环境则会让人们产生愉悦的心情，有利于个体的身心健康。为了提高员工的士气，管理者应该致力于建立良好的工作环境和心理环境，使员工能够舒适地工作。

(5)群体成员参与管理的程度

管理大师德鲁克在《目标管理》中指出，为了使目标实现，应该鼓励下属参与讨论目标制定过程，就各种问题与上级进行商讨。在这个参与过程中，个体可以表达自己的观点和利益诉求，同时也能够了解更多的相关信息，从而加深对目标的理解和接纳。除了参与目标设定之外，在现在企业管理中，员工参与管理的方式更加多样，包括质量圈、代表参与等。员工参与可以让员工产生主人翁感，从而使其具有较高的内在工作动机和士气。

(6)领导者良好的管理风格

在群体中，领导者的行为和人格可对下属的心理状态和精神风貌产生巨大影响。研究发现，如果领导采取民主式管理、虚怀纳谏、体恤下属，群体成员就会对所在群体产生很强的认同感，甘愿为实现群体的目标而努力，群体就会成为一个士气高昂的战斗性团队。反之，如果领导采取专制式管理，独断专行、我行我素，漠视下属的需要和发展，就会造成上下级的信任危机，员工怨声载道，最终导致整个群体士气低落。

(7)和谐的同事关系

和谐的同事关系有助于提高成员之间的认同感和凝聚力，减少人际冲突和彼此之间的敌对心理。如果群体成员间在态度、认知和目标上具有较高的相容性和一致性，也会意识到密切协作对实现个体和群体目标的重要性。正如一个机器上的多个零部件必须彼此配合才能保证机器高效运转一样，群体成员会发现，只有同心协力，群体这台机器才能高效运转起来。某种程度上讲，和谐的同事关系是认同感、凝聚力和满意度的主要来源，能决定群体士气。

第二节　从众行为

一、从众的定义

从众不仅仅是与其他人一样地行动，还指个人受他人行动的影响。从众不同于你独自一人时的行动和思维。因此，从众是指根据他人而做出的行为或信念的改变。作为人群中的一分子，当你为一个赢得比赛胜利的漂亮进球而起立欢呼时，你是否受到从众的影响？当你和其他人都认为，女性留长发要比留短发好看时，你是否受到从众的影响？答案并不确定。个人是否从众的关键是，当你脱离群体时，你的行为和信念是否仍保持不变。如果球场上只有你一个球迷，你会起立欢呼吗？

从众有多种表现形式(Nail & others，2000)。请思考以下三种行为：顺从、服从和接纳。有时我们会顺从某种期望或要求，但并不真正喜欢这样做。我们有时会穿礼服打领带，尽管自己讨厌这样做。这种由外部力量施压而违心的从众行为叫做顺从(compliance)。我们之所以顺从，主要是为了得到奖励或逃避惩罚。如果我们的顺从行为是由明确的命令所引起的，那么我们称它为服从(obedience)。有时我们真的相信群体要求我们所做的事情理所当然。我们会与成千上万的人一起锻炼，因为有人告诉我们锻炼有益于健康并信以为真。这种发自内心真诚的从众行为叫做接纳(acceptance)。甚至有学者对顺从和接纳进行了科学研究后发现：构成公开顺从的短暂记忆与构成内心接纳的长时记忆，两种过程有着不同的神经基础(Edelson & others，2011；Zaki & others，2011)。有时候接纳会紧跟着顺从出现，我们可能发自内心地接受一开始质疑的事情。正如态度会紧跟着行为发生变化一样，如果我们觉得要对自己的行为承担责任，那么我们通常会赞成自己所坚持的行为。

二、从众行为的影响因素

研究者发现，如果判断任务非常困难，或者参加者感受到无力胜任，那么从众比率会大大增加。我们对自己的判断越不确定，就越容易受他人影响。另外，群体的特征也很重要，如果群体由 3 个或者更多个体组成、凝聚力强、意见一致和地位较高的话，那么从众的程度最高。如果是在公众场合做出行为反应，并且事先没有任何承诺，那么从众的比率也会很高。

(一)群体规模

在实验室实验里，规模较小的群体就可以引起较大的效应。阿施和其他研究者发现，3 至 5 人比只有 1 个或 2 个人能引发更多的从众行为。当人数增加到 5 个人以上时，从众行为的增加就不再明显(Gerard & others，1968；Rosenberg，1961)。米尔格拉姆及其同事(Milgram & others，1969)进行了一项现场实验，让 2、3、5、10 或 15 个人组成的群体停留在纽约市繁忙的人行道上，并抬头仰望。如图 6-4 所示，抬头仰望的路人人数随着参与者从 1 人增加到 5 人也相应增加。

群体“抱成团”的方式也会产生不同的影响。美国罗格斯大学的研究者戴维·怀尔德给学生讲述了一个有陪审团参加的案子。在学生判断前，先让他们观看由 4 个助手做出判断的录像。当助手以两个 2 人组单独出现时，参与者的从众人数要比助手以一个 4 人组出现时的从众人数多。同样，两个 3 人组引发的从众人数要比一个 6 人组所引发的从众人数多，而 3 个 2 人组引发的从众人数更多。很显然，多个小群体的一致意见使得某个观点更为可信。

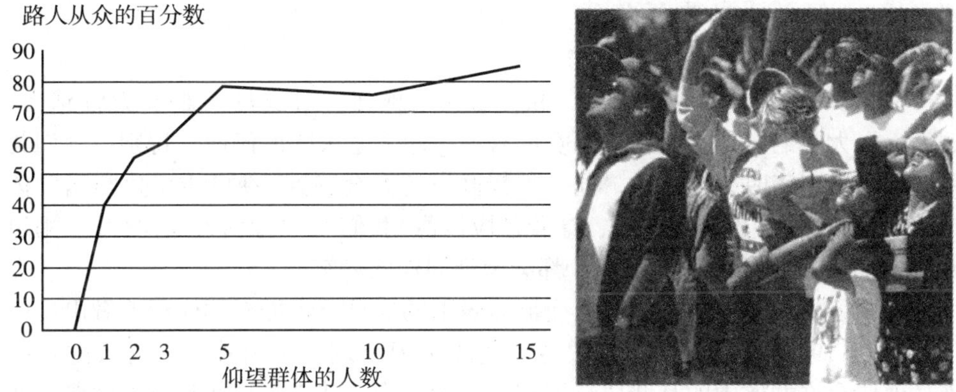

图 6-4　群体规模与从众：随着群体规模逐渐增加到 5 个人，路人模仿群体抬头仰望的百分比也随之增加

资料来源：Milgram S，Bickman L，& Berkowitz L. Note on the drawing power of crowds of different size. Journal of Personality and Social Psychology，1969，13.

（二）一致性

假设你参加某个从众实验，所有的人都给出了同样错误的答案，但你前面的那个人例外地给出了正确答案。有这样一个不从众的助手作为榜样，你会像米尔格拉姆服从实验中的个体那样表现出释放效应吗？一系列实验揭示出，如果有人破坏了群体一致性，那么会降低群体的社会影响力。如果刚巧有一个人说出了自己的心声，那么人们几乎总会做出同样的行为。这些实验的参与者事后常常说，对于不从众的同伴，他们感到温暖和亲切。但是，他们同时又否认同伴对自己的影响："如果他不这样做，我也会说出同样的话。"

在群体里成为少数派并不容易，有好几个陪审团就因为其中某个成员持有异议而无法判决。在过去的半个世纪里，美国最高法院的裁决中只有 1/10 的裁决包含一个异议者，大部分都是全票通过或者按 4∶5 的比例分配。

从众实验给我们上了一堂生动的实践课，即如果你能找到某个人和你立场一致的话，那么你为某件事站出来就容易得多。许多宗教群体也都意识到了这一点。耶稣派遣门徒时是成对的，效仿耶稣的榜样，摩门教也成对地派遣传教士到邻国去。同伴的支持极大地增强了一个人闯荡社会的勇气。

美国加州大学心理学教授内梅斯和奇利斯发现，他人持有异议——即使这种异议是错误的——会增强个体的独立性。他们让大学生观察四人小组中的一个人错误地把蓝色判断为绿色。尽管持异议者是错误的，但却能鼓励观察者表现自己的独立性——在76%的次数里，他们正确地把红色幻灯片判断为“红”色，即使其他所有人都说是“橙”色。而在缺乏有勇气的榜样人物鼓励的条件下，从众的次数达到了70%。

(三)凝聚力

一般认为，群体的凝聚力(cohesiveness)越强，对成员的影响力就越大。例如，在大学的女生社团里，朋友们有在一起大吃大喝的倾向，特别在她们关系变得更加亲密时更是如此。同一种族群里的人会感到一种共同的“归属群体的从众压力”——言谈、举止、穿着都应该像“我们”。“像白人那样行动”的黑人或“像黑人那样行动”的白人，都会遭到同伴的嘲笑。

实验还发现，那些感到自己受群体吸引的成员更可能对群体影响做出反应(Sakurai，1975)。他们并不喜欢与其他成员唱反调，害怕被自己喜欢的人拒绝。他们允许群体中的某些成员拥有一定的权力，特别是那些具有群体典型特征的人(Hogg，2001)。我们与我们团体保持一致的倾向——想团体之所想，做团体之所做——表现在这样一个实验中：人们听说与自己类似的人喜欢某段音乐时，他们会更喜欢这段音乐；但是听说不同于自己的人喜欢时，则会更讨厌这段音乐(Hilmert & others，2006)。同样，与不同于己的饮酒者对比时，大学生喝酒的可能会降低(Lane & others，2011)。当目睹身着本校T恤的人欺骗后，参与者在另一实验中欺骗的可能会增加。但如果看到欺骗者穿的是对手学校的T恤时作用恰好相反，参与者会变得更加诚实(Gino & others，2009)。组织凝聚力导致的从众也表现在大学宿舍里，随着住在一起的时间增长，大学生的态度变得与其身边的人更为相似(Cullum & Harton，2007)。

(四)地位

地位高的人往往有更大的影响力(Driskell & Mullen，1990)。低级团体成员甚至低级的社会心理学工作者，承认他们比高级团体的成员更服从于他们的群体(Jetten & others，2006)。在24000个过路行人无意识地参与帮助下，对乱穿马路行为的研究显示，乱穿马路的基线比例为25%，当遵守交通规则过马路的助手出现时，行人乱穿马路的比例下降到了17%，而当另一个乱穿马路者出现时，该比例一下子上升到了44%(Mullen & others，1990)。当遵守交通规则过马路的人衣着整洁高雅时，他对乱穿马路的人示范作用最佳。就连黑猩猩都更可能模仿群体中地位较高的成员的行为(Horner & others，2010)。对人类和其他灵长类动物的研究都发现，威望可以产生影响。

米尔格拉姆(Milgram，1974)报告说，服从实验中地位低的人比地位高的人更愿意服从研究者的命令。在实施了450伏电击以后，一位37岁焊工转向研究者，恭敬地问：“教授，接下来怎么做?”另一个参与者是位神学院的教授，在150伏时就开始不服从了，说："我不明白为什么这个实验要建立在一个人的生命之上"，并且不断地质问研究者关于"这件事的道德"问题。

(五)公开的反应

人们在公众场合中要比在私底下更可能从众吗？还是他们在私底下更可能犹豫不决而在公开场合上更果断独立，免得自己看上去软弱胆小？在实验室，人们必须面对他人做反应时要比私下里回答问题时表现出更多的从众行为。阿施实验中的参与者在看到其他人的反应之后，如果写下自己的答案只供研究者看，那么他们就较少受到群体压力的影响。同样，当大学教师提出某些有争议的问题时，如果让学生通过遥控器匿名回答，他们给出的答案会比举手回答时更多样化(Stowell & others，2010)。与面对群体相比，在秘密的投票间里，我们更容易坚持自己的观点。

(六)事前承诺

1980年，一匹叫里斯克的小雌马在肯塔基·德彼赛马会上取得第二名。在普里克尼斯赛马比赛第二轮中，它在最后一圈转弯处超过了领跑的小雄马科德斯。当它们肩并肩出现在转弯处时，科德斯稍稍靠向里斯克一边，从而使它犹豫了一下，结果在这场比赛中科德斯险胜里斯克。科德斯碰到了里斯克吗？骑手的鞭子划到了里斯克的脸吗？裁判员召开了秘密会议。在简单的商议后他们判定这不是犯规，科德斯赢。这个决定引起了轩然大波。重放的电视录像带表明科德斯确实蹭到了里斯克，人们提交了抗议书，官员们重新审查了他们的决定，但是最终没有改变决定。

是不是比赛后立即宣布的决定影响了官员后来改变决定的可能性？对于这一点我们就不得而知了。但是，我们可以进行实验室研究，观察有无事前承诺对结果产生的影响。假设你再一次参加阿施的实验，研究者呈现了线段，并要求你第一个回答。在你做出回答后，听到其他所有的人都不同意，然后研究者给你一个重新考虑的机会。面对群体压力，你会放弃原来的意见吗？

人们几乎就不可能这样做(Deutsch & Gerard，1955)：个体一旦在公众面前做出承诺，就会坚持到底。最多，也是在以后的情景中改变自己的判断(Saltzstein & Sandberg，1979)。因此，跳水或体操比赛的裁判在看到其他裁判的评分与自己的评价差距较大后，也很少改变自己的分数，尽管在稍后的成绩评定中会加以调整。如果人们事前就公开承诺则很难说服其改变观点。在模拟陪审团做决定时，如果不是秘密投票，而是举手表决，那么常常难以达成一致的裁决(Kerr & MacCoun，1985)。公开的承诺往往会使人们难以往后退。

(七)其他影响个体从众的原因

其他个体屈服于群体的原因包括：想获得群体的接纳和免遭拒绝，或者获得重要信息。美国心理学家莫顿·多伊奇和哈罗德·杰勒德(Deutsch & Gerard, 1955)把这两种引发从众行为的因素命名为规范影响(normative influence)和信息影响(informational influence)。第一种影响来源于我们想获得别人喜欢的渴望，第二种影响来源于我们想正确行事的渴望。

规范影响指个体要“与群体保持一致”以免遭拒绝，获得人们的接纳或赞赏。在实验室实验和日常生活中，群体成员常常会拒绝某些离经叛道者(Miller & Anderson, 1979; Schachter, 1951)。一位研究媒体的教授学到了这个教训，他在玩网络游戏《英雄之城》时变成了被驱逐的人(Vargas, 2009)。在游戏中，他遵守了规则，但是没有服从已有的习惯。大多数的玩家在限速每小时 70 千米的地区只行驶到 50 千米，很多人因为违反规范而非规则遭到排斥。

绝大多数人都知道，社会拒绝令人痛苦。如果我们偏离了群体规范，常常要付出情感代价。脑部扫描的结果显示，团体评价带来的痛苦所激活的脑区，与个人博彩决策失败带来的痛苦不同(Klucharev & others, 2009)。有时偏离群体的巨大代价会使人违心地附和群体，或至少压抑自己的反对性意见。一位不愿意透露姓名反对大屠杀的德国军官解释说：“我害怕司令官和其他人会认为我是一个懦夫”(Waller, 2002)。因为害怕违抗军令而遭军事法庭惩罚，1968 年一些美国士兵参与了越南米莱村的大屠杀。特别对于那些看到过其他人因违反群体规范而遭人嘲笑，或者那些要顺着社会地位阶梯往上爬的人而言，规范性影响更易导致服从(Hollander, 1958; Janes & Olson, 2000)。

我们常常觉察不到规范性影响的存在。由杰西卡．诺兰领导的研究团队(Nolan & others, 2008)调查了 810 名加利福尼亚人，询问影响他们节约能源的因素。他们把环保和省钱排在“其他人也这样做”之前。然而，恰恰是他们对邻居是否经常节约能源的认识，能最好地预测他们报告的能源保护行为。并且在后续研究发现，门前张贴的规范信息对降低能耗的影响最大，例如“本社区 99%的人都会关掉不必要的灯以节省能源”。

另一方面，信息影响会导致人们接纳。现实情境较为模糊时，正如光点似动情境中的参与者那样，他人可能就会成为有价值的信息来源。个体可能这样推论：“我难以辨别光点移动的距离，但是这个小伙子看来知道。”

我们的朋友对我们既有信息影响又有规范影响(Denrel, 2008; Denrell & LeMens, 2007)。如果朋友买了一辆特别的车，并且带我们去一个特别的餐馆，我们就会受到信息影响，使我们喜欢朋友之所好，即使我们并不是十分在意朋友喜欢什么。朋友会影响我们的经历，而这种经历会改变我们的态度。

为了研究阿施从众实验中参与者的脑活动，埃默里大学的神经科学研究小组让参与者倾听其他人的反应之后，回答知觉问题，同时用功能性核磁共振

(fMRI)脑扫描仪记录脑电活动(Berns & others，2005)(这个任务要对一个几何图形进行心理旋转，然后在几个可选图形中找到匹配项)。当参与者顺从错误的答案时，负责知觉的脑区变得活跃起来。当他们反抗群体时，与情感有关的脑区变得活跃起来。这些结果表明，人们从众时其知觉确实受到了影响，随后的功能性磁共振成像研究，确定了与规范影响有关的神经活动(当人们因社会拒绝产生焦虑时，某一脑区会被激活)和与信息影响有关的神经活动(个体对刺激做出判断时涉及的脑区)(Zaki & others，2011)。

所以，对社会形象的关注往往容易产生规范影响，而希望自己行事正确则经常容易产生信息影响。在日常生活中，规范影响与信息影响往往一起起作用。在德国演讲厅里喝彩的不仅仅是我一个人(规范影响)，其他人的行为也向我展示了正确表达赞赏的方法(信息影响)。

从众实验有时需要分离规范影响与信息影响。当人们要面对群体做出反应时，会表现出较高程度的从众行为，这无疑反映的是规范影响(因为不管人们公开反应还是私下反应，接受的都是同样的信息)。另一方面，如果任务难度比较大，个体感到自己无力胜任，也就是当个体关心行为的正确性时，从众行为也容易出现这些信息影响。

三、抵制从众的压力

本节一直强调社会力量的影响作用，不过，个体不是被动的机器，单纯任由外部因素决定推动；事实上，个体往往会根据自己的价值观采取行动，而不受强加于自身的力量影响。如果预先知道有人会强制影响你，个体甚至可能会促使自己反其道而行之。

(一)逆反

个体都珍视自己的自由感和自我效能感。所以，如果社会压力非常明显，以至于威胁到个体的自由感时，他们常常会反抗。想一想罗密欧与朱丽叶，两个家族的对立反而加深了他们的爱情。我们再想一想儿童，他们常常通过叛逆父母的命令来维护自己的自由和独立。所以精明的父母通常不会生硬地命令，而是让孩子自己选择："到了洗澡的时间了，你想要盆浴还是淋浴?"

很多实验研究表明(Brehm & Brehm，1981；Nail & others，2000)，企图限制个体的自由通常会引起"事与愿违"的反从众行为，这证明了逆反(reactance)理论(人们的确会采取行动来保护他们的自由感)的正确性。在一次现场实验中，当周围一些被认为"不够聪明"的同学开始戴腕带，许多学生就不戴他们的腕带了(Berger & Health，2008)。同样，当看到足球流氓也戴着巴宝莉的帽子时，英国人开始不戴这种帽子，以此将自己与足球流氓区分开来

(Clevstrom & Passariello, 2006)。

逆反理论有助于我们解释年轻人的酗酒行为。加拿大药物滥用研究中心(Canadian Centre on Substance Abuse, 1997)调查了18~24岁的青年，结果表明达到法定饮酒年龄(21岁)的人在过去一年中喝醉过的比例为69%，而不足21岁的人喝醉的比例则达77%。一项对美国56个学校所做的调查表明，达到法定饮酒年龄(21岁)的学生中有25%是滴酒不沾的，而21岁以下的学生中这类人的比例只有19%(Engs & Hanson, 1989)。

(二)坚持独特性

个体与周围的人差别太大时，常常会感觉不舒服。但是至少西方文化认为，如果个体与其他人完全一样的话，也会感觉不舒服。美国普度大学研究者斯奈德和弗罗姆金(Snyder & Fromkin, 1980)的一项实验表明，当人们认为自己有适度的独特性时，自我感觉较好。并且他们的行为也会维护这种独特性。斯奈德(Synder, 1980)告诉参加过态度测试的普度大学学生们，他们的"10个最重要的态度"与其他1万名学生的态度不同，或者几乎与之完全一样，然后让他们参加一个从众实验。那些被认为自己没有独特性的参与者，最有可能以不从众来维护自己的个人特征。而且，那些"独特性需要"最高的个体受到多数派的影响最少(Imhoff & Erb, 2009)。

把自己视为独特的个体，也表现在人们的"自发性自我概念"上。耶鲁大学的威廉·麦圭尔等人(McGuire & Padawer-Singer, 1978; McGuire & others, 1979)研究发现，当要求儿童"给我们介绍一下你自己"时，他们最可能提到的是自己独有的特征。在国外出生的孩子更可能提到他们的出生地，红头发孩子与黑发或棕发的孩子相比更愿意提及自己的头发颜色，体重较轻和体重较重的孩子更可能提及自己的体重，少数族群的孩子更可能提及自己的族群。

麦圭尔认为其中的道理就是，"只有当个体与众不同时，才会意识到自我。"因此，"如果我是一群白人女性中的一位黑人妇女的话，那么，我往往会认为自己是一个黑人；而如果我转到了黑人男性群体中，那么我的黑皮肤就没有那么突出了，我更会意识到自己是一位女性"(McGuire & others, 1978)。这种洞察力有助于解释为什么在非白人环境中长大的白人会更强烈地意识到自己的白人身份，为什么同性恋者比异性恋者更能意识到自己的性取向，为什么少数派群体更容易意识到自己的独特性，以及个体所处的文化又是如何与独特性发生关联的(Knowles & Peng, 2005)。由于多数族群意识不到这种族群特点，可能认为少数族群群体过于敏感。

就算两种文化非常相似，人们仍然会注意到彼此的差别，无论多么微小，甚至非常细微的差别也会引起歧视和冲突。英国著名作家乔纳森·斯威夫特在

《格列夫游记》中，以小人国两大派系斗争的故事讽刺了这一现象。小人国里的人非常小(身高15厘米)，所以总是碰到一些意想不到的问题。两派的区别是：一派认为水煮蛋该从大的一端剥开，而另一派则认为该从小的一端剥开。放眼全世界，苏格兰人与北爱尔兰新教徒之间的差别看起来并不大，但是，小小的差别有时却意味着强烈的冲突(Rothbart & Taylor，1992)。当两个群体非常相像时，冲突往往也最为紧张。

所以，虽然我们并不喜欢太过于离经叛道，然而讽刺的是，我们所有人都希望能与众不同，并热衷于特立独行。但是自我服务意识偏差的研究表明，我们追求的不仅仅是独特性，而且是符合道德规范的独特性。我们所追求的独特性不仅要与众不同，而且要好于众人。

第三节　社会助长和社会抑制行为

一、社会助长和社会抑制的概念

社会心理学研究发现，在一个人从事某项活动的时候，如果有其他人在场，他就会感到有一种刺激，这种刺激会影响他的活动效果，在一些场合会促进活动的完成，在另一些场合反而会干扰活动的完成。我们把这两种情况分别称为社会助长和社会抑制，也常常合称为"他人在场"。

很多人都有这样的体会：干活时，如果和几个人合伙干，干劲就大些，活也干得快一些。一些高中学生也反映说，在家里一个人做作业，不如在学校和同学一起做得快，做得准确率高。做作业这个行为，并没有提出竞赛的要求，仅仅只是因为结伴活动，就提高了活动效率。这种现象，被称为"结伴效应"。结伴效应指出，几个人共同从事相同的一项活动时，相互之间会产生一种刺激作用，从而大大提高行为效果。因此，这种情况也称为"共同行为效果"。

日常生活中，我们还发现，在演员表演和运动员比赛时，观众越多，情绪越激烈，他们的劲头就越大，技术发挥得就越好；一些经验丰富的教师上讲台讲课也是如此，听者越多，他讲得越起劲，思路越开阔，而且越发地兴致勃勃，神采飞扬，论述问题甚至比备课时还深刻。这种情况，则称为"观众效果"。观众效果指出，有人在现场看某人从事一项活动，会对某人产生一种刺激作用。结伴效应和观众效果就是我们所说的社会助长作用的两个表现形式。

与上述两种情况相反，我们在社会生活中还发现，有时别人在场不仅不能更好地工作，相反还会把事情办得很糟。譬如，许多学者或科研人员都要求看书、写东西的地方安静，是因为他们的体会是独自在一间安静的书房中工作效率高；还有我们通常所说的怯场现象——一个新教师或新演员，在登台之前练习时，口齿清楚、表情自然，可是一到台上，面对众人，就心里发慌，手足无措。有人说，这是由于不习惯造成的。这个解释说明不了为什么那些已经习惯自己职业的老教师或老演员，如果台下有自己的朋友、熟人或领导，神情也不同以往，常会汗流浃背、内心紧张，甚至还会出现不应有的失误。这种因他人在场而会干扰个体活动的进行，被称为社会干扰现象，也称为社会抑制或者致弱效应。

这些现象说明了这样一个事实：只要有别人在场，一个人的思想、行为和他单独一个人时就会有所不同。为什么呢？是压力。为什么同样的压力会有不同的结果？为什么同样的工作也有不同的表现？为此，社会心理学对此进行了许多实验研究。

二、社会助长和社会抑制实验研究

我们先来看社会助长的实验研究，有特里普利特、奥尔波特等人做的不同的实验。

美国学者特里普利特(N. Triplett)设计了一个实验室实验，安排 40 个儿童尽快地转动钓鱼线轮绕线，既让小孩单独绕，又让他们两两结伴绕。结果发现，结伴绕的时候，效果好得多。

科特雷尔(H. H. Kendler)曾做过一个实验，让被试分别在三种不同的条件下做一项同样的简单工作：单独个人、与团体内其他人一起、与团体内被蒙着双眼的其他人一起。实验结果发现，被试与团体内其他人一起活动时，比他单独个人活动效果好；被试和团体内被蒙着双眼的其他人一起活动时，其工作效果和他单独个人一样。这证实被他人评价意识的产生激发了竞赛动机，从而发生了社会助长作用。

20 世纪 20 年代初，奥尔波特(F. H. Allport)在哈佛大学做了一个实验，他让被试在几种不同的工作方式下工作，工作内容包括：把报纸上词的元音字母划掉，这是最简单的；较复杂的是，编排词的联想表；比较困难的是演算乘法算术题；最复杂的是写一篇反驳他人逻辑观点的理论文章。结果发现，除最后一项外，在室内有 5 个人时，即使大家都在独立工作，其效率总是比个人单独工作时要高，效果更佳。他强调指出，这种作用的产生只是依靠有其他的个体在场，而不是依赖个体之间有意的竞争。

除了不同学者做的社会助长实验，也有很多学者做了关于社会致弱的实验。

1933 年皮森(Pisen)做了一个实验，让一些学生学习那些毫无意义的音节，结果，他们在观众面前学会这些音节花费的时间比他们在单独情况下所花费的时间要多。赫斯本德(Hersbend)也发现，一个旁观者在场，能降低记忆工作的效率，干扰对某项内容的学习。

F. H. 奥尔波特在做一系列社会助长实验时，也发现了社会致弱现象。他观察到一些大学生写批判某一逻辑命题的文章时，集中在一起写不如分开写效果好。分开写，写得更深刻一些。他从两个古代哲学家的著作中选几段性质一致的论述，让被试们在 5 分钟的时间内写出一篇批驳短文，要求他们尽量写长一些，批判深一些。文章写好后，奥尔波特从中选出一些典型的、好的、中等的、差的文章进行比较，其结果如表 6-1 所示。

表 6-1　**集中与分开时写批驳短文的效果**

工作情况＼等级	最好的	中等的	最差的
分开	6	4	3
集中在一起写	3	4	6

资料来源：乐国安. 社会心理学. 第一版. 广州：广州高等教育出版社，2006.

三、对社会助长与社会抑制的解释

(一)社会唤醒效应

社会心理学家扎荣茨(Zajonc，1965)受到了实验心理学著名定律的启示：唤醒能够增强任何优势反应的趋势。唤醒会提高简单任务的作业成绩，因为在这些简单任务中“优势”反应往往是主导反应。人们在唤醒状态下，完成简单的字谜任务，比如恢复打乱了字母顺序的单词是最快的；而在复杂的任务中，正确答案往往不是优势反应，所以，唤醒增强的是错误反应。因此，在非常困难的字谜任务中，紧张的人成绩会更差。

扎荣茨提出的理论能够揭示社会助长作用的原因吗？假设人们会因他人在场而唤醒或振奋，似乎很有道理(Mullen & Others，1997)，而有人旁观时会变得紧张或兴奋。如果社会唤醒能促进优势反应，就应该会提高简单任务的作业成绩，并且会降低困难任务的作业成绩。

根据上述解释，在渔用卷轴上绕线，做简单乘法题，或者吃东西都是一些简单任务，这些任务的正确反应都是人们掌握得非常好的反应或很自然的优势反应。毫无疑问，他人在场会提高这些任务的作业成绩。而学习新材料，走迷宫游戏，或者解复杂的数学题都是一些较难的任务，这些任务的正确反应很难一下子就做出来。在这种情况下，他人在场就会增加个体错误反应的次数。可见，这是同一个规律：唤醒能促进优势反应，在两种情况下都有效了。见图6-5。

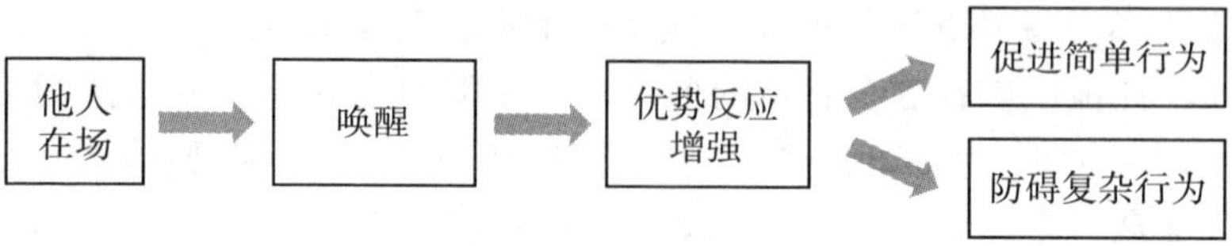

图 6-5　社会唤醒效应

资料来源：戴维·迈尔斯. 社会心理学. 第 11 版. 侯玉波，等，译. 北京：人民邮电出版社，2016.

那么扎荣茨的理论能经受住实验的直接检验吗？在对 25000 个志愿者参与者进行了差不多 300 项研究之后，证实这一解释仍然有效。随后的实验也以不同的方式验证了这个规律：无论优势反应是正确反应还是错误反应，社会唤醒都会促进这种优势反应。心理学家亨特和希勒里(Hunt & Hillery，1973)发现：他人在场时，学生们学习走简单迷宫所需时间会变少，而学习走复杂迷宫所需时间会增加。迈克尔等(Michael & Others，1982)发现：在一个学生社团里面，优秀的台球选手(在隐蔽观察条件下击中 71%的选手)在有四位观察者来观看他们表现的情况下，他们的成绩会更好(80%的击中率)，而差劲的选手(先前平均击中率为 36%)在被密切观察的条件下表现更差(击中率只有 25%)。同样，与单独驾驶相比，新司机与另一位待考的人坐在车里驾驶室往往更难通过驾照考试(Rosenbloom & Others，2007)。

由于运动员们所表现的都是熟练掌握的技能，这就有助于解释为什么观众的支持性反应常常能够激励他们表现出最佳状态。在对加拿大、美国、英国举行的总计 8 万项大学体育赛事或专业体育赛事的研究显示，主场队会赢 60%的比赛。这种主场优势可能源于运动员对主场环境的熟悉，较少的旅途疲劳，对领土控制的优越感，或者观众欢呼时增强的团队认同感。

综上所述，人们的确对他人在场有所反应。但是，观察者的在场真的会激发人们的唤醒状态吗？当面临压力的时候，身边拥有一个伙伴可能会让你感到安慰。可是，他人在场时，人们的出汗量会增加，呼吸加快，肌肉收缩次数增加，血压升高并且心跳加速(Green & Gange，1983；Moore & Baron，1983)。在完成挑战性任务时，甚至一群热心观众的在场也可能会使个体的表现比平时更差(Butler & Baumeister，1998)。你在第一次钢琴独奏会上的表现不会因为亲友团的到场而有所改善。

他人的影响效应会随人数的增加而递增(Jackson & Latane，1981；Knowles，1983)。有时候庞大的观众群体所激起的唤醒状态和有意注意，甚至会干扰熟练掌握的、自动化的行为，例如讲话。在极大压力的情境下，我们很容易结巴。当口吃者面对一大群听众时，会比只对一两个人讲话时更加口吃(Mullen，1986)。身处一大群人之中对个体的积极或消极反应都会有增强作用。当人们在一起坐得很近时，友善的人会更受欢迎，而不友善的人会更令人讨厌。

(二)他人在场引起唤醒的原因

在他人面前时你会变得振奋而把自己擅长的事情做得更好(除非你已经过度唤醒或者太在乎自己的表现)。然而在同一情境下，你原本觉得困难的事情就会显得更不可能实现了。那么，他人在场是如何引起人们唤醒的呢？有证据表明可能是以下三个因素(Aiello & Douthitt，2001；Feinberg & Aiello，2006)：评价顾忌、分心以及纯粹在场。

1. 评价顾忌

社会心理学家科特雷尔推测，观察者在场使我们焦虑的原因在于我们想知道别人怎么样评价我们。为了检验评价顾忌(evaluation apprehension)是否存在，科特雷尔及其同事(Cottrella & others，1968)把观察者蒙上眼睛，结果发现与可以自由观察的观众所引起的效应不同，仅仅蒙上眼睛并没有改善优势反应。

其他实验也证实了科特雷尔的结论：如果人们认为在场的观察者正在评价自己，那么他们的优势反应就会明显改善。有这样一项实验，加利福尼亚大学的长跑者在跑道上跑步时会遇到一位坐在草地上的女士，如果这位女士是面对着他们的，那么与她背对着他们相比，长跑者跑步的速度会更快一些(Worringham & Messick，1983)。

他人评价引发的自我关注也会干扰我们熟练掌握的自动化行为(Muln & Baumeister，1987)。过分关注自己的篮球运动员在关键投篮时如果分析自己的身体移动，那他就很可能无法命中。

2. 分心

研究者(Sanders & others，1978；Baron，1986)对评价顾忌进行了更深入的研究。他们认为，参与者在考虑共事者会如何行动，或者观众会如何反应时，参与者已经分心了。这种注意他人和注意任务之间的冲突，会使认知系统负荷过重，于是就引起了唤醒。我们都曾经“受到分心的影响”。不仅他人在场会引起唤醒，有时其他分心物的出现，比如光线的突然照射，也会引起唤醒（Sanders，1981a，1981b）。

3. 纯粹在场

然而，扎荣茨认为，即使在没有评价顾忌或没有分心的情况下，他人的“纯粹在场”也会引发一定程度的唤醒。许多长跑者都会因为有人跟他们一起跑而得到刺激，即便那些一起跑的人既不是他们的竞争对手，也不会对他们进行评价。可能由于集体活动促进内咖肽的分泌，大学赛艇队的队员在集体划艇后可承受的疼痛是单独划艇时的两倍（Cohen & others，2009）。

小　　结

1. 群体是指两个以上相互交往、相互依赖的个体为了达到特别的目的而结合在一起的组织，并非简单的个体集合。群体结构变量主要包括群体规模、群体规范、角色、地位、群体界限等，这些因素都会对群体行为产生重要影响。群体动力理论揭示了群体行为受到个体、群体和组织等多个层次相互作用的特点。群体会通过多种方式影响个人的行为，包括社会协同、社会标准和从众倾向等。群体士气是提升群体有效性的可行途径，因而管理人员仍然非常关注提升群体士气的管理措施。

2. 从众即由于群体的压力而改变自己的行为或信念，其表现形式有多种。顺从是迫于外部压力而与群体趋同但内心并不赞同；服从是顺从的一种，是指对直接命令的顺从；而接纳是指内心认可社会压力并在行动上保持一致。从众会受到群体特征的影响：当 3 个以上的人或群体塑造行为和信念时，人们更容易从众；群体凝聚力可以加强从众；塑造行为和信念的人地位越高，人们越容易从众；当人们的反应是公开的（面向群体）时，人们更容易从众。

3. 社会助长与社会抑制效应考察的都是他人在场对个体行为的影响。社会助长作用即在一些场合完成某些任务时，有他人在场观察或者与他人一起完成工作任务，个体会表现出比单独完成任务更高的工作效率。相反地，社会抑制效应则指在完成某些任务时，有他人在场观察或与他人一起完成任务会降低个体的工作效率。根据心理学定律，唤醒能够增强任何优势反应的倾向。对于简单任务，优势反应往往是正确的；而在复杂任务中，优势反应往往是错误的。因而当他人在场时，个体处于唤醒状态，执行简单任务会提高工作效率，而执行复杂任务会降低工作效率。

第七章　群体影响(下)

学习目标

通过本章的学习，要掌握社会懈怠行为的概念与减少社会懈怠行为的方法；理解去个体化行为的概念，以及激发去个体化行为的环境因素；了解旁观者漠视现象并解释其产生机制；掌握群体极化的含义以及群体思维的内涵；理解少数派影响的内涵，以及自信、一致性和背叛大多数人对少数派影响的决定作用。

第一节　社会懈怠行为

一、社会懈怠行为的概念

社会懈怠，又称为“社会逍遥”，是指当个体在与其他人一起从事任务时，他付出的努力会明显少于单独从事任务时所付出的努力。关于社会懈怠的研究，最经典的实验就是瑞格尔曼(Ringel Mann)进行的拔河实验。20 世纪 20 年代末，瑞格尔曼通过拔河比赛比较了个体绩效与群体绩效的差别。他发现随着被试人数的增加，每个人平均使出的力减少了。个人拔河的时候平均出力 63 公斤，三个人拔河时平均每人的拉力是 53.5 公斤，8 个人时平均每个人的拉力是 31 公斤。这是群体不断扩大所产生的副作用，正如俗语所言“一个和尚挑水吃，两个和尚抬水吃，三个和尚没水吃”。

政治学家斯威尼(Sweeney，1973)对社会懈怠的政策性含义很感兴趣，在得克萨斯大学所做的一项实验中，他观察了其中的现象。当学生知道要对自己单独评价(以电量的输出来计量)时，与认为自己的成绩要与其他学生的成绩加在一起相比时，他们踩自行车练习器时会更加卖力。在群体条件下，人们就会受到搭便车(free-ride)的诱惑。

有关社会懈怠的研究发现，出现这一现象的主要原因是个体的作业成绩无法单独被评价，他们的评价焦虑下降，对结果的责任意识下降，进而个体工作的动力也相应下降。除此之外，成员对所在群体缺乏责任心、群体在分配上的平均主义、成员对群体有不公平感觉和职责不清，也是“社会逍遥”的产生原因。由于社会懈怠对组织绩效的消极影响，人们一直以来都在积极探索减轻或消除社会懈怠的办法。

二、减少社会懈怠行为的方法

在总结先前的研究结论的基础上，学者们发现，满足以下几个条件时，群体可以减少出现社会懈怠行为。

(1)较小的群体规模。不可否认，群体规模的不断扩大，增加了个体之间相互监督的难度，降低了彼此的责任感、信任感和个体的道德风险意识。因而社会懈怠在较大规模的群体中容易发生，而在较小规模的群体中较难发生。

(2)增强群体成员之间的关系亲密程度。在很多情况下，社会懈怠现象的出现，源于个体之间的不信任。如果群体成员之间的关系相对疏远，他们在合作共事期间就会怀疑别人不肯出力。为追求公平感，他们也会因此调整自己的工作投入。如果群体成员之间关系紧密，彼此信任的话，就会“劲往一处使，心往一处想”，相应的社会懈怠现象就会减少甚至消失。

(3)个人行为效果的可鉴别性。滋生社会懈怠现象的土壤是个体工作业绩在群体中难以单独评估。在这种情况下，成员的付出很难与所得相匹配。为求得心理的平衡，群体成员在合作过程中就会有意识地“偷懒”。所以，为了减少这一现象的产生，我们可以从源头开始予以制止。建立公平合理、符合成员贡献的行为考核标准，让群体成员觉得“付出与回报对等”，就会减少社会懈怠现象。

(4)工作本身具有挑战性，个人自发地产生参与意识。挑战性工作本身会产生较大的内在奖励，促使人们因为感兴趣、喜欢，渴望有所成长和发展等原因，投入更多的精力去完成任务，从而降低对他人投入的关心，自觉地完成群体给予的任务。

(5)共同的目标。任何群体其实就是一个利益共同体，相同的利益要求是一个群体产生的首要前提。共同的目标会促使群体成员产生一致的行为倾向。在群体中如果每个群体成员都明白并接受群体的共同目标，清楚自己在为这个群体目标奋斗中能得到什么利益，也会提高个体自觉投入程度，从而减少社会懈怠行为。

第二节　去个体化与旁观者漠视

一、去个体化的概念

(一)去个体化的含义

如前所述，社会助长实验能引发人们的唤醒状态，而社会懈怠实验表明群体会分散责任。一旦唤醒状态和责任分散结合到一起，常规的约束就会变小，后果可能令人震惊。从轻微的失态(在大厅里扔掷食物、怒骂裁判、在摇滚音乐会上尖叫)到冲动性自我满足(集体破坏公物、纵酒狂欢、偷窃)，甚至具有破坏性的社会暴力(警察暴力、暴动、私刑)，人们都可能干得出来。

这些失控行为有一个共同点：它们在一定程度上是由群体引发的。群体能产生一种兴奋感，那是一种被比自己更强大的力量吸引住的感觉。很难想象，单独一个摇滚乐迷会在一个私人摇滚音乐会上发狂地叫喊，单独一个学生会试图诱劝他人自杀，或者，单独一个警察会暴打一个手无寸铁的乘客。在某些群体情境中，人们更可能抛弃道德约束，以致忘却了个人身份而顺从群体规范——简言之，就是变得去个体化(deindividuation)(Festinger & Others, 1952)。实际上早在19世纪90年代，法国社会学家黎朋在研究群体行为的时候就发现，在群体中，个体的情绪会很快传给团体的其他成员，从而使得处在群众中的个人表现出一些独处时不敢表现的野蛮与毁灭性行为，并把这种现象叫做社会传染。

后来津巴度和费斯汀格对这种现象进行了进一步的研究，认为群体中的个体有时候会失去对自己行为的责任感，使自身自我控制系统的作用减弱甚至丧失，从而做出平时不敢做的反社会行为，并称之为去个体化。

(二)去个体化的产生原因

以下环境因素会引发去个体化的心理与行为：

1. 群体规模

群体不仅能引发其成员的唤醒状态，也能使成员的身份模糊化。尖叫的人群遮蔽了尖叫球迷的个体身份；滥用私刑的暴徒组织会使成员坚信自己不可能遭到控诉，他们把自己的个体行为看作群体所为；处在一群暴民之中而不暴露自己姓名的暴动者会任意地抢掠。经过对21起人群围观跳楼或者跳桥事件的分析，澳大利亚墨尔本大学社会心理学教授列昂·曼(Mann, 1981)发现：如果人群规模小且曝光于公众目光之下，人们通常不会诱劝当事者往下跳；但如果人群规模比较庞大或夜幕遮蔽了人们的身份，使其获得了匿名感，那么人群中的大多数人会诱劝当事者往下跳并冷嘲热讽。

英国肯特大学社会心理学教授马伦(Mullen, 1986)指出，在使用私刑的暴徒中也存在类似的效应：暴徒团伙的规模越大，成员越有可能失去较多的自我意识，他们就更乐于去实施诸如纵火、砍人、肢解等暴行。

从体育观众到滥用私刑的暴徒，所有这些例子中，个体的评价顾忌都降到了最低水平。人们的注意力集中在情景上，而非自身，并且因为"每个人都这样做"，所有的人都会把自己的行为责任归因为情境而不是自己的选择。

2. 匿名性

匿名性，即没有人可以认出自己，因而不必为这些破坏性的行为负责任。在津巴度的一项研究中，4 名年轻妇女组成一个小组参加一项对陌生人实施电击的实验。实验中有些小组(实名组)，被试彼此以真实姓名称呼，她们的胸前挂着写有自己姓名的牌子，很容易辨认谁是谁；另一些小组(匿名组)中的被试则穿着宽大的衣服，并且把头也包得严严实实。结果正如所预料的那样，匿名组的被试电击他人的概率大大增加，可见匿名性对个体的去个体化行为有着重要的影响。

3. 唤起和分心活动

群体表现出攻击性之前，经常会发生一些较小的引起人们唤醒状态或者分散其注意力的事件，如集体喊叫、高歌、鼓掌或跳舞，既可以令成员们热情似火，又能减少其自我意识。

迪纳(Diener, 1976, 1979)的实验表明，像扔石头、小组合唱这样的活动可能会成为其他更放肆行为的前奏。当人们看到别人和自己做出同样的行为时，会对自己做出冲动性的举动产生一种自我强化的愉悦感。当看到别人和自己做的一样时，我们会认为他们也和我们想的一样，因而这又会强化我们自己的感受(Orive, 1984)。而且，冲动性的集体行为能够吸引我们的注意力。当我们冲着裁判大喊大叫时，并不会想到我们自己的价值观念，而只是对情境做出一种即时的反应罢了。有时，当我们事后停下来反省自己所做过的事和所说过的话时，会觉得很懊恼，但这只是有时候而已。还有一些时候，我们会主动寻找去个体化的群体体验——跳舞、宗教体验、群体交流等，从中我们能体验到强烈的积极情感以及与他人亲密无间的关系。

4. 弱化自我察觉

能弱化自我意识的群体经历通常能分离个体的行为和态度。研究者(Diener, 1980; Prentice-Dunn & Rogers, 1980, 1989)发现，率真、去个体化的人更难自控，更难自律，更可能毫不顾及自己的价值观就采取行动，对情境的反应性也更强烈。这些研究结果正好可以补充和印证自我觉察(self-awareness)实验。

自我觉察是去个体化的对立面。自我觉察的人，以站在镜子或者摄像机面前的人为例，会表现出更加的自控，这时他们的行为也能够清晰地反映他们的态度。比如，如果人们在镜子面前品尝各种奶酪，就会挑那些低脂肪的品种(Sentyrz & Bushman, 1998)。

自我觉察的人也不太可能做出欺骗行为(Beaman & others, 1979; Diener & Wallbom, 1976)。那些一直坚信自己是独立而与众不同的人也不太可能做出欺骗行为(Nadler & Others, 1982)。这里的原理是，具有自我意识或者由于外力暂时产生自我意识的个体，能保持情境外的日常言论和情境内的实际行动高度一致。

我们能将这些研究结果应用到日常生活的诸多情境中去。喝酒之类的情境会降低个体的自我觉察，从而增强个体的去个体化(Hull & Others, 1983)；而有些情景能够增强自我觉察，比如：镜子和相机，小城镇的居住环境，明亮的光线，醒目的姓名标签，凝神静思，个性化的着装和房屋等情境(Lckes & Others, 1978)。一个十几岁的孩子去参加聚会时，父母可能会这样说："玩得开心，还有要记住你自己的身份。"这是父母在孩子临行前给出的最佳忠告。也就是说，和大家伙一起享受欢乐的同时要保持自我觉察，保持自己的独特个性，小心去个体化。

二、旁观者漠视

(一)旁观者漠视的含义

1964年的一个晚上，纽约市一个酒吧经理基蒂·吉诺维斯在回家的路上遭到了歹徒的袭击，当时她的邻居(据《纽约时报》报道是38人)听到了呼救声，很多人走到窗前观望，但是事后的调查发现，有38人目睹了惨剧的全程，却无动于衷(Manning & Others, 2007)。这种旁观者的漠视行为并非个例：17岁的安德鲁·莫米勒在乘地铁回家时，被歹徒用刀捅伤了腹部，在歹徒下车后，其他11名乘客眼睁睁看着这个年轻人因流血过多而死；埃莉诺·布拉德利在购物时被绊倒并摔伤了腿，她头晕目眩且疼痛难忍，于是她开始呼救，足足40分钟，购物的人流只是从她旁边经过而没有管她(Darley & Latané, 1968)

使人们震惊的不是个别人在紧急情况下不伸出援助之手，而是牵扯在内的人(上述事件中从11个人到成百上千的人)几乎百分之百地都无动于衷。社会评论员们因此感到悲哀，他们哀叹人们的疏远、无情、漠不关心以及无意识的残酷冲动。人们往往把紧急事件中的不干预行为归因于旁观者的个人特点，并且认为自己是富有同情心的人，在类似情境中会提供帮助。那么，那些旁观者就如此没有人性吗？

社会心理学家拉塔纳(B. Latané)和达利(J. Darley)不这样认为，他们通过实验发现：其他旁观者的在场会大大降低人们对事件的干预。截至1980年，研究者做了48个实验，比较了个体认为自己作为旁观者独自在场，和认为除了自己外还有其他人在场的情况下，所给予帮助的可能性。考虑到旁观者之间的自由沟通，当只有一位旁观者时，受害者更可能得到帮助(Latané & Nida, 1981；Stalder, 2008)。在互联网沟通中也同样，当人们相信自己是唯一被请求给予帮助的人时，更容易做出帮助行为(Blair & Others, 2005)。而当有其他人存在时，人们不大可能去帮助他人，其他人越多，帮助的可能性越小，同时给予帮助前的时间延迟越长。拉塔纳和达利把这种现象叫旁观者效应(Bystander effect)。为什么会这样呢？拉塔纳和达利猜测，当旁观者的数目增加时，任何一个旁观者都会更少地注意到事件的发生，更少地把它解释为一个重大问题或紧急情况，更少地认为自己有采取行动的责任(图7-1)。

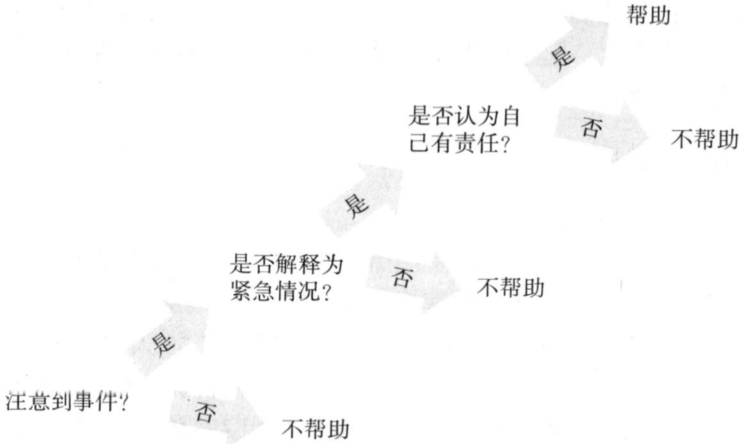

图7-1　拉塔纳和达利的决策树：在决策树上只有一条路径能导致帮助行为，在每一个分岔处，在场的他人都会使人走向不帮助的分支。

资料来源：Darley J M, & Latané B. Bystander intervention in emergencies: Diffusion of responsibility. Journal of Personality and Social Psychology, 1968, 8.

这一现象得到了一系列实验结果的支持。心理学家达利和拉塔纳做了一个简单但是很说明问题的实验室实验。研究者每次将一位大学生被试带进实验室，分配在单独的房间里，并让他们认为他是2人、3人或6人讨论组的成员之一，准备参加一个讨论会，同时告知被试在他们进行讨论时主试不在现场。在通过麦克风轮流发表个人看法的过程中，被试通过连接各个成员所在房间的扩音喇叭，听到另外一个房间中的讨论组成员出现了紧急性的癫痫病发作，到底有哪些被试表现出了打开房门向主试求助的行为呢？结果表明，在两个人一组的情况下，85%的被试在“癫痫病人讲话”结束之前就打开房(他们显然是向主试求助)；在3人一组的情况下，有62%的被试这样做；在6人一组的情况下，则只有31%的被试这样做。实验的结论是，旁观者越多，就越不会轻易给予帮助。

拉塔纳和达利又进行了一个现场实验。研究者在收银员的帮助下设计了系列抢劫，抢劫发生在店内有1或2名顾客的情况下。当收银员走到店铺后面检查货物的时候，两个年轻男子走进来，拿走了一打啤酒。与预期相一致的是，人们单独目击此事件的话会比还有其他客也在店内，更可能将偷窃事件报告给收银员。

(二)旁观者漠视的产生原因

为什么人们在群体里比单独时有较少的利他行为呢？对于这一问题有几种不同的理论解释，其中之一就是责任扩散(diffusion of responsibility)。所谓则任扩散，是指当发生了某种紧急事件时，如果有其他人在场，那么，在场者所分担的责任就会减小，因为每个人都认为助人的责任和助人失败所带来的可能成本应该由大家共同承担，也就是说提供帮助的责任扩散到其他人身上。如基蒂·吉诺维斯案件中，因为知道还有他人在场，但是却不能和其他人谈话也不能看到别人的行为，个体会倾向于假设其他人已经提供了帮助而不再采取行动。

旁观者漠视的第二种可能原因是对模糊情境的社会性定义。当事件的性质模糊不清时，我们倾向于参考他人的反应来对事件做出判断，这种对情境的判断受他人反应影响的现象，就是对情境的社会性定义(social definition)。拉塔纳和达利于1970年用实验证明了旁观者对情境的社会性定义作用。在实验中，要求男性大学生坐下来完成一份问卷，几分钟后有烟雾通过气孔进入房间，很快烟雾变得非常浓重，人们几乎无法正常看东西和呼吸。如果被试是一个人待在房间内的话，他一般会跑出来查看烟雾的情况，75%的被试会向研究者报告这一情况；而当被试与两个实验助手同时待在房间内，实验助手对烟雾没有反应，只有10%的被试向研究者报告出现了烟雾。可见，外部情境因素要在个体参照他人行为的基础上做出自主判断后起作用，并引发个体的各种反应，对同一情境的社会性定义不同会导致不同的行为反应。

影响旁观者漠视效应的第三个因素是评价焦虑(evaluation anxiety)。如果人们知道别人正在注视着自己，就会按照别人期待，以能够被大家喜爱和接受的方式表现自我，避免在别人面前表现得很不成熟或者很傻气，以减少社会贬低的发生，这种反应就是评价焦虑。所以在上述实验中，虽然被试都处于浓烟滚滚的房间之中，但由于他人都表现得很平静，被试害怕如果过多地表现出对烟雾的关注，会被别人认为是愚蠢或胆小，所以也作出和他人相同的反应，这也是从众心理的一种表现形式。

第三节　群体极化与群体思维

一、群体极化

(一)群体极化的概念

一篇涵盖了300多项研究的文献在其开篇就引用了一项惊人的发现，它的提出者是斯托纳(Stoner，1961)，当时只是麻省理工学院的一名研究生。在他的工业组织心理学硕士论文中，斯托纳对人们普遍认同的一种看法——群体比个人在决策时更为审慎——进行了研究。他设计了一些决策时的两难情境，参与者的任务是建议假想的人物应该在多大程度上承担风险。假设你自己也是其中的一名参与者，你会在以下的情境给海伦提什么样的建议呢？①

海伦是一名很有创作天赋的作家，但是迄今为止她都是依靠写通俗的西部小说过着还算舒适的生活。最近她突然萌生了一个念头，想要写一部可能会产生重大影响的长篇小说。如果这部小说能够完成并且得到人们认可的话，可能会在文坛产生举足轻重的影响，而且很大程度上可以促进她事业的发展。另一方面，如果她的想法最终没能实现，又或者这部小说是一部失败之作，那么她将耗费大量的时间和精力而得不到任何回报。

设想你正在给海伦提建议。你认为她会尝试写这部小说的最低可能性是多少。

当这部小说取得成功的概率至少为__________时，海伦会尝试写这部小说？

__________ 1/10

__________ 2/10

---

① 资料来源：戴维·迈尔斯. 社会心理学. 第11版. 侯玉波，乐国安，张志勇，等，译. 北京：人民邮电出版社，2016.

__________ 3/10
__________ 4/10
__________ 5/10
__________ 6/10
__________ 7/10
__________ 8/10
__________ 9/10
__________ 10/10(选择这一项是指你认为海伦只有在认为这部小说绝对会成功的情况下才会尝试写。)

当你做出决定后，猜猜这本书的所有读者平均而言会提出怎样的建议。

在对很多类似的问题给出自己的建议后，研究者会安排5个人左右在一起进行讨论，并就每一个问题达成共识。你认为群体决策与讨论之前所有人单独决策所得的平均值相比，会有什么差别呢？群体会倾向于冒更大的风险？还是更为审慎？抑或与个体没有差别？

令人吃惊的是，群体决策往往会更加冒险。这一现象称为“风险转移”，它推动了一股研究群体冒险性的趋势。这些研究发现，风险转移不仅发生在需要达成共识的群体中，在某一次短暂的讨论之后，个体也会改变他们以前的决定。此外，研究者选取不同年龄、不同职业和不同国家的参与者，都得出了与斯托纳的发现相同的结果。

在讨论中，不同的看法汇集起来趋于一致。但奇怪的是，人们趋于一致所得出的观点，往往比他们各自原来的观点所得出的平均值更倾向于冒险。这是个令人振奋的谜题。风险转移效应是可信的，也是意料之外的，并且无法立刻找到任何明显的解释。群体影响的何种因素可以产生此效应？这种效应的作用范围有多大？陪审团、商业委员会以及军事机构中所展开的各种讨论是否也会促进人们的冒险行为？如果以死亡率作为衡量标准，在有另两名同伴的情况下，十六七岁的年轻人鲁莽驾车的可能性几乎是车上没有任何同伴情况下的两倍(Chen & others，2000)，这是否也能用上述效应来解释？股市泡沫是否可以用这一效应来解释？因为人们纷纷讨论为什么股市会涨，因此就创造了一种信息瀑布，进而推动股市继续上涨(Sunstein，2009)。

在经过数年的研究之后，学者们发现，风险转移并不是普遍适用的。在他们设计的两难情境中，人们讨论之后会变得更为谨慎。其中一个情境的主人公叫罗杰。罗杰是一名已婚的青年男子，他有两个处在学龄期的孩子，有一份稳定但是薪酬不高的工作。他能负担得起必需的生活用品，但对奢侈品就不敢奢望了。他听说一家不怎么有名的公司的新产品如果销路很好的话，那这家公司的库存品价值会迅速升值为以前的 3 倍，但是，如果新产品卖不出去的话，那库存价格就会下跌。罗杰没什么积蓄，为了投资这家公司，他正考虑卖掉自己的人寿保险。

你能找出一条一般性的规律来解释为什么人们在讨论了海伦的情境之后会倾向于冒险，而在讨论了罗杰的情境之后却会倾向于谨慎行事吗？如果你和大多数人一样，你就会建议海伦冒更大的风险而不是建议罗杰去冒风险，即使在和其他人讨论之前也会如此。事实上讨论在很大程度上会加强人们最初的看法。

由此我们意识到，这种群体现象的结果并不是一味地朝冒险的方向偏移，但是群体讨论却倾向于使群体成员的初始观点得到加强。这种观点促使研究者们提出一个被法国心理学家莫斯科维斯和扎瓦罗尼(Moscovici & Zavalloni, 1969)称为群体极化的概念：讨论通常可以强化群体成员的普遍倾向。

(二)群体极化实验

群体讨论会引发个体观点的变化，这启发了研究者，他们在实验中组织人们讨论大多数成员都赞同或反对的观点。在群体中进行的这种谈话是否会像在两难决策情境中那样，加强成员最初的倾向？在群体中，是否冒险者会表现得更加冒险，顽固者会更为顽固，乐于助人者会更加乐善好施？因为这些正是群体极化理论所预言的(图 7-2)。

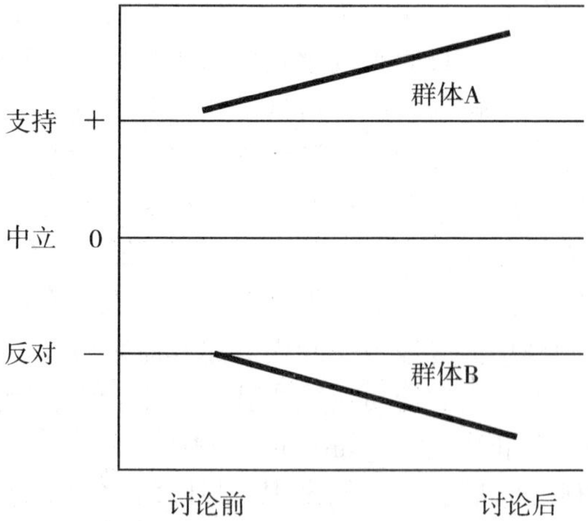

图 7-2　群体极化理论预测群体讨论会强化群体成员的共同态度

资料来源：戴维·迈尔斯. 社会心理学. 第 11 版. 侯玉波，等，译. 北京：人民邮电出版社，2016.

很多研究证实了群体极化现象的存在：莫斯科维斯和扎瓦罗尼(Moscovici & Zavalloni，1969)观察发现，讨论可以加强法国学生本来就对总统所持的积极态度，同时也可以加强他们原本对美国所持的消极态度；矶崎(Isozaki，1984)发现，日本大学生集体讨论了某起交通事故后，给出了更明确的"有罪"判定。如果陪审团成员倾向赔偿损失，群体讨论的赔偿数额同样倾向于高于陪审团成员提出的中数(Sunstein，2007a)；布劳尔等(Brauer & Others，2001)发现，法国学生讨论了对某些人共同持有的消极印象后，会更加讨厌这些人。

另一种研究方法是选择一些存在观点分歧的事件，然后把持有不同观点的人们分隔开，把观点相同的人们安排在一起。观点相似的人们在一起讨论的结果是否会加强他们所共同认可的观点？讨论是否会加深两种不同态度之间的鸿沟？

因此有研究者选择了两个完全不同的群体：相对而言有种族偏见和无种族偏见的高中生，并要求他们在讨论之前和之后对某些有关种族态度的问题做出反应，例如财产权和居住条件(Myers & Bishop，1970)。研究发现，在两个种族偏见程度不同的高中生群体中，谈论与种族相关的问题增强了高偏见组的种族偏见，降低了低偏见组的种族偏见，也就是说讨论加深了极化程度。

英国和澳大利亚有研究证实，群体讨论可以放大积极或消极的倾向。当人们彼此分享关于某一群体(例如移民)的消极印象时，讨论会支持他们的消极印象，增强他们对该群体的歧视(Smith & Postmes，2011)；而当人们分享对不公正的关注时，讨论可以增强他们的道德关注(Thomas & MeGarty，2009)。

(三)群体极化的解释

为什么群体会形成比个体成员的平均观点更为夸大的观点呢？研究者们希望通过解决群体极化的谜题来为此提供思路。

在提出的几种群体极化理论中，有两种理论已为科学实验所证实。其中一种着重于讨论中所提出的观点，另一种着重于群体成员如何看待他们自己和其他成员。第一种观点是信息影响(由于接受了事实的证据而产生的影响)的例证；而第二种观点是规范影响(基于人们希望被他人接受或敬仰的愿望而产生的影响)的例证。

1. 信息影响

从最受支持的解释出发，群体讨论可以产生一系列观点，而大多数观点都和主导性观点一致。那些对群体成员而言就算是一般常识的观点也会进入讨论，这些观点即使没有提及，也会影响讨论(Gigone & Hastie，1993；Larson & Others. 1994；Stasser，1991)。其他观点也许会包含一些群体成员在此之前并没有考虑到的具有说服力的观点。当讨论作家海伦时，也许有人会说："海伦应该着手去做，因为她几乎不会有什么损失。如果她的长篇小说失败了，她仍然可以像从前那样去写通俗的西部小说。”这样的说法通常是将提出者的观点和他的立场放在一起。但是如果人们不了解他人的特定立场而只是听到相关的观点，他们仍然会改变自己的立场（Burnstein & Vinokur，1977；Hinsz & Others，1997）。观点就其本质而言的确很重要。

但是，态度的转变并不仅仅决定于听到他人的观点，讨论中的积极参与会比消极聆听更容易导致态度的转变。参与者和观察者听到的是相同的观点，但是一旦参与者用自己的话语表达该观点时，言语的使用会扩大这种影响作用。群体成员对别人观点重复得越多，他们就越可能在不断的复述中认同这些观点（Brauer & Others，1995）。

这印证了一个观点：人们的大脑并非像白板那样由说服者填写，在中心路径的说服中，人们怎样看待某条信息很关键。事实上，仅仅对某一个观点思考几分钟也会使看法得以强化（Tesser & Others，1995）（或许你会回想起，当你仅仅想起某个你不喜欢或者喜欢的人时，你的感受也会变得极端起来）。甚至当人们只是设想将和一位持有相反观点的专家一同讨论某一事件时，他们也会充满动力去组织论证并且采取更为极端的立场（Fitzpatrick & Eagly，1981）。

2. 规范影响

第二种对极化的解释涉及与他人的比较。著名的社会心理学家费斯汀格（Festinger，1954）在其极具影响力的社会比较（social comparison）理论中提出，我们人类希望能对自己的观点和能力做出评价，为此我们可以将自己的观点与他人比较。我们常常被“参照群体”中的人们所说服（Abrams & Others，1990；Hogg & Others，1990）。所谓参照群体就是与我们相一致的群体。而且，当我们发现其他人和自己持有相同观点时，为了使其他人喜欢我们，我们会将观点表达得更为强烈。

如果我们要求人们预测在类似海伦困境一类的问题上其他人的反应方式时，他们通常会表现出众人无知（pluralistic ignorance）：他们并没有意识到其他人会在多大程度上支持社会普遍认同的倾向（在这个例子中，是指写长篇小说）。即使成功的机会只有4/10，一个典型有代表性的参与者也会建议海伦写那部长篇小说，而且他估计其他大部分的人都会选择5/10或6/10（这个发现使我们想起了自我服务偏差：人们倾向于认为自己要好于社会普遍所希望具有的特质和态度）。当开始讨论时，大部分人都发现自己的观点并没有想象的那样出众。事实上，其他一些人比自己更为超前，对于写小说这件事采取了更为坚定的立场。于是他们不再受群体规范的错误约束，而是自由地更加强烈地表达自己的偏好。

二、群体思维

(一)群体思维的含义

群体思维又称“小团体意识”，是指由于从众的压力使群体对不寻常的、少数人的，或不受欢迎的观点得不到客观的评价(因为该观点未被充分表达)。心理学家贾尼斯(I. Janis)考察了美国历史上一些造成重大失误的群体决策事件，如20世纪60年代的越南战争和尼克松的水门事件，以及某些企业由于不正常的决策而招致破产的个案，提出在群体决策中存在群体思维的现象。这就是以表面一致的压力阻碍了不同意见的发表。在群体工作中，成员一致可以提高生产率(Mullen & Copper，1994)，而且，团队精神有助于鼓舞士气。但是在决策时，紧密团结的群体有可能反而不利，会产生不好的结果。贾尼斯认为产生群体思维的温床包括：友善的、凝聚力强的群体，对异议的相对排斥，以及从自己的喜好出发做决策的支配型领导。

(二)群体思维的表现

从历史记录以及参与者和观察者的回忆来看，贾尼斯列出了8条群体思维的症状表现。这些症状集中反映了对异议的排斥，表面上看来就是群体成员在遇到威胁时会努力保持他们的积极群体感(Turner & Pratkanis，1994；Turner & Others，1992)。

前两条群体思维症状表现往往导致群体成员高估群体的力量和权力：

(1)无懈可击的错觉。贾尼斯所研究的群体都表现得过分自信，以至于蒙蔽了眼睛，看不到危险警报。

(2)群体道义毋庸置疑。群体成员接受了其所在群体内在的道义，却忽略了伦理和道德上的其他问题。

群体成员还会在想法上变得越来越接近：

(3)合理化。群体以集体投票的方式将决策合理化来减少挑战。比起自省和重新考虑以前的决定，群体倾向于花更多的时间来论证决策合理化(对其进行解释和找出合理的理由)。

(4)对对手的刻板印象。陷于群体思维的人们往往会认为自己的对手不是太难以协商，就是太弱小愚蠢，以至于难以反对他们的计划。

最后，群体会受制于追求一致性的压力：

(5)从众压力。群体成员会抵制那些对群体的设想和计划提出疑问的人，而且有时候这种抵制并不是通过讨论而是针对个人的嘲讽来实现。

(6)自我审查。由于异议往往会令人不舒服，而且整个群体似乎表现出一致性，所以人们往往会将自己的疑虑压制下来。

(7)一致同意的错觉。不要去破坏一致性的自我潜意识压力会导致一致同意的错觉，而且，表面上的一致性更坚定了群体的决策。

(8)心理防御。有些成员会保护群体，使那些质疑群体决策效率和道义的信息不会对群体构成干扰。

群体思维的各种表现会阻止群体成员探寻和讨论相反信息以及其他的可能性(见图 7-3)。当领导主张某种观点而整个群体又排斥异议时，群体思维可能就会产生错误的决策(McCauley，1989)。

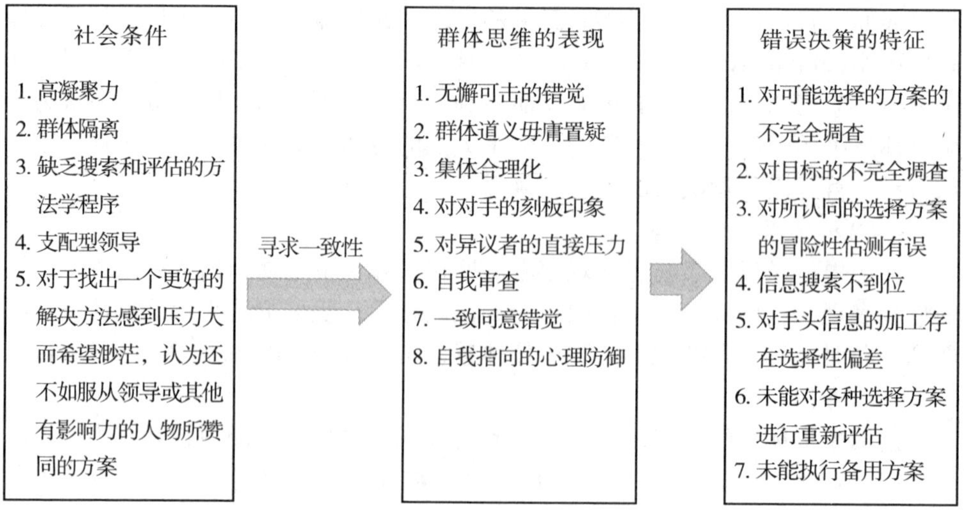

图 7-3 对群体思维的理论分析

资料来源：Janis & Mann. Decision-making：A psychological analysis of conflict，choice and commitment. New York：Free Press. 1977.

英国心理学家纽厄尔和拉格纳多(Newell & Lagnado，2003)认为，群体思维还可能解释伊拉克战争。他们指出，无论是萨达姆还是布什，身边都有一大群和他们具有同样目的的进言者，这就迫使反对者闭嘴，而令其只过滤支持自己假定的信息——伊拉克的假定是对入侵者进行反抗，而美国的假定则是成功地入侵会带来短暂的和平占领和今后长期的民主政治。

(三)群体思维的克服

群体思维并不是不可克服的，一些学者也提出了一些建议：

(1)对群体决策给予指导，充分利用可取的信息，创造性地解决冲突。可以要求参加决策的人尽可能清晰和合乎逻辑地提出自己的看法，并认真听取和考虑其他人对自己意见的反映。同时欢迎不同意见，帮助群体收集广泛的信息，以便做出准确的决定。

(2)先把问题告诉各人，让大家独立地思考和提出看法，再采用匿名或书面的方式提出意见。

(3)群体决策时，先小组讨论，充分酝酿，然后把不同意见提交大组。在取得一致意见后，举行跟踪会议，允许提出其他疑问或意见。

第四节　少数派影响

电影《十二怒汉》中，一位孤立的陪审员最终说服了其他 11 位陪审员。尽管法庭很少出现这种场面，但大部分社会运动最初都是由一小部分人主导，最终才变成多数人的运动。爱默生写道，“所有的历史都是记录少数派甚至一个人单打独斗力量的历史”。想想哥白尼、伽利略、马丁・路德・金和苏珊・安东尼。美国民权运动也是由一名美国黑人妇女帕克斯点燃的，她在阿拉巴马蒙哥马利的一辆公共汽车上，拒绝让出自己的座位。科技发展史也是由一小部分具有创新精神的人所谱写的。事实上，如果少数人的观点从来都没能占上风，历史将是一潭死水，什么也不会改变。

什么因素能使少数派具有说服力？由法国巴黎大学心理学教授莫斯科维斯(Serge Moscovici)进行的实验证实了少数派影响的几大决定因素：一致性、自信和背叛。

一、一致性

比起摇摆不定的少数派，那些坚持自己立场的少数派更具有影响力。莫斯科维斯及其助手(Moscovici，1969，1985)发现，如果少数人一致认为蓝色幻灯片是绿色的，那么占大多数的成员偶尔也会表示赞同。但如果这少部分人摇摆不定，认为其中 1/3 的蓝色幻灯片是蓝色的，而其他的是绿色的，那么事实上多数派中没有一个人会同意它是“绿色”的。

人们或许会认为你提出异议是由于心理反常(Papastamou & Mugny，1990)。当加州大学洛杉矶分校的心理学教授内梅斯(Nemeth，1979，2011)将两个人安排在一个模拟陪审团中，并让他们反对大多数人所提的意见时，这俩人确实变得不受欢迎。尽管如此，多数派公认这两人的坚持，比其他任何东西都更能促使他们重新考虑自己的立场。相比多数派影响常激发不假思索的同意，少数派影响会激起更深刻的讨论，并且会提升创造力(Kenworthy & Others，2008；Martin & Others. 2007，2008)。

拥有不同种族朋友或者处于多种族讨论群体之中的大学生，过分简单的思维往往更少(Antonio & others, 2004)。自己群体内产生的异议，会使人们获得更多的信息，以新的思路思考问题，并且常常会做出更好的决策(Page, 2007)。

一些成功的公司已经认识到创新有时候是由少数派的观点引起，然后可以带来新思想，同时也激励同事们用一种新的方式思考问题。以崇尚“尊重个体的原创力”而闻名的3M公司就鼓励员工进行大胆的想象。报事贴、便笺纸就是3M公司的化学家西尔弗尝试创制强力胶失败的产物。3M公司的另一位化学家弗赖伊在没能用小纸片给自己的赞美诗集作记号的时候，就想到“需要一种边缘有贴纸的书签”。即使这样，最终还是这些少数派的观点赢得了挑剔的市场(Nemeth, 1997)。

二、自信

一致性和坚持性是自信的表现。内梅斯和瓦赫特勒(Nemeth & Wachtler, 1974)报告说，少数派表达自信的任何行为，例如，坐在席位的上座——都会使多数派产生自我怀疑。通过坚定有力的行为表现，少数派明显的自我支持会促使多数派重新考虑他们的立场。当事关观点而非事实时，尤其如此。意大利帕多瓦大学的心理学教授马斯及其同事(Maass & others, 1996)的研究表明，在关注事实的时候，比如“意大利大部分的原油是从哪个国家进口的?”，少数派的说服力没有其关注态度，“意大利大部分的原油应该从哪个国家进口?”的时候强有力。

三、从多数人中叛离

坚持己见的少数派会打破任何的一致同意错觉。当少数派对多数派的判断力提出质疑后，多数派的成员往往能更加自由地表达他们自己的疑虑，甚至会倒向少数派的立场。可是你知道对于一名孤独的背叛者，一开始同意多数派的观点，重新思考后提出异议，情况会如何?莱文(Levine, 1989)研究匹兹堡大学的学生发现，如果少数派中的某个人是从多数派中投奔过来的，那么他会比那些自始至终居于少数派的人更有说服力。内梅斯发现，与《十二怒汉》的情节不同，在她的模拟陪审团实验中，一旦开始出现背叛行为，其他人常常也会紧紧追随，产生滚雪球效应。

这些加强少数派影响的因素是否只对少数派起作用呢?纽约大学的心理学教授沃尔夫等人(Wolf & Latane, 1985; Wolf, 1987)以及克拉克(Clark, 1995)认为并非如此。他们指出，同样的社会力量对多数派和少数派都起作用。信息影响(通过有说服力论据)和规范影响(通过社会比较)，同时可以增强群体极化和少数派影响。如果一致性、自信和背叛能使少数派得到加强，那么这些变量也能加强多数派。任何立场的社会影响力取决于它的力量、即时性以及支持者的数量。

在强调个体对群体影响的同时，还存在这样一种有趣的现象。直到最近，这种少数派能够动摇多数派的观点，其本身就是社会心理学领域少数人的看法。尽管如此，通过坚持不懈而有力地提出这种观点，莫斯科维斯、内梅斯、马斯、克拉克和其他人已经说服了群体影响研究中的多数人——少数派影响是一个值得研究的现象。

小　结

1. 社会懈怠是指当个体在与其他人一起从事任务时，他付出的努力会明显少于单独从事任务时所付出的努力。出现这一现象的主要原因是个体的作业成绩无法单独被评价，他们的评价焦虑下降，对结果的责任意识下降，进而个体工作的动力也相应下降。而较小的群体规模、群体成员之间的关系亲密程度、个人行为效果的可鉴别性、工作本身具有挑战性以及共同的目标，会提高个体自觉投入，从而减低社会懈怠。

2. 去个体化是指在某些群体情境中，人们更可能抛弃道德约束，失去对自己行为的责任感，使自身自我控制系统的作用减弱甚至丧失，从而做出平时不敢做的反社会行为。去个体化往往由群体规模、匿名性、弱化自我察觉以及唤起和分心活动引发。

3. 旁观者漠视是指有他人在场时，人们实施帮助行为的可能性会下降，在场的其他人越多，帮助的可能性越低。这是因为当旁观者的数目增加时，任何一个旁观者都会更少地注意到事件的发生，更少地把它解释为一个重大问题或紧急情况，更少地认为自己有采取行动的责任。责任扩散、对模糊情境的社会性定义以及评价焦虑是对于旁观者效应的理论解释。

4. 群体极化是群体对人们观点的强化。研究发现群体讨论会加强原先的主导观点，无论这一观点本身是谨慎的还是冒险的。信息影响和规范影响被证实是群体极化的影响因素，从讨论中收集的信息大多有利于大家最初的选择，因此会强化对其的支持。

5. 对和睦的过分关注被称为群体思维，其对决策有重要影响。群体凝聚力可能会掩盖针对情景的真实评价，如果群体成员强烈地渴望一致，真实情景被掩盖的可能性更大。群体思维主要表现在以下几个方面：无懈可击的错觉、合理化、对群体道义无可置疑、对对方立场的刻板印象、一致同意的错觉以及保护群体不受不愉快信息干扰的“心理防御”。

6. 尽管多数派的意见往往占上风，但是有时候少数派能影响甚至推翻多数派的立场。少数派的讲话常常可以增加多数派的自我怀疑，促使他们思考其他可替代的办法，这往往会导致更好、更有创意的决策。在实验中，当少数派具有一致性并坚持自己的观点，行动传递着自信，引起多数派的背叛时，少数派的影响力最大。

第八章　其他群体行为

学习目标

通过本章的学习，掌握偏见产生的理论以及如何消除偏见，理解人际吸引的原因及基本原则；了解攻击行为、利他行为的定义及其影响因素；厘清群体中冲突的定义、作用、原因及解决方式；熟悉群体沟通的特性、型态以及沟通中的性别差异与跨文化差异。

第一节　偏见与人际吸引

一、偏见

(一)偏见的概念

1. 偏见的定义

偏见是人们以不正确或不充分的信息为根据，而形成的对其他人或群体的片面甚至错误的看法。我们知道态度包含三个成分：认知、情感和行为意图。与态度的认知成分相对应的是刻板印象(stereotype)，它代表着人们对其他团体的成员所持的共有信念。偏见(prejudice)是与情感要素相联系的倾向性，它对他人的评价建立在其所属的团体之上，而不是认识上。行为成分体现在歧视(discrimination)上，我们对某些人的认识和情感都是负面的，所以我们在行为上用不公正的方式对待他们，如招工时排除女性或其他少数民族的人。

2. 偏见产生的理论

对这个问题的回答，不同的理论有不同的观点，下面我们列举几种主要的理论：

(1)团体冲突理论。团体冲突(group conflict)理论认为，为了争得稀有资源，如工作或石油等，团体之间会有偏见的产生，从这一点上来看，偏见实际上是团体冲突的表现。团体冲突理论还用相对剥夺的观点解释偏见何时产生，当人们认为自己有权获得某些利益却没有得到，这时他们若把自己与获得这种利益的团体相比较时，便会产生相对剥夺感，这种相对剥夺感最可能引发对立与偏见。

(2)社会学习理论。Ashmore(1980)提出的社会学习理论则认为，偏见是偏见持有者的学习经验，在偏见的学习过程中，父母的榜样作用和新闻媒体宣传效果最为重要，儿童的种族偏见与政治倾向大部分来自父母，儿童所接受的新闻媒体的影响使得儿童学习到了对其他人(比如少数民族和妇女)的偏见。

(3)认知理论。认知理论用分类、图式与认知建构等解释偏见的产生，认为人们对陌生人的恐惧(贬低对他们的认识)、对内团体与外团体的不同对待方式(喜欢内团体的人，排斥外团体的人)以及基于歧视的许多假相关(多数人与少数人不良行为的比率相同，但少数人的不良行为被过分估计)等都助长了我们对他人的偏见。

在认知理论看来，偏见是人们处理和整合信息的时候不可避免的副产品，Aronson甚至认为偏见是人类社会认知的黑暗面。人们倾向于将信息分类组合，形成一些架构并用它们来解释新的或不寻常的信息，依赖潜在的不准确的判断法则，以及依赖往往有误的记忆过程——社会认知的所有这些层面，都能导致我们形成消极的偏见。

(4)心理动力理论。心理动力理论(psychodynamic theory)用个人内部的因素解释偏见，认为偏见是由个体内部发生、发展的动机性紧张状态引起的。心理动力理论有几种不同的形式：一种形式把偏见看成是一种替代性的攻击，另一种形式则将偏见视为一种人格反常，偏见是一种人格病变。其中最为有名的当数Adorno(1950)对“权威性人格”(authoritarian personality)的研究。他发现30年代德国人的反犹太情绪是由权威性人格发展起来的，这一人格的特征包括：对传统价值观与行为模式的绝对固执；认同并夸大权威；将对某些人的敌意扩大到一般人身上；具有神秘及迷信的心理倾向。

(二)偏见的影响与克服

1. 偏见的影响

(1)对知觉的影响。偏见会影响到人们对他人的知觉，以性别偏见为例，尽管照片上男性与女性的身高一样，但人们的实际判断依然有很大的差异，见图8-1。

在控制组条件下不告诉被试任何东西；在告知条件下，告诉被试之所以选择这两张相片是因为照片上的男女一样高；而在激起条件下，告诉被试他们如果判断准的话有一笔奖金，同时还告知他们照片上的男女一样高。

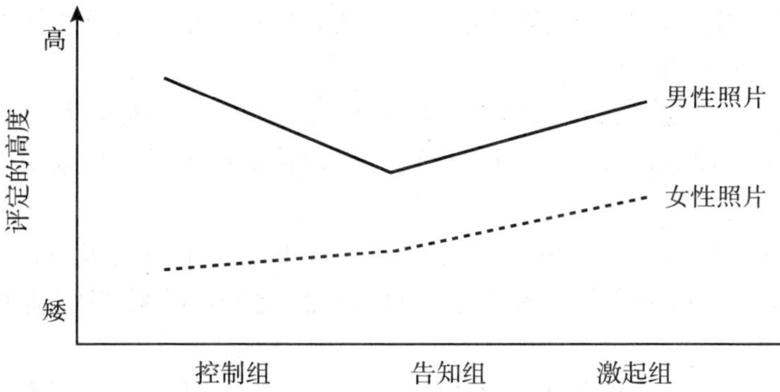

图 8-1 性别偏见的表现

资料来源：侯玉波. 社会心理学. 北京：北京大学出版社，2018.

(2)对自身和他人行为的影响。我们本身持有的一些偏见甚至会影响我们自己的行为。人们一致认为睾丸酮是反社会行为、自私行为和攻击性的罪魁祸首。Eisenegger 在一项研究中发现，给妇女注射睾丸酮之后，能够减少交易行为中的冲突，甚至促进人际和谐；而那些以为自己服用了睾丸酮的女性被试，却在交易过程中表现出更少的公平性。

我们对他人的偏见也影响他人实际的行为表现，这一点最明显地表现在自证预言(self fulfilling prophecy)中。偏见持有者对对方的预期会使对方按照自己的预期去表现行为，Rosenthal(1978)把这种个体使得目标对象产生符合预期行为的现象叫做自证预言，也叫做自我实现的预言。

Word，Zanna 和 Cooper(1974)证实了这种自证预言现象与刻板印象、歧视之间的相关。在研究中，研究者要求白人大学生面试几名求职者，这些人中，有些是黑人，有些是白人。当大学生在和黑人面谈的时候，不知不觉地就表现出了不自在与缺乏兴趣。为了弄清这些行为会如何影响黑人求职者，研究者进行了第二次实验，这次他们系统地控制面试者的行为，使他们的行为和第一次实验中面试者对白人或黑人求职者的方式一样，但是第二次实验中所有的求职者都是白人。结果发现，那些受到以第一次实验中面试黑人的方式进行面试的求职者，和被以第一次实验中面试白人的方式进行面试的求职者相比较，前者被认为比较紧张并且缺乏实力。

2. 消除偏见的方法

偏见在我们的生活中有很大的危害，心理学家一直在探索消除偏见的方法。到目前为止，消除偏见的方法主要包括：

(1)社会化。儿童、青少年的偏见主要通过社会化过程形成，因而通过对这一过程的控制可以减少或消除偏见，而在社会化过程中，尤其要注意父母与周围环境以及媒体的影响。

(2)受教育。接受的教育越多，人们的偏见将越少。有时候人们的偏见更多地来源于自己的无知和狭隘，所以通过让人们接受更多的教育来减少偏见是一种很有效的方法。

(3)直接接触。Amir(1969)、Brewer 与 Miller(1984)提出的接触假设(contact hypothesis)认为在某些条件下，对立团体之间的直接接触能够减少他们之间存在的偏见。

(4)自我检控。由于偏见本身也与认知过程有关，所以通过对认知过程的检控也可以减少偏见。当人们意识到自己有偏见时，通过静下心来想、抑制自己的偏见反应等减少偏见。在此过程中，内疚感、自我批评、搜寻引发偏见反应的情境线索都有助于偏见的消除或减少。

二、人际吸引

人是社会性的动物，与他人进行有意义的交往是人类社会生活的前提。心理学家 Baumeister(1995)等人指出：归属的需要(need for belong)是人类最重要、最基本、最广泛的社会动机。Larson(1981)在研究了人们的时间利用时也发现，人们大部分的时间与他人在一起(青少年 74%，成人 71%)，并且和他人在一起的时候，个体表现得更快乐、警觉和兴奋。

(一)人们互相吸引的两个原因

1. 人类天生就具有亲和动机

Atkinson(1954)、Mc Adams(1980)等人认为，有两种动机影响人们的社会交往：一是亲和需求(the need for affiliation)，它是指一个人寻求和保持许多积极人际关系的愿望；二是亲密需求(the need for intimacy)，指人们追求温暖、亲密关系的愿望。这两种动机合称人类的亲和动机，即人类和他人在一起，并不断发展亲密关系的动机。

人类的亲和动机与两个方面的因素有关：第一个因素与社会比较有关，它强调人们通过社会比较获得有关自己和周围世界的知识。比如 Schachter(1959)就发现，和他人在一起可以减少个体的恐惧和焦虑。在一项研究中，Schachter 告诉女性被试她们要参加一项电击如何影响生理反应的实验。在“高焦虑”组里，被试被告知电击很痛但不会对她们造成伤害；“低焦虑”组的被试则被告知电击就像打针一样只有一点痛。实际上她们不会受到电击，实验者只是想让被试相信自己不久将会受到这样的电击。之后，Schachter 告诉被试由于实验用的仪器还没有装配好，请她们等 10 分钟；并且告诉被试她们可以自己单独等，也可以与其他被试一起等。结果如图 8-2 所示：在高度焦虑时，人们选择与他人一起等待，而在低度焦虑情况下却更愿意独自等待。Schachter 用社会比较理论(social comparison theory)来解释这种现象，他认为人们之所以与他人亲近，是为了拿自己的感觉与其他在同样情境下的人进行比较。

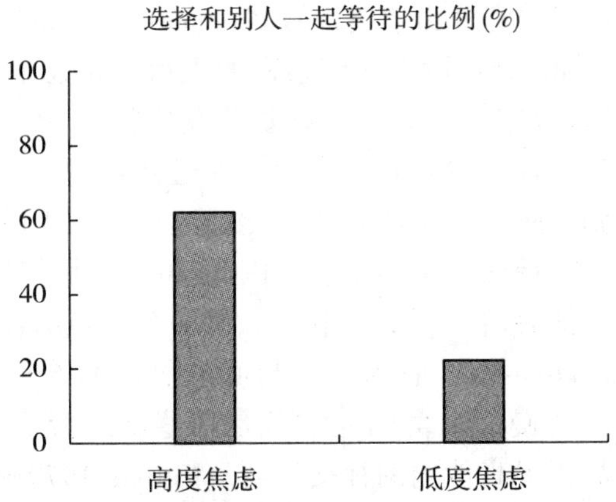

图 8-2　在不同焦虑状况下选择和别人一起等待的比例

资料来源：Schachter S. The psychology of affiliation. Stanford，CA：Stanford University Press，1959.

人类具有亲和需求的第二个因素与社会交换有关，它强调人们通过社会交换获得心理与物质酬赏。按照社会交换理论的观点，人们会尽量寻求并维持酬赏大于付出的人际关系。

对于亲和需求的作用，R. Weiss(1974)指出，亲和需求可以提供六种重要的酬赏：

(1)依恋(attachment)：指最亲密的人际关系所提供给个体的安全及舒适感，这种依恋小时候指向父母，成人后则针对配偶或亲密朋友。

(2)社会整合(social integration)：通过亲和与他人交往，并与他人拥有相同的观点和态度，产生团体归属感。

(3)价值保证(reassurance of worth)：得到别人支持时所产生的自己有能力有价值的感觉。

(4)可靠的同盟感(a sense of reliable alliance)：通过与他人建立良好的关系，意识到当自己需要帮助时，他人会伸出援助之手。

(5)得到指导(the obtaining of guidance)：与他人交往可以使我们从他人那儿获得有价值的指导，比如从医生、朋友以及老师等得到指导。

(6)受教育机会(the opportunity of nurturance)：与他人交往能够使我们有机会接受来自他人的教育。

2. 克服寂寞

人们与他人交往的第二个原因是为了克服寂寞。心理学对寂寞所做的定义是：当人们的社会关系缺乏某些重要成分时所引起的一种主观上的不愉快感。

心理学家Weiss把寂寞分为情绪性寂寞(emotional loneliness)和社会性寂寞(social loneliness)：前者是指没有任何亲密的人可以依恋而引起的寂寞，如果一个人到了40岁还未成家，他又与父母及朋友住得较远，这样的人常常会体验到情绪性寂寞；社会性寂寞则是指当个体缺乏社会整合感或缺乏由朋友或同事等所提供的团体归属感时产生的寂寞。比如远在国外生活的人，常常会因为观念和行为很难融入当地人的生活中去，因此会产生社会性寂寞。

寂寞对人们的生活有着重要的影响。如果一个人经历长期寂寞，有时也叫慢性寂寞(chronic loneliness)，他的生理与心理健康将会受到影响。Solano和Koester(1989)发现，有慢性寂寞的人常常是那些缺乏社交技巧的人，所以要想克服寂寞，首先需要提高他们的社交技巧。Kupke(1979)和Vangelisti(1991)等人提出了一些提高社交技巧的建议，包括以下两个方面：

一是提高对他人的关注。向他人多问问题，并表现出对他人话题的兴趣，而不要只是被动地对他人的问题做出回答，或者只谈自己感兴趣的事情。

二是培养自己认识并遵从社会规范的能力。可以通过Adams等人(1988)的社会技巧训练(social skills training)来提高自己在这一方面的能力。这种训练先让社交技能较差的人观察很会交往的人的行为(示范作用)；接着让他们用角色扮演的方式解决自己在不同情境中遇到的交往问题；之后让他们观看自己与他人交往的录像，并提供必要的反馈。采用这种训练可以使人们学习到怎样开始一个话题、怎样处理沉默期、怎样使用非语言的交流线索以及怎样倾听别人的观点等。

(二)人际吸引的基本原则

为什么我们喜欢一些人而不喜欢另外一些人？最普遍的答案是：我们喜欢那些能给我们好处的人。学习理论与诱因论提出的吸引原则说明了这个问题。

1. 强化原则

强化是学习理论的基本原则，用在人际吸引上就是我们喜欢能给予我们酬赏的人，讨厌给我们惩罚的人。许多研究显示，我们喜欢对我们作正性评价的人，而反对给我们做消极评价的人。比如在一项实验里，Aronson(1965)让自己的助手假扮成被试与另一名真正的被试进行一系列简单的交往。每次交往之后，真被试偶尔还会听到实验中的助手与实验者的谈话，谈话中助手提到了他对被试的评价。在第一种情况下，他总是说自己喜欢被试；而在另一组里，助手总是挑被试的毛病。实验结束后，实验者让真被试评价对助手的喜欢程度，结果如表 8-1 所示。有趣的是研究还发现当真被试偶然偷偷听到其他人对自己做好的评价时，会更加喜欢助手。

表 8-1 **由他人对自己的评价而产生的喜欢与不喜欢**

实验条件	被试对助手的喜欢程度
实验助手做正性评估	6.4
实验助手做负性评估	2.5

注：表内数字实在-10～+10 量表上的评定。

资料来源：Aronson E, & Linder D. Gain and loss of esteem as determinants of interpersonal attractiveness. journal of experimental social psychology, 1965, 1.

2. 社会交换

人们是否喜欢某个人取决于我们和这个人交往时对成本及收益的评价，如果在与某个人的交往中，我们获得的收益大于成本，我们就会和他继续交往下去，并且对这种交往的评价也较高；如果在交往中付出多，收益少，交往有可能中断，我们对这种交往的评价也低。简单说来，人们所知觉到的一种关系的正性或负性程度取决于：(1)自己在这种关系中所得到的收益；(2)自己在这种关系中所花费的成本；(3)对自己应得到什么样的关系和自己能够与他人建立一个更好的关系的预期。

3. 联结原则

我们喜欢那些与美好经验联结在一起的人，而厌恶那些与不愉快经验联结在一起的人(Clore, 1974)。May 和 Hamilton(1980)的一项研究就证明了这种效果，研究中主试把大学生被试分为两组，分别听他们最喜欢的摇滚乐或最不喜欢的前卫派古典音乐，在听音乐的同时让他们评价一个陌生男子的照片。结果发现当照片与他们最喜欢的摇滚乐结合时，学生对陌生男子照片的评价也较有利。

(三)影响人际吸引的因素

1. 个人特质

一个人的某些特征会决定他是否受人喜爱。在一项研究中，Anderson(1968)收集了 555 个用来描述个人特质的形容词，让大学生评定对具有其中某项特质的个体的喜欢程度。结果发现，对 20 世纪 60 年代的大学生而言，真诚是最重要的特质，在评价最高的 8 项形容词中占了 6 项(真诚的、诚实的、忠诚的、真实的、值得信赖的、可靠的)，另两项特质为“温暖”及“能力”，而被评定最低的特征为“说谎”及“欺骗”。总的来说，影响人际吸引的个人特质包括三个：

(1)个人的温暖(personal warmth)。什么因素让人觉得温暖呢？Foikes(1977)指出：当人们对其他人有正性态度时便表现出温暖，而温暖的人较受人欢迎。

(2)能力。人们往往比较喜欢有能力的人，能力所涉及的范围很广，比如智力、社交技巧等。Aronson 等人(1966)的实验证明了这一点。在实验中让被试听录音带，录音带的内容是讲一个学生参加某一个测验。在一种情况下，这个学生表现优异，几乎答对了所有问题，而另一种情况里的学生表现平平。实验确实证明了表现优异的人受人欢迎。

(3)外表的吸引力。人们最容易注意到的是他人的外表，在其他条件相等的情况下，漂亮的人更招人喜爱。社会心理学研究显示，外表漂亮的人更容易引起周围人的注意，人际吸引力更大，更容易获得他人的帮助，有更多的约会，更受欢迎，也更容易获得职业的成功，很可能还会有更好的身体和精神状态(Langlois, et al., 2000)。

2. 相似性

人们倾向于喜欢在态度、价值观、兴趣、背景及人格等方面与自己相似的人。

对人际吸引有重要影响的相似性来自以下几个方面：一是人口特征的相似性(demographic similarity)，它包括性别、种族背景、宗教、社会阶层以及年龄。二是态度的相似性(attitudinal similarity)，包括观点、人格、兴趣、人际风格等。在 Byrne(1971)的一项相识研究中，被试在填写完一份态度问卷后，主试把他介绍给另外一个人，同时要求这个人要把自己在该态度问卷上的回答大声念给被试听。实际上这个人所念的问卷是由主试替他填好的，有些情况下这些回答与被试的一致，有些情况下则差别较大。念完之后要求被试评价对这个人的喜欢程度，结果正如人们所预料的那样，态度的相似性导致了喜欢程度的增加，如图 8-3 所示。

为什么相似性对人际吸引如此重要？Festinger(1954)、Goethals(1986)用自我确认理论(self-validation)来解释。他们认为，当情境不明确的时候，人们往往通过与他人的比较来确认自己。而选择那些在某些方面与自己相似的人交往，能使自我概念得以确认，与自己相似的人一般同意我们的主张，对我们的观点加以支持，使我们有信心。

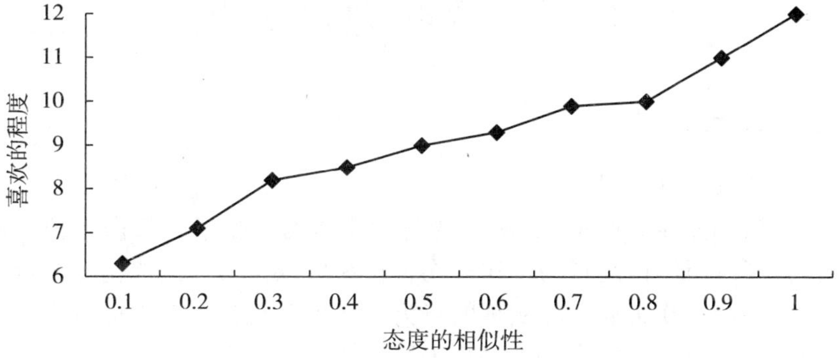

图 8-3　态度相似性与吸引力的关系

资料来源：Byrne D R W Byrne, and Byrne J. The attraction paradigm. Academic Press, 1971.

3. 互补性

在恋爱与婚姻关系中，人们有时候喜欢与自己在某些方面相反的人。Buss(1989)对 37 个文化群体的研究发现，在异性关系中男性喜欢年轻的女性，而女性却喜欢老一点的男性，Davis(1990)把这种现象叫做相貌换地位：男性喜欢年轻女性是因为她们漂亮，而女性喜欢老一点的男性是因为他们成熟且有地位。这种互补性有时候也表现在交往双方的性格上，比如夫妻双方性格的互补性就能使家庭生活更有意思。

4. 熟悉性

熟悉性也会对人际吸引起作用。以巴黎人对埃菲尔铁塔为例，开始建造时人们非常愤怒，认为它很讨厌，就好像在这美丽的城市栓上一颗大螺丝，破坏了原来的景色。可是今天，它变成了令人喜爱的纪念塔，成为巴黎的象征，是熟悉培养了人们对它的喜欢。

熟悉性导致喜欢的最常见的现象就是曝光效应，某个人只要经常出现在你的眼前，就能增加你对他的喜欢程度。根据曝光效应的假设，外人应该喜欢他们从平常的角度所看到的脸，而自己应该喜欢这张脸的镜中影像。Mita 照下一些女学生的照片，然后将它呈现给她们本人及她的朋友看，有些照片是正常照片，有些则洗出它的负相(与镜中看到的相同)。结果本人更喜欢镜中的影像(对本人而言，68%的人喜欢镜中像)，其他人更喜欢正常照片(对朋友而言 61%的人喜欢正常照片)。之所以如此，因为人们自己经常看到的是镜子中的像，而他人看到的则是正像。

第二节　攻击与利他行为

一、攻击行为

(一)什么是攻击行为

攻击行为(aggressive behavior)，也称侵犯行为，是指有意伤害别人且不为他人和社会规范所容许的行为。这种伤害行为可以是实际造成伤害的行动或语言，也可以是旨在伤害而未能实现的行为，例如罪犯持刀杀人但没刺中依然属攻击行为。伤害意图和社会评价是攻击行为的两个基本特征。

首先，攻击行为有明显伤害意图。例如，甲用啤酒瓶砸乙的头，虽然乙及时躲闪没被砸到，但甲的行为仍属于攻击；而甲抢球时无意将乙撞倒致其胳膊脱臼、门牙脱落，并不属于攻击行为。重要的是伤害意图并付诸行动。实际操作中有时可能难以判断某种行为是否有攻击动机。一般情况下，可以通过行为发生的具体情境、行为者的社会角色、行为发生前的有关线索和行为者的身份特征等方面，来判断其是否具有攻击意图。

其次，攻击行为是他人和社会规范所不允许的。警察追捕罪犯时采取的制服措施，个人受到攻击时的正当防卫，虽然都是有意伤害行为，但都是社会规范许可的，不属于攻击行为。不过，非攻击性的伤害行为也可能转化为攻击行为。警察制服歹徒后，如果继续对其施虐，则反过来又构成了攻击行为。

(二)攻击行为的类型

根据不同标准可以对攻击行为进行不同分类。

1. 言语攻击与动作攻击

根据攻击方式不同，可以将攻击分为言语攻击(verbal aggressive)和动作攻击(behavioral aggressive)两种类型。言语攻击是指使用语言进行的攻击行为，如谩骂、讽刺、诽谤、嘲笑等；动作攻击是指使用身体某一部位或是用武器进行的攻击行为，如踢打、撞击、砍杀、枪击等。

2. 敌意性攻击与工具性攻击

根据攻击目的不同，可以将攻击行为分为敌意性攻击(hostile aggressive)和工具性攻击(instrumental aggressive)两类。敌意性攻击是一种源自愤怒的行为，其目的是伤害别人，以给他人造成痛苦作为最终目标，如打架斗殴等。工具性攻击则是有伤害他人意图，但伤害是作为达到某种目的的手段，并不是以造成痛苦为目的的，如通过抢劫获取财物等。

3. 公然攻击和隐性攻击

根据攻击的表现形式可以分为公然攻击和隐性攻击。公然攻击是指公开、明显、主动的挑衅性攻击行为。隐性攻击是指相对隐蔽、被动、非正面的一种攻击行为，关系攻击便属此类。关系攻击是指通过操纵和破坏同伴关系来达到伤害他人目的的行为。关系攻击行为包括用语言嘲讽他人，对他人冷淡的或敌意的态度，不友善的凝视，不舒服的面部表达（否定性的表情）等。

（三）攻击行为的理论

关于攻击行为的理论解释，大致可以分为两大类。一类认为攻击行为是天生的、本能的人类特征，攻击源于个体内部，较具代表性的是攻击的本能理论和生物学理论；另一类观点则认为攻击行为是后天习得的社会行为，主要受外部环境因素的影响，如挫折-攻击理论、社会学习理论等。

1. 攻击的本能理论

攻击的本能理论认为，攻击是一种本能，是由遗传获得而非习得的。心理学家弗洛伊德（S. Freud）和洛伦茨（K. Lorenz）都是本能理论的支持者。但是他们在对攻击功能的认识上并不相同：弗洛伊德认为攻击是一种破坏性行为，而洛伦茨则认为攻击是一种适应性行为。

（1）弗洛伊德的精神分析观点

弗洛伊德认为，人的行为是由潜意识中的本能力量决定的。其早期观点认为，人有两种基本本能：性本能和自我保持本能。性本能（力比多）是个体行为的基本驱力，遵循快乐原则；而自我保持本能则使人有适应环境、趋利避害的变通性。攻击性是性本能的一部分。

面对世界大战的严重破坏和惨绝人寰，弗洛伊德发现很难用性本能来解释人的极端破坏性行为。后来他对其早期观点进行了修正，将本能分为生的本能（性本能）和死亡本能（攻击本能）两种。死亡本能是个体内部固有的破坏性力量，体现了人对杀戮和死亡的原始欲望。他认为，死亡本能与生的本能是永恒斗争的，这种死的本能如果指向他人就是攻击、破坏或杀戮，如果指向自己就表现为自毁、自虐或自杀。社会学的实证研究似乎为弗洛伊德这种假说提供了佐证。有研究表明：一个地区如果自杀率高，则他杀案件的发案率就低，死亡本能性的社会破坏性就减少。

（2）洛伦茨的习性学观点

奥地利习性学家、诺贝尔生理学奖获得者洛伦茨也认为攻击是一种本能。攻击是一种以失败者让步为目的，具有生物保护意义的生存本能的体现。

洛伦茨通过对鱼类的观察，发现鱼类的攻击行为往往是不择对象的，说明动物的习性导致了其攻击性。动物通过攻击来犯的其他动物保护自己的领地和食物，通过内部的攻击和战斗维护种族的等级秩序。攻击一方面有助于动物的物种延续，同时又能控制动物的过度增长，是其适应性的一种表现。

洛伦茨及其支持者由此推演，攻击也是人类生活不可避免的组成部分。人类的攻击行为也可用来保护社会和经济利益，一个野心勃勃的官员或商人可能会为保卫既有位置或利益而与对手争吵甚至暴力相向。

2. 攻击的生物学理论

生物学理论主要关注人类攻击性的内在生物学机制，研究者主要是从遗传基因、神经生理特征、内分泌等生物学因素方面进行分析。

研究发现，某些特殊染色体、遗传基因与攻击行为存在相关性。普莱斯(W. H. Price)等人研究显示，监狱犯人和精神障碍犯罪人中XYY男性的比率较高。威特金(H. A. Witkin)等人研究也显示，XYY男性中41.7%有犯罪记录，XXY男性中18.8%有犯罪记录，染色体正常者中只有9.3%有犯罪记录。多出的一个Y染色体增大了男性特质与暴力行为之间的相关。

3. 挫折-攻击理论

虽然人类的攻击行为有其生物学基础，但更多受到后天环境和生活的影响。正如2004年马加爵校园杀人案等很多我们已经非常熟悉的故事告诉我们的那样，不愉快的受挫经历是诱发攻击行为的一个重要原因。

(1)最初的理论观点

1939年，耶鲁大学教授多拉德(J. Dollard)提出了挫折-攻击说。他认为，攻击永远是挫折的一种后果。挫折总会导致某种形式的攻击，挫折和攻击之间存在着普遍的因果联系。攻击只有一个原因(挫折)，挫折只有一个反应(攻击)。

多拉德等人认为，直接的身体和语言攻击是最常见的攻击形式。如果因为诱发挫折的因素在体能方面或社会方面过于强大，或是因为诱发挫折的因素是情境而不是人，致使攻击不能直接指向挫折的起因，就会被重新指向更现实的目标，这时就出现了替代性攻击。

替代性攻击(displaced aggression)有两种类型：攻击对象的替代和攻击类型的替代。心理学中有一个著名的“踢猫效应”，在工作中受气的丈夫回来将气撒在妻子身上，妻子又将气撒在孩子身上，孩子又转嫁到小猫身上，这就是典型的攻击对象的替代。但是，如果受到父亲责打的孩子由于不能直接挥拳打倒父亲，可能会嘟嘟囔囔地顶几句嘴，这就是攻击类型上的替代。见图8-4。

(2)理论的修正

挫折并非导致攻击的必要充分条件，有些人受挫折后并未采取攻击行为，而很多人的攻击行为也都与挫折没有因果联系。为此，米勒(N. Miller)于1941年提出了修正观点，认为挫折并不一定引起攻击，挫折也可以产生攻击之外的其他后果，如退缩等。

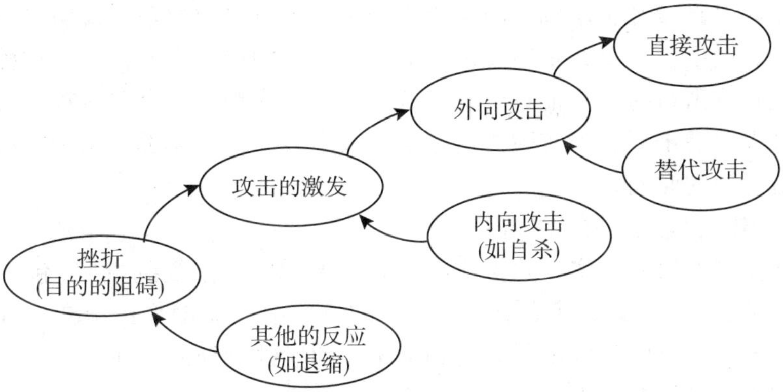

图 8-4　经典挫折-攻击理论

挫折产生攻击的动机。由于对反对和惩罚的畏惧，人们往往不直接对挫折源进行攻击，因此攻击驱力可能会被转移，指向其他目标，甚至转而指向自己。

资料来源：陈志霞. 社会心理学. 北京：人民邮电出版社，2016.

贝克威茨(L. Berkowitz)提出了“准备状态”和“攻击线索”观点。他认为，挫折引发的只是一种攻击行为的“准备状态”，类似动机激发。只有当环境中同时存在激发攻击行为的线索时，这种内在准备状态才会转化为外在行为反应。攻击线索是指那些经常引发攻击行为出现的刺激物，如刀枪、挑衅性言语等。这种由于武器存在而增强攻击行为的现象就是武器效应(weapon effect)。

贝克威茨及其同事做了大量实验研究以证明武器效应的存在。在一个经典实验中，贝克威茨等人设法制造挫折情境，激怒被试。随后其中一些被试被安排在一间有一支枪的房间里(表面上看起来枪是上一次实验留下的)，另一些被试则被安排在另一间用一个中性物体(一个羽毛球拍)代替了枪的房间里面。然后，研究人员安排一个机会，让被试可以对激怒自己的假被试实施电击。结果发现，那些在有枪房间里的被试，比在有球拍房间中的被试所施加的电击更为强烈。说明手枪这一线索增强了人们的攻击行为。这些事例也从不同侧面证实了武器效应的现实影响。

4. 社会学习理论

社会学习理论认为，个体往往通过观察和模仿学习社会行为。攻击作为一种社会行为，也是后天习得的。在一系列经典实验中，班杜拉证明了社会学习的力量。

(1)攻击可以通过观察学习而获得

班杜拉认为，人类的一切行为方式都是后天学习的结果，攻击行为也是如此。个体学习攻击行为的方式有两种：直接学习和观察学习。个体可以通过实际行为在获得直接经验基础上习得攻击行为，也可以通过观察模仿榜样的行为学会攻击。例如，一个儿童通过武力成功抢夺了同伴手中的东西，这种直接经验会强化其攻击行为；当他看到别人这么做获得成功，也会习得攻击行为。班杜拉做过很多拳击玩偶类实验，这些实验大多表明，个体都有从观察和模仿中习得攻击行为的倾向。

(2)攻击可以通过强化来培养

班杜拉等人研究证实，儿童攻击行为发生后，如果受到肯定(包括口头表扬和物质奖励等)，那么其攻击行为发生的概率会明显增加；同样，害怕被大人忽视的孩子如果因为攻击行为受到了家长和老师额外的关注，其行为也会被强化，即使他可能需要为此付出一些代价。

班杜拉和沃尔特斯(Bandura & Walters)的实验体现了强化对攻击行为获得和保持的作用。实验材料是经过特别设计的一个玩具娃娃，娃娃的肚子上写着“打我”字样。当用拳头打娃娃的肚子时，它的眼睛和插在纽扣洞上的一朵花会发光。参加实验的儿童被试共分为四组：第一组的被试每次拳击玩具娃娃，都会得到一个有色玻璃球作为奖励；第二组的被试间断获得同样的奖励；第三组没有附加奖励，只有拳击时娃娃的发光作为积极反馈；第四组为无强化支持的控制组。

两天后，研究人员用巧妙的方式使被试感到受挫，随后安排他们与一个未参加实验的儿童玩游戏，看他们如何解决游戏中出现的矛盾。结果发现，奖励组被试实施的推人、踢人、撞人等攻击行为明显多于控制组，而其中又以间断强化组为最高，显著高于其他各组。该实验表明，攻击行为可以通过强化来培养。

(3)去学习与再学习过程可以减少攻击

社会学习论者认为，攻击行为既可以习得，也可以通过新的学习过程改变或消除。班杜拉指出，如果观察攻击行为能增加攻击，那么观察非攻击行为就应具有相反的效果。班杜拉等人实验发现，一方面个体可能因为获得奖赏或者通过观察习得攻击行为，另一方面也可能因为观察到因攻击而受罚的榜样后就不会做出攻击行为。直接或间接的惩罚可以使攻击行为受到抑制。相关数据显示，有些施虐儿童的父母其幼年也受到了父母的虐待，他们从父母身上学到了暴力管教方式；而另一些人从小父母就会斥责和阻止攻击，所以通常会克制自己不做出攻击行为。

(四)影响攻击行为的因素

攻击是一种非常复杂的行为，人们做出攻击行为往往是多种因素共同作用的结果。相关因素主要涉及社会因素、情境因素和个体因素三个方面。

1. 影响攻击行为的社会因素

(1)相对剥夺

默顿(R. K. Merton)认为，当个人将自己的处境与其参照群体相比较并发现自己处于劣势时，就会觉得自己受到了剥夺。这种相对剥夺感不是与某一绝对或固定的标准相比，而是与某一相对变量相比。这个相对变量可以是他人、其他群体，也可以是自己的过去。有时，即便某一群体本身的处境已有所改善，但如果其改善程度低于其他参照群体，相对剥夺感也会产生。相对剥夺感会影响个体或群体的态度和行为并造成多种后果，其中包括压抑、自卑，引起集体的暴力行动甚至革命。

(2)去个性化

去个性化(deindividuation)是指个人在群体中自身同一性意识下降，自我评价和控制水平降低的现象。在去个性化状态下，人们的行为较少受自己的个性支配，觉得自己此时比正常情况下更不会被他人认出，对自身行为更不用负责任，所以个体会倾向于跟随整个群体的行为状态。

利昂·曼(Leon Mann)曾经研究了20世纪60年代和70年代报纸上报道的21个跳楼自杀案例，发现其中10个案例中，自杀者都被楼下的围观者以侮辱性言辞折磨过，比如被嘲笑并鼓励跳下去。他进一步总结分析后发现，侮辱折磨往往发生在围观人群很大，人群与受害者之间距离很远，事件发生在晚上的时候。研究还发现，群体规模越大，凝聚力越强，越易于引发人的去个性化状态。这种去个性化状态会使人降低自我评价和自我责任意识，降低对社会评价的关注。

(3)大众传媒

电视、电影、报刊、网络等媒体的暴力传播会增加公众尤其是儿童的攻击性。一些研究显示，个体在幼儿或儿童时从电视上看到的暴力行为越多，他在少年和青年时期所表现出来的暴力行为也越多。这就好像武器效应一样，媒体中的暴力实际上起着让具有攻击性的儿童表现攻击行为的作用。

相关研究还显示，打暴力电子游戏对儿童的影响和观看暴力电视、电影的影响基本一致。研究人员随机地让一些儿童接触暴力电子游戏，发现其对个体攻击的想法和行为都具有直接和迅速的影响。参见图8-5。

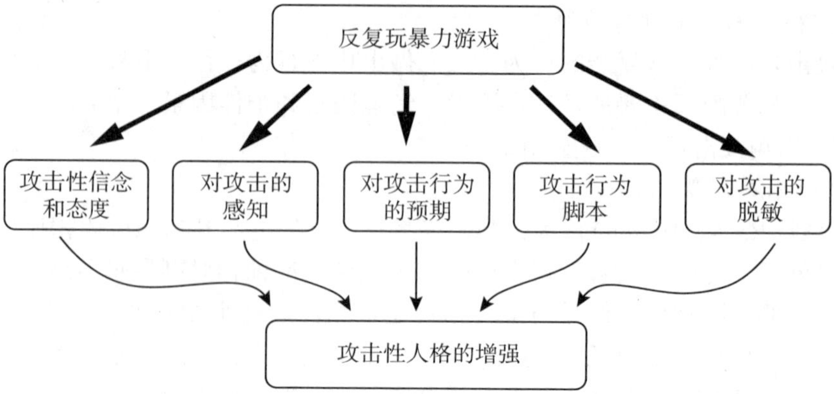

图 8-5　暴力游戏攻击倾向的影响

资料来源：Craig A，Anderson，et al. The Influence of Media Violence on Youth. Psychological Science in the Public Interest，2016.

2. 影响攻击行为的情境因素

(1)高温与攻击行为

很多人在闷热的天气里会感到心烦、易怒、脾气暴躁，这是否意味着温度越高人们的攻击行为就越容易发生呢？哈里斯与斯塔德勒(Harries & Stadler，1983)研究了在达拉斯 12 个月内天气和恶性袭击案数量之间的关系，结果发现，天气越热、越潮湿，袭击的数量就越多。

(2)酒精与攻击行为

生活经验和很多研究都证实，醉酒在某种程度上会导致攻击行为的增加。因为大剂量的酒精会使人们对周围环境以及攻击后果的意识程度降低，以至于醉酒者表现出更多的攻击行为。研究表明，在现实世界里，暴力犯罪酒后发生的占 40%(Bureau of Justice Statistics，1998)。在 65%的杀人案件和 55%的家庭暴力案件中，攻击者或受害者喝过酒，或者二者都喝过酒(American Psychology Association，1993)。

(3)拥挤、噪声与攻击行为

为什么忙乱的酒吧、人群聚集的球场等地方容易发生打架斗殴事件呢？研究证实，就像高温对攻击的作用一样，人群密集也容易导致个体生理唤醒水平升高，紧张感、兴奋和烦躁的情绪增加，从而降低人们对攻击行为的抑制力。还有一种可能就是，人群密集更容易导致去个性化的出现。

3. 影响攻击行为的个体因素

(1)人格特点

冲动、狭隘、偏执、反社会人格等消极人格特质会影响到个体的攻击性。

有心理学家(Glass, 1977; Strube, 1989)将人格特质划分为A型人格和B型人格两类。A型人格的人，说话与行动节奏快、性子急、争强好胜、容易发火，总是迫使自己处于紧张状态；B型人格与此相反，是指那些相对冷静、不容易发火、竞争性不是很强的人。研究表明，A型人格者做事目的性较强，有时间紧迫感，较B型人格者更具竞争性，更能为成功而奋斗，但常常有意无意地攻击他人，以此作为达到某种目的的手段。

(2)归因方式与敌意性偏向

归因对攻击行为的产生过程有着重要的影响。在做出攻击决定之前通常人们会弄清楚别人激怒自己是故意的还是无意的。

在社会认知中，人们的归因方式并不相同。如果个体总是倾向于把原因归结于外部，这属于外控型；相反，如果总是倾向于把原因归于自身或内部，则属于内控型。登奇林克(Engerink, 1975)等人利用控制源理论中的内在-外在维度研究了攻击行为，发现内控型的人使用攻击性的程度比外控型的人要高。因为内控型的人会把攻击看成是减少他人对自己进行攻击的一种行为。

二、利他行为

(一)定义

利他行为通常是从助人者是否出于无私动机来界定的。利他行为定义：一种不期望任何形式报答的自觉自愿的有益于他人的行为。这个定义的要旨是：第一，利他行为的目的是有益于他人。也就是说，这种行为产生的动机是有利于社会和他人，不是出于要达到自己的什么目的，或在达到有利于社会和他人的目的的同时兼而达到自己的什么目的。第二，利他行为是一种自觉自愿的行为，它不是在外界压力下做出的。第三，利他行为是不期望任何形式的报答或奖励的行为。这里所说的报答或奖励既指物质上的(金钱的奖赏、他人感谢的馈赠物品等)，也包括精神上的(荣誉、名声、地位等)。因此，利他行为是高尚的、无私的。第四，利他行为具有自我牺牲性。一个人既然从事了利他行为，必然要在时间上、精力上、物质上付出一定的代价，有时甚至会做出巨大的牺牲。

(二)影响利他行为的情境因素

1. 旁观者效应

利他行为受到许多环境因素的影响，其中一个影响因素便是“旁观者效应”。旁观者效应指的是，个体对于紧急事态的反应，在单个人时与同其他人在一起时是不同的。与单个人相比，由于其他旁观者在场，个体会抑制利他行为，较少提供帮助。

为了检验这个假设，拉坦内和达利(1968)设计了一个实验情景。被试被告知，他们要参加一个有关大学生在有高度压力的城市环境中所面临问题的讨论。为了不使参加者因暴露个人问题而发窘，每一个房间只能有一个被试，但可通过对讲机彼此交谈。研究者使参加者分别认为，在这个实验中还有另一个被试，或有另外两个被试，或有另外5个被试，而实际上，在实验中根本不存在任何其他被试。其他被试的谈话都是实验助手的录音。一旦给出了指导语和给被试一只话筒和一副耳机，实验者就离开了房间。讨论开始了，每个人都做一个简短的介绍性发言。接着，在事先没有警告的情况下，录音上的一个人突然气喘吁吁，好像心脏病发作了。他呻吟着说："我……我需要……帮助…如果有人……帮助我的话……我真的犯病……了……现在……如果有人帮我出去那就好了……因为……我……犯病了……我真的……需要帮助……如果有人能……给我一点帮助……谁能到这里来……帮我…我要死了……我要死了……帮……心脏病发……"(哽噎，然后没有了声音)。

研究人员观察在5分钟之内做出反应(走出小房间寻找病人)的被试比率，也测量了录音停止到做出反应的时间间隔。结果表明，被试所知觉到的旁观者人数极大地影响了利他行为。随着旁观者的人数的增加，出来帮助的被试人数就越少，并且做出反应之前的时间间隔也越长。当真正的被试只有一个人时，时间间隔少于1分钟。但当旁观者增加到5个人时，时间间隔增加了3倍。事后，实验者会见了被试。被试认为他们对于所发生的不幸确实感到心烦意乱，并不认为自己是冷漠无情，对病人困难处境毫不关心。那么，是什么原因阻碍了他们不去及时地提供帮助呢？

对这种现象的一个解释就是责任分散理论。为了对处于困境中的人提供帮助，个体必须感到自己有责任采取行动。但是，当有许多人在场时，就造成了责任分散，即个体不清楚到底谁应该采取行动。帮助人的责任被分散到每个旁观者身上，这样每一个人都减少了帮助的责任，容易造成等待别人去帮助或互相推诿的情况。

2. 情景的模糊性

大多数紧急事态的情景涉及某种程度的模糊性。人们不能确信正在发生什么事情，因而也往往会退缩。情景越模糊，旁观者提供帮助的可能性越小。一些研究者认为，如果旁观者看到两人在吵架，旁观者认为受害者不认识攻击者，同他认为两人有着关系相比，他更可能提供帮助。在一个实验情景中，让男性被试看到一个男子正在同一位妇女在打架。一个条件下，这位妇女朝着攻击者大叫："我从来就不认识你！"在另一个条件下，这位妇女大叫："我甚至不知道为什么要嫁给你！"结果发现，争吵发生在陌生者之间，同争吵发生在夫妇之间相比，男性被试进行干预的情况前者是后者的 3 倍。由此可见，任何增加情景模糊性的因素都会起着抑制旁观者采取有效的利他行为。

3. 利他行为的榜样人物的作用

正如其他旁观者在场时会使潜在助人者犹豫不决一样，利他行为的榜样人物会引发其他人助人行为。布赖恩(J. Byran)和特斯特(M. Test)要考察一下男性摩托车驾驶员是否愿意在高速公路上停下来，帮助一位正在换汽车轮胎的妇女。他们发现，刚刚看到过男性驾驶员帮助另一位妇女换轮胎的情景的摩托车驾驶员，同没有看到过这一景象的摩托车驾驶员相比，前者更可能提供帮助。

4. 求助者的特点

求助者的一些特点会影响利他行为。这些特点主要有依赖性、亲密关系和吸引力、类似性。

(1)依赖性

从利他和助人行为的实质而言，它是一种对于处在需要帮助境地的人的一种反应。因此，接受帮助的人的依赖性会影响利他行为发生的频率。依赖性可以是一种稳定的特点，例如，智力落后的儿童或患截瘫的人，具有这类依赖性的人几乎可以得到所有人的帮助；依赖性可以是两个人之间关系的产物，例如，在双亲和孩子之间，或在驾驶员和乘客之间；依赖性也可以是来自暂时的困境，例如，扭伤了足踝。在两人之间存在着依赖性的话，就会产生助人行为。

(2)亲密关系和吸引力

像朋友、亲戚等亲密关系意味着互相依赖性和帮助的义务。一般而言，人们往往会先帮助熟悉的人。同样，求助者的吸引力也会增加获得帮助的概率。本森(P. L. Benson)等人 1976 年在飞机场进行过现场实验，考察外貌吸引力对受到帮助的影响。被试是一些要用电话的游客。主试故意在电话旁遗留一份填好了的研究生入学申请书、一张照片和贴好邮票的信封。利他行为的指标是被试是否把申请书放在信封里并帮助寄走。对被试的反应的观察表明，帮助取决于申请书上照片的吸引程度。与照片上不大吸引人的相貌比较，被试更愿意帮助邮寄那些照片具有吸引力的人的信件。

(3)类似性

我们已知道，类似性会导致吸引。因此，吸引力和帮助的关系合乎逻辑地引出类似性与帮助的关系。人们往往会帮助那些与自己相类似的人。在一则研究中发现，与不类似的人相比，被试与接受帮助的人相类似的话，被试更愿意提供金钱方面的捐助。一般说来，类似性导致较大程度的助人行为，特别是当求助者被认为在将来有可能对帮助做出回报的情况下更是如此。

第三节 群体冲突与群体沟通

一、群体冲突

(一)冲突的定义

冲突是人类互动行为的有机组成部分，遍布于我们生活的各个角落。它是指个体或群体之间由于互不相容的目标、认识或感情所引起的一种对立或敌对的行动。无论在个体水平还是群体水平上，冲突的双方都倾向于认为自己与对方的目标或利益是矛盾的，只有通过竞争才能实现自身的目标或利益(Rubin etal.，1994)。

(二)冲突的作用

关于冲突的作用有三种不同的观点。

第一种是传统的观点。认为冲突是有害的，会给组织造成不利影响。冲突容易导致组织机能失调、非理性、暴力和破坏行为。因此，传统观点强调管理者应该尽可能避免和清除冲突。

第二种是人际关系的观点。认为冲突是任何组织无法避免的自然现象，不一定给组织带来不利的影响。既然冲突是不可避免的，管理者就应该接纳冲突，承认冲突在组织中存在的必然性和合理性。

第三种是互动作用的观点。认为冲突是必要的，对于组织和社会发展具有积极作用。强调管理者要鼓励有益的冲突，认为融洽、和平、安宁、合作的组织容易对变革和革新的需要表现出不关心、冷漠和迟钝，一定水平的有益的冲突会使组织保持旺盛的生命力、善于自我批评和不断革新。

互动作用的观点并不是说所有的冲突都是好的。一些冲突支持群体的目标，并能提高群体的工作绩效，它们是具有建设性的功能正常的冲突(functional conflict)。但也有一些冲突阻碍了群体的工作绩效，它们是具有破坏性的功能失调的冲突(dysfunctional conflict)。参见图8-6。

(三)冲突的产生原因

1. 群体中的人际冲突

群体内人际冲突各种各样，冲突的内容也各不相同，产生的原因也是多种多样的。有的是工作上的分歧造成的，有的是个人恩怨引起的；有的有助于组织的发展，有的具有破坏性；有的是正常的、合乎规律的，有的是不正常的、人为因素造成的。人与人之间在工作过程中所发生的冲突，往往是由于以下原因造成的：

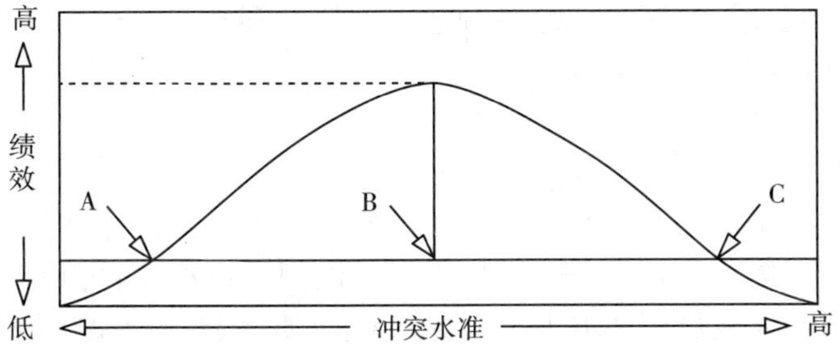

情景	冲突水准	冲突类型	内在属性	绩效
A	低或 没有	破坏性	冷漠的 呆滞的 对改变没有反应 缺乏创新	低
B	适量	建设性	有活力的 自我评批的 创新的	高
C	高	破坏性	破坏性的 无秩序的 不合作的	低

图 8-6　冲突与工作绩效的关系

资料来源：斯蒂芬・P. 罗宾斯. 组织行为学. 第 16 版. 北京：中国人民大学出版社，2016.

(1)信息原因的冲突。由于人们信息来源不同，彼此之间又缺乏有效沟通而导致冲突。例如，某企业在制订生产计划时，生产总监坚决主张多生产本厂的传统产品，营销总监主张多生产新产品。究其原因，是因为生产总监的信息来源于上级的规则，而营销总监的信息来源于市场调查，这是由于信息来源不同而造成的冲突。

(2)认识原因的冲突。由于人们知识、经验、态度、观点等的不同，对于同一事物会有不同的认识，基于认识不同所造成的冲突在群体中相当普遍。人们在采用新设备、组织发展战略、用人、处理问题的方式方法等各方面都会有不同的认识，从而引起冲突。

(3)价值观原因的冲突。价值观是指人对是非、善恶、好坏的一般概念。有些管理者认为提高产量是企业的首要任务，有些管理者则认为提高质量才是首要任务；有人认为企业的首要任务是生产，有人则认为在于经营。这都是由于价值观的分歧而造成的冲突。

(4)本位利益的冲突。不同部门人员在处理问题时往往首先考虑本单位的利益。如果不同部门的两个人都只考虑本单位的利益，则往往容易引起冲突，这就是本位利益原因的冲突。

2. 群体间冲突

(1)群体的构成

群体的构成是影响冲突的重要因素，群体分为自由群体和先天群体两类。自由群体，即群体成员是可以选择加入的，他们可以相对自由地加入或退出。先天群体，即群体成员天生从属于某些群体(如宗教、国籍、经济地位等)，是不以群体成员的主观意志而存在的。在这些群体中有一些是可变的，比如我们可以改变宗教信仰或者国籍等；但是有一些是我们无法改变的，如我们从属的种族等(Verkuyten，2005)。这类群体通常有一个家园或地方作为其起源的精神象征，这是神圣不可侵犯的，一旦群体认为他们的精神象征遭到侵犯，就势必酿成持久的冲突。

(2)竞争心理优势与社会困境

社会困境是指个体理性会导致集体非理性的社会情境，对个人眼前利益来说是最有利的选择将最终会给群体带来消极的后果(Pruit，1998)，公共地悲剧是典型的社会困境表现形式。哈丁在他的著名论文《公共地的悲剧》中考察了一个对当地所有牧民开放的公共草场，每个牧民都可以自由地在这个草场放牧。但如果牧民们饲养的牲畜过多，就会造成对牧草资源的滥用，牧草无法得到更新，利润将下降。所以，实际上存在着一个最佳的放牧量。但对于某一个牧人来讲，他增加放牧的话，本人的利润会增加，而由于牧草难以更新所带来的损失将由全体牧民分摊。作为一个理性的经济人，这个牧民增加放牧量，其他牧民应该联合起来阻止他这种行为，但由于阻止成本大大高于自己分摊的成本，很难采取组织行动，结果是每个牧民都将增加自己的放牧量，总的牲畜量远远大于最佳的放牧量，草场资源无法达到更新，产量将越来越小，经济无法实现可持续性。这一典型事例说明了对公有资源的使用难以达到有效率的状态，或者维持公有资源有效使用的成本太高，事实上难以达到。

(3)偏见及共情缺失

移情就是站在他人的角度设身处地体会他人的想法和感受。在冲突关系中，移情往往难以发生。由于不能设身处地地站在对方的立场来思考，而只站在自己的角度来考虑问题，这样就不会很好地理解对方，因此将“看不到对方对和平的期盼”“看不到对手对于被袭击的恐惧”“看不到对手可以理解的愤怒”。由于移情的缺失，对于一些在冲突关系中容易发生的错误知觉和认知偏差的校正也产生了一些困难，从而加大了解决冲突的难度。

(4)认知偏差

在冲突关系中，双方很容易形成一些错误知觉和认知偏差，这些错误知觉和认知偏差加剧了本来就不存在信任的双方之间的敌意，这些敌意只会导致冲突的持久与升级而无助于冲突的调解与解决。在冲突中，有以下几种情况容易发生错误的知觉和认知偏差：

第一，认知失调。人们在认识事物的时候总是倾向于保持认知的平衡状态，如果出现了认知失调，人们总是感到紧张、不舒服。为了消除这种不平衡带来的紧张、不舒服的感觉，人们在接受新的信息的时候，总是倾向于与自己原来的认知保持一致，因此就会选择那些与自己原有认知一致的信息，而过滤掉那些与自己认知不一致的信息。

第二，由于投射导致错误知觉。社会互动的一个最基本特征就是通过含蓄地承担另一方的角色来思考另一方的目的、认知、意图和预期，假定另一方有像自己一样的思想，并且有相似类型的目的、认知、意图和预期，这实际上就是移情。在一般的社会互动中，双方总是能够进行换位思考，而在激烈的冲突关系中，这种设身处地替对方着想的移情能力被严重削弱。

第三，镜像知觉。由于镜像作用而出现错误的归因，在误解中美化自己丑化对方。所谓归因是指人们从可能导致行为发生的各种因素中，认定行为的原因并判断其性质的过程。每一方都把冲突或战争的升级看成是对方的行为导致的，而自己却拥有恪守道德、公平正义的品质。这样，每一方在对自己的行为进行归因时，总是认为自己的行为是由于情势性的原因，而对对方的行为进行归因时，却认为是由于特质性的原因等。

(四)冲突的解决

冲突的结束可以从狭义和广义两个层次来理解，通过冲突的解决和解得以实现。从狭义的角度来看，是指冲突双方通过谈判、调解、仲裁等方式针对冲突问题达成协议，从而实现了冲突的解决。

从广义的角度来看，冲突的和解才应该是冲突结束的最终状态。冲突的和解是指两个敌对或曾经敌对的群体成员实现相互接受的状态，并且社会结构和成员心理过程都有利于这种状态的维持和发展。在这里，真正的接受是指群体成员彼此之间相互的信任和积极态度，以及对对方群体的切身需要和利益的考虑。

1. 如何实现冲突解决

关于冲突的处理方式，托马斯(K. Thomas)根据个体面对冲突时主要是关心自身利益还是关心他人利益两个维度，提出了一个包括五种模式的冲突处理方式模型(图 8-7)：退避，对冲突采取逃避或压抑的态度；顺应，冲突一方愿将对方的利益置于自己利益之上的态度；妥协，冲突双方都愿意放弃某些事物的状态；竞争，追求满足于一己私利采取零和游戏；协作，冲突双方都期望能完全满足对方需求。

冲突管理的策略并不是万能的，相反，不同的策略有其适用的情境。在适

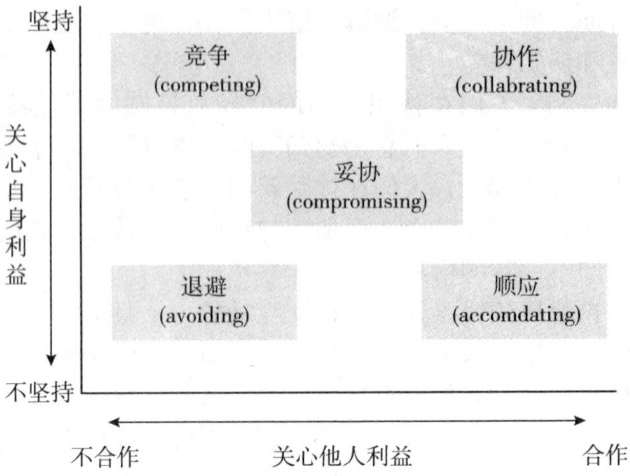

图 8-7　托马斯的冲突处理方式模型

资料来源：斯蒂芬·P 罗宾斯. 组织行为学精要. 第 8 版. 北京：电子工业出版社，2005.

当的情境下采用合适的冲突管理策略往往会达到事半功倍的效果。因此，在采用冲突管理的策略时，要考虑具体冲突的情形、环境、情节、矛盾、资源等实际状况，具体问题具体处理(见表 8-2)。

表 8-2　**群体冲突管理的策略**

冲突管理风格	适用的情境	不适用的情景
竞　争	1. 需迅速采取果断行动，时间紧迫，事件重要，必须快速采取行为，自身占据强势的位置 2. 需实施一项重要但不受欢迎的方案 3. 在对组织利益关键的事情上，你认为你是正确的；对于不合理的要求以及严重违反规章制度、侵害他人利益的行为，自己有责任予以纠正 4. 为反对利用非竞争行为之便利的人，面对不合理或不正当的竞争，自身合法权益受到损害，无论处于劣势还是强势，都必须维护 5. 不需建立长期的关系 6. 事关切身重大利益，自身利益非常重要，并占据有利的位置，拥有良好的支持环境、很广的人脉，出于强势状态，应极力维护	1. 问题比较复杂 2. 问题对你并不重要 3. 双方实力相当 4. 一定要立即做出决策 5. 下属的能力很强

续表

冲突管理风格	适用的情境	不适用的情景
协　作	1. 双方考虑的都很重要从而需要妥协，必须合作才能获得双赢 2. 双方目标一致，只是存在任务或过程的差异，关系冲突水平较低，双方相互依赖水平适中 3. 需要综合人们的不同观点，要通过整合意见达成一致来获得人们的承诺 4. 克服干扰人际关系的情感 5. 有充分的时间	1. 问题或任务很简单 2. 要求迅速做出决策 3. 另一方不关心最终的结果
妥　协	1. 不值得采取果断的行为 2. 双方权力相当，目标不一致 3. 对复杂的问题获得临时的解决 4. 由于时间紧迫，采取便利的解决问题方案 5. 作为协作和竞争的备份	1. 一方更有实力 2. 问题复杂到需要通过“解决问题”的方式来解决
回　避	1. 事情很小，或者有更紧迫的事情要做 2. 你感到自己的要求不可能得到满足 3. 处理冲突所带来的潜在的破坏性要大于好处 4. 让别人冷静下来再次赞成你的观点 5. 需要用搜集信息代替立即的决策 6. 其他人能够更有效地解决冲突 7. 该事件与其他事件有关	1. 问题对你很重要 2. 做出决策是你的责任 3. 双方都不愿意拖延，问题必须马上解决
顺　应	1. 发现自己错了，为赢得长期利益或者更多利益做出必要的退让 2. 事件对别人来说更为重要 3. 为以后的谈判建立信用基础 4. 在失败的情况下减少损失 5. 和谐和稳定特别重要，放弃局部利益以保证整体利益 6. 让下属从错误中取得经验	1. 问题对你很重要 2. 你相信自己是对的 3. 另一方是错误的或不道德的

资料来源：沈远平，冯云霞，沈宏宇．管理沟通——基于案例分析的视角．北京：中国人民大学出版社，2011.

就冲突解决的具体方法来说，罗宾斯(S. P. Robbins)分别从冲突的问题处理和冲突的沟通促进等方面探讨了组织内部的冲突管理技术(表8-3)。

表 8-3　　**冲突管理技术**

问题解决	冲突双方直接会晤，通过坦诚讨论来解决问题
目标升级	提出一个共同目标，该目标须经双方共同努力
资源开发	如果冲突是由资源匮乏造成的，那么进行资源开发是一个双赢办法
回避	一方意识到冲突的存在，但希望回避或抑制
缓和(迁就)	为了维持相互关系，一方愿意做出自我牺牲
折中	双方各自放弃一些东西，共同分享利益
官方命令	通过官方权威命令或仲裁达到问题解决
改变人的因素	运用行为改变技术如人际关系训练改变人的观念、态度和行为
改变结构因素	通过工作任务再分配、转移、合作等正式的组织结构改变来调整冲突双方相互作用的方式
沟通	通过沟通或谈判实现相互理解和退让达到和解
引入外部人员	由第三方充当仲裁人、调停人、和解人和谈判顾问角色

资料来源：斯蒂芬·P 罗宾斯. 组织行为学. 第 16 版. 北京：中国人民大学出版社，2016.

(1)利益协调

在冲突过程中，如果冲突群体的观点、利益截然相反的话，应该如何重构他们的立场？一个冲突解决的经典思想是正确区分他们自身的立场与利益和需要之间的关系。例如，两个邻居为一棵树的归属争得不可开交，双方都声称这棵树是长在自家的范围内，都不肯让步。但是树又不能砍掉，这样的话对双方都没有任何意义。因为一个邻居想要这棵树的果实，而另外一个则是享受树荫。尽管立场是截然不同的，但是通过利益的协调和妥协，冲突便迎刃而解。

(2)接触

有研究表明，群体之间通过接触可以加深彼此之间的沟通、了解和认识，进而消除彼此之间的误解、偏见和冲突。

但随着研究的深入，人们发现接触发挥作用是有条件的。埃米尔(Amir，1969)认为接触的时候，双方必须处在平等地位上，不能存在强势的一方把自己的意志强加于弱势一方的情况，否则只能适得其反。也有研究认为，群体的领导者批准和赞成是接触产生积极效果的前提条件之一。当把与冲突方的接触看成是增强本群体的认同感和提升本群体生存安全的方式时，接触才是最有效的(Pettigrew，1998)。

(3)学会和平共处

对于长期、持久的冲突(如种族、宗教等原因)而言，首要任务是如何实现和平共处，而不是徒劳无益地消除彼此根深蒂固的刻板印象和历史上的伤害。只有在学会和保持和平共处的前提下，冲突双方才能避免现实冲突的进一步扩大。实现冲突双方的和平共处，可以从以下三个方面入手。

情感：减少对冲突群体的恐惧。通过必要的接触，如访问冲突群体的家庭、学校，倾听、了解他们文化、历史等活动。这些活动不忽视群体的差异性，是人性化地认识冲突群体，以及承认群体之间的差异性并不一定会给自己所属群体的安全带来威胁。

认知：恐惧和冲突加剧了对冲突群体邪恶的、敌对等刻板化认识，自己所属群体的冲突历史进一步固化了这种认识。为此，最为关键的就是要培养本群体成员对冲突群体客观、公正的认识：冲突群体也像我们自己所从属的群体一样，群体成员有不同的观点、生活方式和愿望。

行为表现：群体在冲突过程中往往伴随着歧视或回避等行为模式，并逐渐成为一种习惯，即便在冲突逐渐较少的情况下，这种行为模式仍会在一个相当长的时期内存在。因此，群体间在合作或竞争的过程中发生冲突时，和平共处要求的行为表现要求更多地采用问题解决的方法，而不是诉诸暴力。

(4)合作

大量研究证实，合作是减少冲突的重要途径之一。合作可以减少彼此间的敌意，加深彼此间的了解。在一个旨在减少刚刚废除种族隔离的教室中种族间紧张的项目中，阿伦森和他的同事(Aronson et al., 1978)发明了一种称为"拼图教室"的合作学习技术。

在拼图教室中，学生们被分配到不同种族和学习成绩的六人一组的学习小组中。每天的课程都分成六个部分，每个小组的学生负责学习课程的一部分，然后将其教给组里的其他成员。在这样的情况下，想要获得成功必须采取合作的方式。实验表明：与控制组中采用传统学习技术的学生相比，拼图组的学生偏见、敌意明显减少。

二、群体沟通

任何一个团体内部都少不了成员之间的沟通，沟通是保证团体与组织功能得以实现的重要保障。沟通也是团体活动中的重要课题，从某个委员会无休止的讨论，到大学生的"夜谈会"，沟通使得我们了解了别人，也让别人了解了我们。

(一)群体沟通的特性

有两个特性在团体沟通中很有意思：成员发言的不平等性和领导在沟通中

的主导作用。

1. 成员发言的不平等性

所有的团体在沟通中都有一个共同的特征：有些人说的话多，有些人说的话少。心理学家发现，在团体沟通过程中，不论谈论什么样的话题，也不论团体成员之间互相熟悉与不熟悉，在团体讨论的时候，总会出现一两个人主导讨论的场面。Stephan 等人(1952)对这种现象的规律性加以描述，并用对数函数表达了这一规律，如图 8-9 所示。

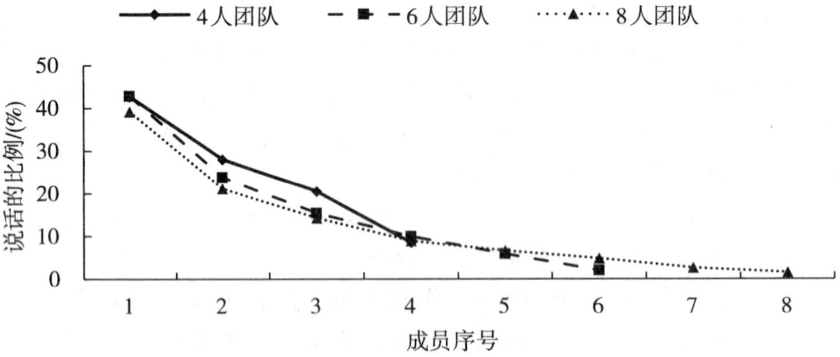

图 8-9　不同规模群体内成员说话多少

资料来源：Stephan F F, Mishler E G. The Distribution of Participation in Small Groups: An Exponential Approximation[J]. American Sociological Review, 1952, 17(5).

三个人数分别为 4、6、8 人的团体在沟通时的规律是：每个团体中总有一个人发言最多，第二个人的发言次数就少得多，依次按照对数规律递减。在 8 个人的团体中，前两位成员说的话占所有发言的 60%，第三个人占 14%，其他 5 个人占 26%。

2. 领导的主导作用

团体沟通的另一个特点就是领导在沟通中的突出作用。心理学家发现，团体成员的发言情况与其是不是领导有着紧密的联系：领导在团体中说的话最多，即使是在一个临时组成的团体中，如果一个人被指派为领导者，他(她)也会变成团体中最活跃的人之一。在还未指派领导的团体中，沟通也能影响谁将成为领导者，即在一个组织或团体中，个体越主动参与，就越可能成为领导者。

(二)群体沟通

1. 沟通的网络型态

在一个团体与组织内部，人们的沟通可能是多种多样的。心理学家常常对沟通过程进行简化，并用特定的模式来表示。比如在研究中，我们可以成立一个由 5 个人组成的团体，并且限制这 5 个人之间的沟通程度，通常采取的方式是把被试安排在不同的房间，只允许他们通过对讲机或者写字条沟通，实验者可以控制哪些人互相交谈，从而可以产生四种沟通网络，如图 8-10 所示。

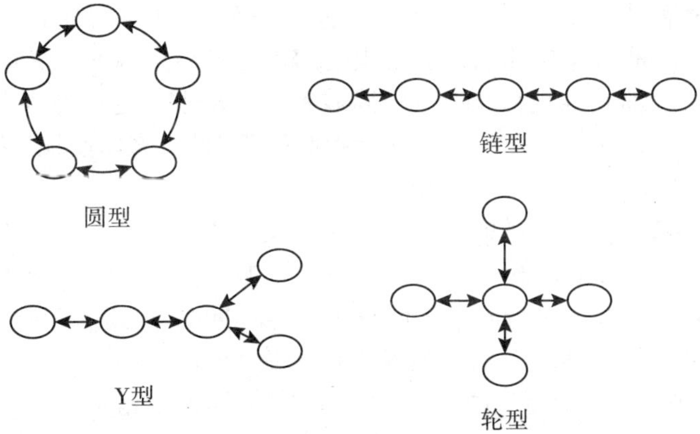

图 8-10　几种假定的沟通类型

资料来源：根据相关资料整理。

圆型：在这种形式的沟通中，所有成员的沟通机会均等，每个人只能与相邻的人交流，不能与其他人沟通。

链型：处在两端的两个人只能与相邻的一个人沟通，其他三个人可以同时与两个人沟通，但最中间的那个人似乎最重要。

Y 型：由链型发展而来，端点的三个成员只能和另一名成员沟通，夹在中间的两个人一名可与两个人交流，另一名可与三个人交流。

轮型：有一名成员可以与所有成员交谈，其余四人只能与处在中央的这名成员交流。

2. 沟通对团体士气与效率的影响

Ridgeway(1983)和 Shaw(1981)等人发现沟通是否顺畅对团体活动效率有很大的影响。早在 20 世纪 50 年代，Leavitt(1951)就发现，团体成员之间越能自由交流信息，他们的满意感也将越高，能与所有其他成员交谈的人的满意感最高。在团体中，领导往往处在信息的中心，有更多的机会与他人交往，所以领导的满意感要高于一般成员。沟通也影响团体问题解决的效率，在解决简单问题时，集中度高的沟通较有利，因为领导者可以很快地收集到所有的信息；而在处理复杂问题时，较为分散的沟通较有利，因为成员可以自由交流信息。

（三）沟通的性别差异和跨文化差异

人们沟通方式的差异可能会造成理解上的困难，产生沟通障碍。研究者发现，沟通障碍的两个基本因素是：性别和文化。

1. 沟通的性别差异

男女两性在沟通方面的表现大体是相似的，不过双方存在一个最基本的差异：男性在对话时比女性更注重地位和权力方面的内容（Tannen，1994）。女性关注的重点则是如何与其他人建立积极的社会联系。因此，男性倾向于在表述中使用“我”，而女性更倾向于使用“我们”；男性会更多地参与公务对话，以便客观高效地进行信息交换，而女性则倾向于通过“亲密交谈”来建立关系。

2. 沟通的跨文化差异

彭凯平（2009）从心理学的角度界定了跨文化沟通中存在的四个主要因素：

第一，不同的价值观念对跨文化沟通的影响。美国伊利诺依大学心理学家Harry Triandis曾经做过一个研究，调查全世界不同国家公民对自己国家形象的关注程度，结果发现中国人和其他亚洲国家有95%的公民对自己国家的形象“关心”或“非常关心”，而美国只有大约30%的民众对此问题的回答是“关心”或“非常关心”。这并非说明美国人不爱自己的国家，只是美国的爱国主义教育强调的是美国文化所尊崇的价值观念——自由、民主和个人权利，在他们看来这些价值观超越了抽象的国家形象。

第二，不同的思维方式对跨文化沟通的影响。不同的文化背景也会导致人们不同的思维方式。比如，中国文化的思维方式强调中庸，传统思维还强调全面、整体；西方文化则更强调具体和个别的分析思维（analytic thinking），而不太强调整体思维（holistic thinking）。

第三，不同的沟通风格对跨文化沟通的影响。以讲话风格为例，中国人习惯先讲大的事情，再讲小的事情；而西方人则习惯从小往大讲。从中西方媒体报道的差异中可窥一斑：中国的媒体报道先讲大的背景，再讲小的案例，最后再回到大的意义上，西方的报道往往是从一个具体的案例/个人谈起，再引申到大的背景和意义，最后再回到具体的案例/个人上。这种沟通风格的差异会引起人们心理预期上的差异，从而影响沟通的过程和效果。

第四，不同的角色期望对跨文化沟通的影响。不同文化背景所产生的角色期望的差异，也会影响跨文化沟通的过程和效果。例如对官员的角色期望在中西方跨文化沟通中存在着巨大的差异。中国是重“官”的社会，以官为尊，“万般皆下品，唯有读书高”“十年寒窗无人问，一朝成名天下知”，这些耳熟能详的励志口头禅，实际上是官本位思想的真实写照。而在西方社会，政府官员的定位仅仅是为民众服务的，他们的职责和权力是由民众赋予的，因而在很大程度上，民众对待官员的态度可以很随便。由此可见，对官员角色期望的差异，往往会引起沟通和理解上的偏差，产生沟通障碍。

小　　结

1. 偏见是人们以不正确或不充分的信息为根据而形成的对其他人或群体的片面甚至错误的看法，它会对人们的知觉和行为产生影响。偏见产生的理论有团体冲突理论、社会学习理论、认知理论、心理动力理论，消除偏见主要有四种方法：社会化、受教育、直接接触、自我检控。

2. 人们会互相吸引是由于人类天生具有亲和动机以及为了克服寂寞。学习理论和诱因论的吸引原则说明了我们为何喜欢一些人不喜欢另外一些人。个人特质、相似性、互补性、熟悉性都是影响人际吸引的因素。

3. 攻击行为也称侵犯行为，是指有意伤害别人且不为他人和社会规范所容许的行为。主要的理论基础有本能理论、生物学理论、挫折攻击理论、社会学习理论，同时，影响攻击行为的因素有社会、情境和个体三个方面的因素。

4. 利他行为是一种不期望任何形式报答的自觉自愿的有益于他人的行为。影响人们做出利他行为的情境因素主要与旁观者效应、情境的模糊性、榜样人物的作用以及帮助者的特点有关。

5. 冲突是指个体或群体之间由于互不相容的目标、认识或感情所引起的一种对立或敌对的行动。群体冲突主要分为群体中的个人冲突以及群体间冲突。在群体中，为了减少冲突的不利效应，可以采取竞争、协作、妥协、回避、顺应等方式来处理冲突。

6. 群体沟通主要有两大特性：成员发言的不平等性和领导在沟通中的主导作用。群体沟通有四种沟通网络，在处理不同的问题时，要采用不同的沟通方式。性别和文化是沟通中产生障碍的两个基本因素。

参考文献

[1]法尔克·莱因贝格. 动机心理学. 王晚蕾, 译. 上海: 社会科学院出版社, 2012.
[2]埃里克·H. 埃里克森. 同一性: 青少年与危机. 孙名之, 译. 杭州: 浙江教育出版社, 1998.
[3]艾伦. 人格理论发展、成长与多样性. 上海: 上海教育出版社, 2011.
[4]陈红编. 人格心理学笔记. 北京: 商务印书馆, 2013.
[5]陈加洲, 方俐洛, 凌文辁. 心理契约的测量与评定. 心理学动态, 2001.
[6]陈少华. 新编人格心理学. 广州: 暨南大学出版社, 2004.
[7]陈少华. 人格判断多维的视角. 广州: 暨南大学出版社, 2013.
[8]陈志霞. 社会心理学. 北京: 人民邮电出版社, 2016.
[9]陈仲庚, 张雨新. 人格心理学. 沈阳: 辽宁人民出版社, 1986.
[10]戴维·迈尔斯. 社会心理学. 侯玉波, 乐国安, 张智勇, 等, 译. 北京: 人民邮电出版社, 2016.
[11]符纯洁, 凌文辁. "特质"与"状态": 内涵、联系与启示——基于积极组织视角. 外国经济与管理, 2012.
[12]关培兰. 组织行为学. 武汉: 武汉大学出版社, 2008.
[13]韩晓峰, 郭金山. 论自我同一性概念的整合. 心理学新探, 2004.
[14]侯玉波. 社会心理学. 北京: 北京大学出版社, 2018.
[15]侯玉波. 社会心理学. 北京: 北京大学出版社, 2002.
[16]胡君辰. 管理心理学. 北京: 首都师范大学出版社, 1994.
[17]黄希庭. 人格心理学. 杭州: 浙江教育出版社, 2002.
[18]加纳德·墨菲. 近代心理学历史导引. 林方, 等, 译. 北京: 商务印书馆, 1980.
[19]康青. 管理沟通. 北京: 中国人民大学出版社, 2011.
[20]兰迪拉森·戴维巴斯. 人格心理学人性的科学探索. 北京: 人民邮电出版社, 2016.
[21]乐国安. 社会心理学. 广州: 广东高等教育出版社, 2006.
[22]李剑锋. 组织行为管理. 北京: 中国人民大学出版社, 2004.

[23]李伟. 组织行为学. 第二版. 武汉：武汉大学出版社，2017.
[24]李伟. 组织行为学. 张文慧，王淑红，副主编. 武汉：武汉大学出版社，2012.
[25]刘惠军，高红梅. 状态特质愤怒表达量表修订版在大学生中的信效度. 中国心理卫生杂志，2012.
[26]刘琴艺. 情绪概论. 卷宗，2019.
[27]陆小燕. 嫉妒情绪对炫耀性消费的影响：自我提升动机的中介作用. 浙江大学，2019.
[28]罗霞，陈维政. 组织管理研究的新领域积极组织管理. 经济管理，2009.
[29]乔建中. 情绪研究理论与方法. 南京：南京师范大学出版社，2003.
[30]佘双好. 毕生发展心理学. 第2版. 武汉：武汉大学出版社，2013.
[31]沈远平，冯云霞，沈宏宇. 管理沟通基于案例分析的视角. 北京：中国人民大学出版社，2011.
[32]斯蒂芬·罗宾斯. 组织行为学. 第16版. 孙建敏，等，译. 北京：中国人民大学出版社，2016.
[33]斯蒂芬·罗宾斯. 组织行为学. 孙健敏，李原，等，译. 北京：中国人民大学出版社，2010.
[34]斯蒂芬·罗宾斯. 组织行为学精要. 第8版. 北京：电子工业出版社，2006.
[35]苏勇，等. 现代组织行为学. 北京：清华大学出版社，2008.
[36]孙健敏，李原. 组织行为学. 上海：复旦大学出版社，2005.
[37]王林江. 大学生自我同一性现状与形成机制的探索性研究. 四川师范大学，2010.
[38]王振宏. 学习动机理论社会认知的观点. 兰州：甘肃文化出版社，2001.
[39]徐学俊. 人格心理学. 汤舒俊，陈慧君，吕莉，副主编. 武汉：华中科技大学出版社，2012.
[40]叶奕乾. 现代人格心理学. 上海：上海教育出版社，2005.
[41]易虹. 默里人格理论简述. 心理学探新，1990.
[42]于军. 心身健康调适指南. 合肥：安徽科学技术出版社，2014.
[43]袁凌. 组织行为学. 长沙：湖南科学技术出版社，2003.
[44]郑全全. 社会心理学. 杭州：浙江大学出版社，2017.
[45]郑希付. 现代西方人格心理学史. 广州：广东教育出版社，2007.
[46]郑雪主编. 人格心理学. 广州：暨南大学出版社，2001.
[47]朱建军. 我是谁：心理咨询与意象对话技术. 北京：中国城市出版社，2001.

[48] Allen B P, Potkay C R. On the arbitrary distinction between states and traits. Jounal of Personality and Social Psychology, 1981.

[49] Allport G W, Odbert H S. Trait names: A psycho-lexical study. Psychological Monographs, 1936.

[50] Allport G W. Pattern and growth in personality. New York: Holt, Rinehart & Winston, 1961.

[51] Alwin D F, Cohen R L, Newcomb. Personality and Social Change: Attitude Persistence and Changes over the Lifespan. Madison: University of Wisconsin Press, 1991.

[52] Aronson E. The Theory of Cognitive Dissonance: A Current Perspective. Advances in Experimental Social Psychology, 1969.

[53] Aronson E, Linder D. Gain and loss of esteem as determinants of interpersonal attractiveness. Journal of Experimental Social Psychology, 1965.

[54] Byrne D R, et al. The attraction paradigm. Academic Press, 1971.

[55] Craig A, et al. The Influence of Media Violence on Youth. Psychological Science in the Public Interest, 2016.

[56] Darley M, Latané B. Bystander intervention in emergencies: Diffusion of responsibility. Journal of Personality and Social Psychology, 1968.

[57] George J M. State or trait: Effects of positive mood on prosocial behaviors at work. Journal of Applied Psychology, 1991.

[58] Janis L, Mann L. Decision-making: A psychological analysis of conflict, choice and commitment. New York: Free Press, 1977.

[59] Kluemper D H, et al. State or trait: Effects of state optimism on jobrrelated outcomes. Journal of Organizational Behavior, 2009.

[60] Luthans F, Youssef C M. Emerging positive organizational behavior. Journal of Management, 2007.

[61] Luthans F, Youssef C M. Human, social and now positivepsychological capital management: Investing in people for competitive advantage. Organizational Dynamics, 2004.

[62] Schein E H. Organizational Psychology. Englewood Cliffs: Prentice Hall, 1980.

[63] Sherif M, et al. Social Psychology. New York: Harper & Row, 1969.

[64] Marcia J E, et al. Ego-identity: The Handbook of Psychosocial research. New York: Open University Press, 1993.

[65] Martin S, et al. Determinants of helping behavior: Person's rewards versus other's costs. Journal of Personality, 1971.

[66] Milgram S, Bickman L, Berkowitz L. Note on the drawing power of crowds of different size[J].Journal of Personality and Social Psychology, 1969.

[67] Schachter S. The psychology of affiliation. Stanford, CA: Stanford University Press, 1959.

[68] Seligman M E P, Csikszentmihalyi M. Positive psychology: An introduction. American Psychologist, 2000.

[69] Seligman M E P, et al. Positive psychology progress. American Psychologist, 2005.

[70] Stephan F F, Mishler E G. The Distribution of Participation in Small Groups: An Exponential Approximation. American Sociological Review, 1952.

[71] Wright T A. Time revisited in organizational behavior. Journal of Organizational Behavior, 1997.

21世纪人力资源管理系列教材

组织行为学

管理沟通（第二版）

绩效考核与薪酬管理（第二版）

员工福利

职业生涯设计与管理

员工关系管理

人员测评理论与方法

跨文化人力资源管理

人力资源会计

劳动经济学

劳动法